Dr. Mary Sheedy Kurcinka

Wie anstrengende Kinder zu großartigen Erwachsenen werden

Dr. Mary Sheedy Kurcinka

Wie anstrengende Kinder zu großartigen Erwachsenen werden

Das praktische Arbeitsbuch

Mit zahlreichen Übungen, Checklisten und Denkimpulsen

mvgverlag

Bibliografische Information der Deutschen Nationalbibliothek:
Die Deutsche Nationalbibliothek verzeichnet diese Publikation in der Deutschen Nationalbibliografie; detaillierte bibliografische Daten sind im Internet über http://d-nb.de abrufbar.

Für Fragen und Anregungen:
info@m-vg.de

2. Auflage 2023

Nymphenburger Straße 86
D-80636 München
Tel.: 089 651285-0
Fax: 089 652096

Die amerikanische Originalausgabe ist 1998 unter dem Titel *Raising Your Spirited Child Workbook* bei Harper Perennial erschienen. Die vorliegende deutsche Übersetzung basiert auf der Ausgabe von First William Morrow paperback

Übersetzung: Christa Trautner-Suder
Redaktion: Petra Holzmann
Umschlaggestaltung: Maria Wittek
Umschlagabbildung: shutterstock.com/ Magenta10, vectorgirl, r.kathesi
Satz: ZeroSoft, Timișoara
Druck: Florjancic Tisk d.o.o., Slowenien
Printed in the EU

ISBN Print 978-3-7474-0076-0
ISBN E-Book (PDF) 978-3-96121-411-2
ISBN E-Book (EPUB) 978-3-96121-412-9

An alle Eltern und Kinder,
die mir so viel beigebracht haben.

Inhalt

Vorwort

Willkommen im Arbeitsbuch zu *Wie anstrengende Kinder zu großartigen Erwachsenen werden.* Erinnern Sie sich an mich? Ich bin Mary, Ihr Guide, staatlich anerkannte Erzieherin für Eltern und Kinder, ebenfalls Mutter eines anstrengenden und eines sehr temperamentvollen Kindes, die inzwischen beide Jugendliche sind. 1991 erschien bei HarperCollins mein erstes Buch *Wie anstrengende Kinder zu großartigen Erwachsenen werden.* Seither hat sich mein Leben sehr verändert.

Ich durfte die Geschichten temperamentvoller Kinder hören und viel über wirksame Methoden und Strategien von Eltern und Profis aus allen Teilen der Vereinigten Staaten und Kanadas lernen. Ich war zu Gast in Privathäusern, Kirchen, Synagogen, Schulen, Krankenhäusern, Colleges, Firmen, Klassenzimmern, Kinderbetreuungsprogrammen, Familienzentren und professionellen Meetings. Ich habe temperamentvolle Kinder in Aktion erlebt und von ihnen gelernt – Kinder, die mich dazu eingeladen haben, ihr eigenes Trampolin bei ihnen in der Garage auszuprobieren (ich war versucht, es zu tun) und diese ganz besondere Stelle auf ihrem Schmusetuch zu fühlen. Ich habe temperamentvollen Erwachsenen zugehört, denen es gelungen war, ihre Sensibilität und ihr hohes Wahrnehmungsvermögen in einen ausgeprägten Sinn für Humor einfließen zu lassen, wodurch sie Spannungen genau im richtigen Moment lösen konnten.

Während dieser Zeit wurde mein Briefkasten zu einer Schatztruhe voller Briefe. Viele sind warmherzig und lustig. Andere sorgen dafür, dass ich einen dicken Kloß im Hals verspüre. Ich lese jeden Brief. Häufig warte ich nicht einmal, bis ich wieder im Haus bin. Ich bleibe am Briefkasten stehen und lese diese Briefe, bis meine Kinder mich suchen kommen. Dann wieder sitze ich an meinem Küchentisch, um mit Freude und inmitten der Kochgerüche diese Briefe zu lesen. Manchmal behalte ich die Briefe einige Tage in der Küche, um sie erneut zu lesen, wenn ich etwas Auftrieb brauche. Aufgehoben werden sie alle. Jeder einzelne ist da, fein säuberlich weggepackt. Meine Erben können sie einmal wegwerfen. Ich werde das nie tun.

Dann gibt es die Anrufe. Manchmal rufen mich verblüffte Eltern an. »Waren Sie heimlich mit einer Videokamera bei mir daheim?«, fragen sie. Manchmal veranlasst Wertschätzung sie zu einem Anruf: »Ich habe das Gefühl, wir wären Freunde.« Andere sagen mir einfach: »Ich wusste, dass Sie es verstehen würden.« Und gar nicht selten sind es tiefe Traurigkeit oder totale Frustration, die sie dazu bringen, zum Telefon zu greifen. Dann höre ich erst einmal nichts, wenn ich abgehoben habe, nur ein Schluchzen und Schlucken, bevor eine Stimme fragt: »Sind Sie es wirklich?«

Ich höre von allen Eltern gerne. Obgleich ich bereits seit 1984 über temperamentvolle Kinder spreche, wird das Thema für mich nie langweilig. Inzwischen bin ich Mutter von zwei Jugendlichen und weiß, was passiert, wenn temperamentvolle Kinder den Autoschlüssel bekommen und um Mitternacht zu Hause sein sollen.

Ich habe die Nöte gehört, wenn eine Situation festgefahren ist, ich kenne den Bedarf an Hilfe, um mit der eigenen Intensität fertigzuwerden, und den Wunsch nach mehr Übung und mehr Strategien. Deswegen bin ich zurück mit diesem Buch. Es ist mir ein Anliegen, neue Erkenntnisse und Hilfsmittel mit meinen Lesern zu teilen, um Ihnen das Erziehen Ihres temperamentvollen Kindes ein kleines bisschen zu erleichtern. Ich habe auch erfahren, dass viele sich jemanden wünschen, mit dem sie sprechen können, oder die gerne in eine meiner Gruppen kommen würden. Das ist großartig, wenn Sie in Minnesota leben, sonst allerdings wohl schwierig.

Ich habe beschlossen, Ihnen hier eine Gruppe von Personen vorzustellen. Sie repräsentiert eine fiktive Zusammenstellung meiner Gruppen. Sie stützt sich auf das Modell der Minnesota Early Childhood Family Education, bei dem Eltern und Kinder über ihren örtlichen Schulbezirk zusammenfinden. Diese Programme dienen Eltern und ihren Kindern von der Geburt nur bis zum Kindergarten, daher habe ich die hier im Buch vorgestellte fiktive Gruppe erweitert, um auch Eltern älterer Kinder mit aufzunehmen.

Gestatten Sie es sich im weiteren Verlauf, Lernende zu sein. Ich habe im Lauf der Jahre entdeckt, dass das Erlernen neuer Fertigkeiten viel Ähnlichkeit mit dem Toilettentraining hat. Klingt albern, stimmt aber. Wie Sie gleich sehen werden, gibt es beim Toilettentraining drei Phasen, und jede hängt mit der neuronalen Entwicklung zusammen und baut auf die vorherige Phase auf – die zweite Phase kann nicht erfüllt werden, solange die erste nicht abgeschlossen ist, und die dritte wird erst funktionieren, wenn die zweite abgeschlossen ist.

Während der ersten Phase des Sauberwerdens verkündet ein Kind: »Ich habe in die Windel gemacht!« Sie tauschen ein High Five mit ihm aus und rufen: *»Wow, wie toll! Bald* wirst du mir sagen können, dass du musst.« Ein paar Wochen oder Monate später wird es mit ziemlicher Sicherheit passieren, dass dieses Kind mit hochrotem Kopf oder schelmisch verkünden wird: »Ich muss gerade!« In Ihnen wird möglicherweise Frustration hochsteigen, aber es ist ein Moment, der gefeiert werden muss. Es ist die zweite Phase der neuronalen Entwicklung – zu wissen, dass man mittendrin ist. Also umarmen Sie Ihr Kind und sagen: »Gut! *Bald* wirst du mir vorher sagen können, dass du gleich musst.«

Ein paar Wochen oder Monate später wird dieses Kind angerannt kommen und sagen: »Ich muss gleich!« Gemeinsam legen Sie beide einen Sprint zur Toilette hin und teilen diesen Erfolgsmoment. Es wird natürlich einige »Unfälle« und Rückschläge geben, aber sobald die dritte Phase erreicht ist, ist das Toilettentraining so gut wie abgeschlossen.

Dasselbe gilt für das Erlernen neuer Fertigkeiten als Elternteil. Anfangs werden Sie sich ertappen, *nachdem* Sie auf die bisherige alte Art reagiert haben. Anstatt jedoch frustriert zu sein, werden Sie würdigen, dass Sie bemerkt haben, dass Sie die alten Methoden angewandt haben, und sich versprechen, beim nächsten Mal zu versuchen, sich auf frischer Tat zu ertappen. Mit ziemlicher Sicherheit werden Sie ein paar Wochen oder Monate später merken, dass Sie gerade dabei sind, die Beherrschung zu verlieren, während Sie darum kämpfen, Ihr Kind zur Tür hinauszubringen, aber Sie werden sich mitten im Satz stoppen und auf die neue und bessere Taktik umschwenken. Nun haben Sie die zweite Phase erreicht: Sie können sich selbst auf frischer Tat ertappen. Erst Monate oder vielleicht sogar Jahre später werden Sie merken, dass Sie in der Lage sind, sich in einer bestimmten Situation zu sagen: »Ich muss es so und so machen.« Dann wissen Sie, dass Sie Phase drei erreicht haben. Der Vorgang ist nahezu abgeschlossen. Die Fertigkeit gehört Ihnen nun für immer.

Blättern Sie weiter und lesen Sie von anderen Menschen, die verstehen, was es bedeutet, mit einem lebhaften Kind zu leben. Andere Menschen, die wissen, dass unser Ziel »Fortschritt, nicht Perfektion« lautet!

Und wenn Ihnen das gefällt, was Sie hier finden, hätte ich gerne Ihre Hilfe. Ich hoffe, dass es eines Tages für alle Eltern eine Gruppe wie die geben wird, von der Sie hier lesen werden, egal, wo sie leben. Sollten Sie etwas Energie übrig haben, rufen Sie eine Freundin an und teilen Sie das Buch mit ihr. Wenn Sie noch etwas mehr Zeit und Energie haben, rufen Sie Ihre örtliche Schule, die Kita, das Krankenhaus oder das Gemeindezentrum an und überzeugen Sie das jeweilige Team, Ihnen dabei zu helfen, vor Ort eine Gruppe wie die, von der Sie gleich erfahren werden, ins Leben zu rufen.

Wenn Sie bereit sind, Teil einer sozialen Bewegung zu werden, nehmen Sie Kontakt auf mit:

The Minnesota Department of Children, Families and Learning
550 Cedar Street
St. Pauls, MN 55101-2273

Gemeinsam können wir sicherstellen, dass die Eltern lebhafter Kinder sich *niemals* alleine fühlen! Gemeinsam können wir dafür sorgen, dass lebhafte Kinder an *jedem* Ort gut und erfolgreich leben können.

1

Wer ist dieses temperamentvolle Kind?

Was Sie brauchen werden

Einen bequemen Stuhl, etwas zu trinken, Popcorn oder etwas anderes zum Knabbern (Schokolade ist gut), Schreibzeug und wenigstens ein temperamentvolles Kind. Falls Sie thematisch eine Auffrischung benötigen, hier meine offizielle Definition: Temperamentvolle Kinder sind normale Kinder, bei denen nur alles *mehr* ist! Sie sind intensiver, hartnäckiger, empfindlicher, wahrnehmungsfähiger und kommen mit jeder Veränderung schlechter zurecht als durchschnittliche Kinder. Es sind keine Kinder mit Aufmerksamkeitsdefizit-Syndrom (ADS). Dennoch sind die entsprechenden Informationen in diesem Arbeitsbuch auch dann äußerst hilfreich, wenn Ihr Kind ein ADS hat. Die Informationen in diesem Buch werden tatsächlich für alle Eltern hilfreich sein.

Nun will ich Ihnen meine inoffizielle Definition geben: Temperamentvolle Kinder sind die Ausnahme von der Regel: »Man muss sie ignorieren, dann hören sie von selbst auf.« Temperamentvolle Kinder können stundenlang schreien und wenn sie zufällig darüber einschlafen, wachen sie irgendwann auf und machen dort weiter, wo sie aufgehört haben. Es sind die Kinder, bei denen durch scheinbar unbedeutende Dinge etwas ausgelöst wird, durch eine Wetteränderung, durch einen Fussel in der Socke, durch die rote Tasse, wenn sie die gelbe erwartet hatten, oder durch eine Freundin oder einen Freund, der sie »falsch« anschaut. Verwandte bieten gerne unaufgeforderte Ratschläge an, wie Sie Ihr Kind disziplinieren sollten.

An guten Tagen sind temperamentvolle Kinder entzückender, als Sie sie sich je vorgestellt hätten. Sie bringen Sie zum Lachen, lenken Ihre Aufmerksamkeit auf die Käfer und Bienen, die Ihnen sonst entgangen wären, verschaffen Ihnen eine Ausrede, um zu spielen, und ermuntern Sie dazu, ein Schläfchen zu machen. An schlechten Tagen weigern sie sich, auch nur irgendetwas von dem zu tun, was Sie von ihnen wollen – normalerweise mit lauter und wütender Stimme. Sie spucken Sie an, treten nach Ihnen und rauben Ihnen den Schlaf durch ihre Forderungen und Sorgen, die sie hervorrufen. Oft bringen sie Sie zum Weinen. Sie können Ihnen auch das Gefühl geben, leicht verrückt zu sein, machen Sie fassungslos und Sie überlegen, wie Sie, falls es so weitergeht, die Teenagerzeit überleben sollen.

Wenn Sie also etwas zum Knabbern, Schreibzeug und wenigstens ein temperamentvolles Kind haben, sind Sie startklar. Wenn Sie zufälligerweise den anderen Elternteil finden, der die Übungen mit Ihnen zusammen ausfüllt, wird die Erfahrung noch mehr Spaß machen. Und wenn Sie die Gelegenheit haben, Ihren Stuhl zwischen viele andere zu stellen und auf jeden ein Elternteil eines temperamentvollen Kindes zu setzen, kann es nur noch besser werden.

WARUM LEBHAFT?

Falls Sie *Wie anstrengende Kinder zu großartigen Erwachsenen werden* gelesen haben, wissen Sie, dass »temperamentvolles Kind« ein von mir geprägter Begriff ist. Als 1979 mein Sohn Joshua geboren wurde, gab es keinerlei Kurse oder Bücher über temperamentvolle Kinder. Die einzige Information, die ich finden konnte, beschrieb ein Kind wie ihn tatsächlich mit Begriffen wie *schwierig, willensstark, stur, Sargnagel* oder *Dennis, der Plagegeist.* Die guten Tage ließen mich nach einer besseren Möglichkeit suchen, ihn zu beschreiben, und bei dieser Suche wurde mir allmählich klar, dass Joshua an diesen guten Tagen genau wie sein Vater war, den ich sehr liebe. Temperamentvolle Kinder besitzen tatsächlich Züge, die bei Erwachsenen sehr geschätzt werden, bei jungen Kindern das Leben jedoch zu einer Herausforderung machen. Diese Erkenntnis brachte mich auf den Begriff *temperamentvoll,* was lebhaft, kreativ, leidenschaftlich, begierig, voller Energie und Mut mit sehr durchsetzungsfähiger Persönlichkeit beinhaltet. Daher ist das Leben mit temperamentvollen Kindern wirklich eine Liebesgeschichte, wenn wir ihr Potenzial erkennen und ihnen dabei helfen, die Fertigkeiten zu entwickeln, die sie brauchen, um mit ihrem Temperament gut umzugehen und erfolgreich zu sein. Die Bezeichnung »temperamentvolles Kind« wird als Hilfsmittel zum Verständnis verwendet. Sie ist nie eine Entschuldigung für schlechtes Benehmen.

WAS IST NEU?

Ich vermute, dass Sie wissen möchten, wie sich das Arbeitsbuch vom Ratgeber *Wie anstrengende Kinder zu großartigen Erwachsenen werden* unterscheidet. Ich habe zugehört, was Eltern mir darüber erzählt haben, was sie brauchen würden, und als Ergebnis daraus bekommen Sie hier:

- mehr Hilfe, um die Strategien tatsächlich auf Ihre eigenen täglichen Situationen anwenden zu können
- mehr Beispiele aus und Geschichten von allen Altersgruppen, vom Säugling bis zum Jugendlichen, damit Ihre Fertigkeiten mit Ihrem Kind wachsen können

- mehr Erkenntnisse und Tipps für die Kooperation innerhalb der Familie
- mehr neue und überarbeitete, von Eltern getestete Strategien für die Zeiten, in denen Sie sich festgefahren haben
- mehr Hilfe beim Umgang mit Ihrer eigenen Intensität
- mehr Unterstützung und Ermutigung bei den Dingen, die Sie bereits gut machen

WIE DIE EINZELNEN KAPITEL FUNKTIONIEREN

Ich habe vielerlei Methoden und Strategien entwickelt und hoffe, dass für jeden etwas dabei ist. In jedem Kapitel finden Sie folgende Rubriken:

1. Zur Vorbereitung

Ich möchte Sie bitten, dass Sie neben diesem Arbeitsbuch auch den Ratgeber *Wie anstrengende Kinder zu großartigen Erwachsenen werden* lesen. So bekommen Sie pro Kapitel jeweils die Information, auf die wir uns fokussieren, und können sie auf Ihre spezifische Situation anwenden. Ich werde diese Informationen auch aktualisieren, insbesondere für Ihre älteren Kinder, indem ich mehr Geschichten und Strategien einfüge, die ich in den letzten Jahren gesammelt habe. Sollten Sie das Gefühl haben, dass Sie das Lesen von zwei Büchern gleichzeitig überfordert, keine Panik! Ich nenne auch in diesem Arbeitsbuch genügend Informationen, sodass Sie die Übungen machen können. Wenn es Ihnen gelingt, auch das andere Buch zu lesen, verfügen Sie lediglich über noch mehr Angaben.

Ich werde Sie auch bitten, Material für die verschiedenen Übungen in dem Kapitel zu sammeln. Sie sollten alles Zubehör in Ihren

Schränken finden. Diese Übungen sind nicht einfach nur eine Spielerei. Sie sind speziell so geplant, dass Sie daraus neue Erkenntnisse ziehen – und machen nebenbei auch Spaß. Jede Übung und jede Strategie in diesem Buch wurden von Eltern getestet!

2. Die Hauptpunkte des Kapitels

Für alle Leser, die gleich zur Sache kommen wollen, gebe ich unter dieser Überschrift die entscheidenden Punkte jedes Kapitels an.

3. Dinge, die es zu beobachten gilt

Kinder erzählen uns nicht, dass sie intensiv sind oder dass Veränderungen schwierig für sie sind. Sie zeigen uns dies mit ihrem Verhalten. Eine wichtige Fertigkeit für Eltern ist es daher, die Hinweise im Verhalten ihres temperamentvollen Kindes lesen zu lernen. Werden Ihnen die Signale, die Ihr Kind Ihnen sendet, nicht bewusst, können Sie nicht angemessen reagieren oder potenziellen Problemen zuvorkommen. In diesem Abschnitt gebe ich Hinweise, wie Sie Ihre Beobachtungsgabe verbessern können. Der Erfolg ist abhängig von einem scharfen Blick, einem feinen Ohr und einem sensiblen Herzen.

4. Eine andere Sichtweise

Jedes temperamentvolle Kind ist einmalig, dennoch gibt es Ähnlichkeiten zwischen diesen Kindern. Im Vergleich zum »durchschnittlichen« Kind, sind die meistern:

intensiver Sie empfinden jede Emotion tief und stark.

beharrlicher Sie halten an ihren Zielen fest.

empfindlicher	Ihnen sind Blicke, Geräusche, Geschmacksrichtungen, Gerüche, Beschaffenheiten und gelegentlich auch Emotionen zutiefst bewusst. Sie empfinden Dinge, die andere nicht empfinden.
wahrnehmungsfähiger	Sie sind visuell auf die Welt um sich herum eingestimmt, daher »hören« sie Anweisungen möglicherweise nicht.
langsamer anpassungsfähig	Sie hassen Überraschungen und finden es schwierig, von einer Sache zu einer anderen zu wechseln.

Viele, aber nicht alle temperamentvollen Kinder, sind außerdem:

unregelmäßig	Es ist ein täglich neues Ratespiel herauszufinden, wann sie Schlaf und Essen brauchen, wann sie Stuhlgang haben werden.
energiegeladen	Sie sind immer in Bewegung. Wenn sie nicht klettern oder rennen, gehen sie hin und her, zappeln herum oder nehmen Dinge auseinander.
neuen Situationen gegenüber vorsichtig	Sehr typisch ist, dass sie sich allem, was neu ist, schnell entziehen wollen.
ernst	Sie sind analytisch, sehen tendenziell alles, was fehlerhaft ist, und geizen mit ihrem Lächeln.

Dieser Abschnitt enthält Übungen, anhand derer Sie jedes einzelne Temperamentsmerkmal beschreiben und erleben können. Mit dieser neuen Sichtweise können Sie das Verhalten Ihres Kindes (und vielleicht sogar Ihr eigenes) auf hilfreichere Art sehen. Meine Hoffnung ist, dass Sie letztendlich ein Kind sehen werden, das mit einem kratzigen Pullover kämpft, und automatisch erkennen, dass seine Reaktion das Ergebnis seiner starken Empfindlichkeit ist. Oder dass Sie Ihr Kind sagen hören: »Nur noch zwei Minuten«, und wissen, dass dies ein beharrliches Kind ist, das ein bestimmtes Ziel verfolgt, nicht ein Kind, das nur darauf aus ist, »Sie zu ärgern« oder Ihnen das Leben schwer zu machen.

Ich werde Ihnen auch dabei helfen, für jedes Merkmal die Auslöser (Trigger) zu identifizieren, die tendenziell eine negative Reaktion hervorrufen. Wenn Sie die einzelnen Temperamentsmerkmale erst einmal verstanden haben, werden Sie sich nicht mehr wie ein Opfer fühlen, das auf die nächste Bombenexplosion wartet. Sie werden wissen, was bei Ihrem Kind »zündet«, und werden solche Auslöser möglichst vermeiden.

5. Wirksame Strategien

Um Ihrem Kind zu helfen, erfolgreich zu sein, müssen Sie wissen, welche Strategien bei den einzelnen Temperamentsmerkmalen funktionieren. Einem intensiven Kind wird ein Sticker-System nicht helfen, den Umgang mit seiner Intensität zu lernen. Es muss wissen, wie es sich beruhigen kann. Will Ihr Kind sich nicht anziehen lassen, weil sich die Kleidung »nicht richtig« anfühlt, wird eine Auszeit überhaupt nicht helfen. Dieses Kind muss seine Empfindlichkeit verstehen und Strategien lernen, die ihm helfen, solche Auslöser zu meiden oder zumindest möglichst gering zu halten. Will Ihr Kind ein Nein nicht gelten lassen, wird es wenig Erfolg haben, wenn Sie es ignorieren. Ein beharrliches Kind muss lernen, wie es mit anderen kooperieren und Probleme lösen kann. Dieser Abschnitt ist vollgepackt mit Strategien, die von Eltern getestet wurden und *wirklich* helfen, weil sie auf die Bedürfnisse jedes Temperamentsmerkmals eingehen.

Nancy Melvin (Ph. D.) vom College of Nursing an der Arizona State University schreibt: »Eine gesunde Entwicklung kann dann stattfinden, wenn die Temperamentsmerkmale des Kindes und die

Anforderungen und Erwartungen seiner Umgebung gut zusammenpassen.« Entscheidend für den Erfolg Ihres Kindes ist es, Strategien zu finden, die zu Ihrem Kind passen!

6. Üben, üben, üben

Das Erlernen neuer Fertigkeiten braucht Übung. Ich werde Ihnen verschiedene Szenarien beschreiben und mögliche Antworten vorschlagen, mit denen Sie Ihre Antworten vergleichen können (dabei gibt es nicht die eine »richtige« Antwort, aber so können Sie zumindest herausfinden, ob Sie mit Ihren im vertretbaren Rahmen liegen). Es gibt Aktivitäten, anhand derer Sie die Methoden ausprobieren, Ihre Fertigkeiten verbessern und die Strategien dann auch tatsächlich in Ihren eigenen Situationen anwenden können. Sie werden bestärkt und unterstützt, wenn Sie von Zweifeln oder Sorgen heimgesucht werden oder von Schwarzsehern umgeben sind. Ich biete Ihnen sogar Vorschläge an, wie Sie die Methoden abwandeln können, falls diese nicht wie erwartet funktionieren. Ich werde mein Bestes geben, um auf Ihre Fragen »Ja, aber ...« und »Es hat zwar funktioniert, aber ...« einzugehen.

7. Genießen Sie Ihre Erfolge

Das Aufbauen auf Erfolgen ist die wirksamste Art, neue Fertigkeiten zu erlernen. Wichtig ist, dass Sie sich die Zeit nehmen, Erreichtes auch zu erkennen. Dieser Abschnitt enthält Geschichten von verschiedenen Familien, die die Informationen und Strategien praktisch umgesetzt haben. Da unser Ziel lautet: »Fortschritt, nicht Perfektion«, werde ich Ihnen auch von den anstrengenden Kämpfen berichten, die diese Familien auf ihrem Weg durchgemacht haben.

8. Die Kernpunkte

Ich vermute, dass Sie nicht viel Zeit haben werden, sich mit den Lektionen in diesem Buch ausführlich zu befassen. Ist Ihr Leben so geschäftig und hektisch wie das der meisten Eltern, mit denen ich arbeite, werden Sie eine kurze Zusammenfassung der Kernpunkte jeder Lektion hilfreich finden. Bei Bedarf können Sie diese Kernpunkte schnell wieder nachlesen.

Eine Sache noch

Als ich gebeten wurde, ein begleitendes Arbeitsbuch zu *Wie anstrengende Kinder zu großartigen Erwachsenen werden* zu schreiben, scheute ich davor zurück. Ich finde Arbeitsbücher oft langweilig und unklar. Ich wollte kein langweiliges Buch schreiben. Ebenso weiß ich, dass die Kurse für temperamentvolle Kinder *niemals* uninteressant sind und dass die Gelegenheit, Geschichten zu erzählen und Fragen zu stellen, ein wesentlicher Teil des Lernprozesses ist. Jemanden zu haben, mit dem man seine Nöte und Aha-Erlebnisse teilen kann, ist wirklich wichtig. Es hilft einem zu wissen, dass man mit seinen Kämpfen nicht alleine ist.

Daher fühlte ich mich herausgefordert. Ich fragte mich, wie ich Ihnen die Übungen – und auch die Diskussionen – liefern könnte. Meine Lösung war, ein Arbeitsbuch mit Übungen zu schreiben *und* Ihnen für diese Übungen Ihre eigene Gruppe für temperamentvolle Kinder zu bieten.

Sie werden Phil, Brent, Sarah, John, Diane, Lynn und Maggie begegnen. Es sind tatsächlich existierende Eltern, die einige fiktionale Merkmale bekommen haben, um die meisten gemeinsamen Punkte und Fragen abzudecken. Diese Personen sind aus Prototypen wirklich existierender Menschen entstanden, die versuchen, ihren Lebensunterhalt zu verdienen, einige Beziehungen zu anderen Erwachsenen aufrechtzuerhalten und ein temperamentvolles Kind (oder sogar mehrere temperamentvolle Kinder) zu erziehen. Ich leite diese Gruppe durch dieselben Übungen, die auch Sie machen werden. So erfahren Sie deren Antworten und können Ihre eigenen Gedanken und Reaktionen damit vergleichen. Denken Sie immer daran, dass *Sie* Ihr Kind besser kennen als irgendjemand sonst. Übernehmen Sie daher nur die Dinge, die zu Ihrer Situation passen, und lassen Sie alles andere weg.

VORSTELLUNG DER GRUPPE

Das Familienzentrum liegt gleich um die Ecke der Johnny Cake Ridge Road. Meine Gruppe beginnt um 18:30 Uhr, aber ich bin seit 17:45 Uhr dort, um den Raum vorzubereiten, die Anmeldungsliste durchzugehen und mich mit dem Kleinkinderteam zu treffen, damit wir unsere Pläne noch einmal abstimmen können. Jetzt ist alles bereit. Die Kaffeemaschine ist betriebsbereit, saubere Tassen, Servietten und Löffel sind aufgedeckt, die Stühle stehen um den Tisch, Stifte, Marker und Namensschilder liegen bereit. Ich stehe an der Tür und warte auf die Eltern und ihre Kinder. Ich bin am ersten Abend immer etwas unruhig und frage mich, ob auch alle kommen werden, auch wenn ich weiß, dass es so sein wird.

Schließlich geht die Schwingtüre auf und die erste Familie kommt. Ich kann nicht anders: Ich lächle, erleichtert und freudig gestimmt, dass nun eine neue Gruppe beginnen wird. Sie meinen vielleicht, dass nach so vielen Jahren eine neue Gruppe einfach nur eine neue Gruppe wäre, aber so empfinde ich das nicht. Die Aufregung geht mir durch und durch. »Willkommen bei ›Wie anstrengende Kinder zu großartigen Erwachsenen werden‹«, verkünde ich und bin begeistert, Phil, seine Tochter Tara und seinen Sohn T. J. zu begrüßen. Während ich sehe, wie sie hereingestürmt kommen, erinnert es mich daran, dass dieses Temperamentvolle auch einen genetischen Aspekt hat.

Brent und seine drei Kinder schlüpfen hinter Phil herein. Er trägt eine Green-Bay-Packers-Kappe tief über die Augen gezogen. Er macht den Eindruck, von seiner Frau geschickt worden zu sein. Seine Reaktion auf meine Begrüßung ist ein etwas schiefer Blick. Ich gehe auf ihn zu, reiche ihm die Hand und lächle. »Ist das Ihre erste Gruppe?«, frage ich. Er nickt. »Andere kommen auch zum ersten Mal«, antworte ich und deute auf Phil, der mit seiner Tochter bereits in ein Bauprojekt vertieft ist.

Sarah, eine vierfache Mutter, seufzt tief, als sie mit allen vier Kindern im Schlepptau zur Tür hereinkommt. Ein gelber Spuckfleck auf ihrer Schulter deutet auf einen Aufbruch in letzter Minute hin. Ihr einziges Make-up ist ein Hauch rosa Lippenstift, von dem das meiste von der Unterlippe abgekaut ist. Ich helfe ihr mit dem Baby und der Windeltasche und bitte sie, sich einfach hinzusetzen und mit ihren Kindern zu spielen. »Wir putzen hinterher«, verspreche ich ihr, als sie zögerlich auf die Farben schaut.

Als Nächstes kommt Lynn. Ich freue mich, sie wiederzusehen. Sie hat bereits an anderen Gruppen teilgenommen. »Ich brauche wieder einmal eine Lösungshilfe«, bemerkt sie, als sie hereinfegt. Sie trägt eine schwarze Stretchhose und einen langen schwarzen Pullover, um die rekordverdächtige Aprilkälte abzuwehren. Am Morgen hatten wir minus 10 Grad Celsius und selbst jetzt ist das Thermometer nur auf minus 2 Grad Celsius geklettert. An ihr wirkt das Schwarz freundlich, nicht steif – vielleicht macht das ihr Lächeln, das alles in ihrer Umgebung wärmt.

An John fallen mir die Augen auf, als er hereinkommt. Sie sind dunkelbraun und tiefgründig. Er lächelt nicht, sondern lässt den

Blick langsam durch den Raum schweifen. Ich spüre Vorsicht, aber auch eine gewisse Wärme. Er ist alleine. Seine Kinder sind schon älter und sind zu Hause geblieben, um ihre Hausaufgaben zu machen.

Diane lacht, als sie schnell in den Raum kommt. Sie schüttelt ihr Haar und treibt ihre drei Söhne vor sich her. Sie ist in Lila gekleidet. Sie begrüßt mich, bevor ich Hallo sagen kann.

Maggie kommt zuletzt, aber ohne Hast. Ihr Körper ist weich und rund, sie ist der Typ, an den Säuglinge sich gerne kuscheln und den Kleinkinder zufrieden streicheln, wenn sie auf der kräftigen Hüfte abgestützt getragen werden. Ihre Tochter fängt sofort an, ein Namensschild auszufüllen. Ihr Sohn steht still neben ihr.

Wir verbringen eine halbe Stunde mit den Kindern, spielen, bauen, malen, lesen und singen mit ihnen. Es ist für Eltern und Kinder eine tolle Zeit, einfach die gegenseitige Gesellschaft zu genießen, ohne Unterbrechungen durch Telefon, Klingeln an der Tür oder den Fernseher. Es ist für mich als Lehrerin eine aufschlussreiche Zeit. Ich bemerke, dass Brents Tochter Katie bei ihm bleiben und den Raum nur visuell in sich aufnehmen will. Sein Sohn steuert das Klettergerät an, die zweijährige Sonja tappt hinter ihm her. Ich versichere ihm, dass das in Ordnung ist. Die drei Söhne von Diane müssen alles anfassen und jede Aktivität ausprobieren. Auch das ist in Ordnung. Maggies Sohn findet eine ruhige Ecke, wo er ein neues Spielzeug alleine ausprobieren kann. Beim Hallo-Lied macht er nicht mit, als er an der Reihe ist. Er will seinen Namen nicht gesungen hören.

Die Reaktionen sind auch für andere Gruppen mit temperamentvollen Kindern typisch, und dennoch ist jede einmalig. Die gemeinsame Zeit gibt mir die Gelegenheit, allmählich den Stil jedes Kindes zu unterscheiden. Schon bald wird dies unser Versuchsraum sein, in dem wir die Methoden, die wir in der Klasse besprochen haben, demonstrieren und üben werden.

Die halbe Stunde ist im Flug vergangen und schon ist es Zeit, dass die Eltern in den Besprechungsraum gehen, während die Kinder mit dem Kleinkindteam weitermachen.

Als sich alle mit einer Kaffeetasse gesetzt haben, denke ich daran, dass diese Eltern, die nun rund um meinen Tisch sitzen, Fremde füreinander sind. Sie sind ihrer Kinder wegen gekommen oder, in einigen Fällen muss man wohl genauer sagen, hierher getrieben worden. Aus Erfahrung weiß ich, dass einige von ihnen am Ende ihrer Weisheit angelangt sind. Sie überlegen, ihr Kind zur Oma zu schicken – ohne Rückfahrkarte. Andere kommen ganz gut zurecht, brauchen jedoch eine kleine Auffrischung, noch einige Erkenntnisse, ein paar weitere Strategien. Wieder andere haben das Buch *Wie anstrengende Kinder zu großartigen Erwachsenen werden* viermal gelesen. Es liegt auf ihrem Nachttisch, damit sie häufig einen Blick hineinwerfen können, aber sie brauchen Hilfe bei der Umsetzung der Informationen, insbesondere wenn ihre Kinder alle gleichzeitig zu schreien anfangen.

Noch wissen diese Eltern nicht, ob sie gut zusammenpassen werden. Sie haben vom Gemeindezentrum den Flyer bekommen, der für den Kurs wirbt. Darauf steht: *Wie anstrengende Kinder zu großartigen Erwachsenen werden*, dienstags 18:30-20:15 Uhr, Kursdauer: 10 Wochen, von April bis Juni. – Die Probleme des Lebens mit dem »Temperament« haben sie hierher geführt.

An diesem Abend konzentriert sich unsere Diskussion auf zwei Fragen:

Was gefällt Ihnen an Ihrem temperamentvollen Kind am besten?
Was finden Sie am schwierigsten?

Im Lauf der Jahre habe ich andere Einführungsübungen ausprobiert, komme jedoch immer wieder auf diese beiden Fragen zurück. Denn die Antworten darauf lassen ein unmittelbares Gefühl von Kameradschaft entstehen, was mit anderen Übungen nicht so gut gelungen war.

Ich bitte die Eltern, ihre Antworten aufzuschreiben. Lynn erstellt rasch eine lange Liste. Sie blickt auf, ganz begierig, ihre Gedanken mitzuteilen. Andere ringen mit sich, schreiben, halten inne, überlegen, schreiben wieder. Langsam und mühsam entwickeln sich ihre Antworten. Sarahs Augen beginnen feucht zu glänzen. Der Platz unter der Frage »Was gefällt Ihnen an Ihrem temperamentvollen Kind am besten?« ist leer. Sie fängt meinen Blick auf und hält ihm stand. Ich unterbreche die Stille.

»Sie werden es vielleicht schwierig finden, etwas zu finden, was Ihnen am besten gefällt«, sage ich zu der Gruppe. »Das ist in Ordnung. Sie sind hier unter Menschen, die das verstehen.« Sarah lehnt sich in ihrem Stuhl zurück.

Nach ein paar Minuten, in denen geschrieben werden konnte, wird es Zeit, darüber zu berichten. Wir beginnen nach der »Popcorn«-Methode: Jeder kann sich beteiligen und sprechen. Jeder kann sich Zeit lassen, um warm zu werden. Es ist auch in Ordnung, nur Zuhörer zu sein. Es ist ebenso in Ordnung, mit dem Thema leidenschaftlich umzugehen.

Lynn, die mit der meisten Erfahrung, nippt an ihrem Kaffee und macht freiwillig den Anfang.

»Ich habe einen elfjährigen Sohn, Aaron, und eine neunjährige Tochter, Jenna. Meine Tochter ist die Temperamentvolle. Ich schätze an ihr, wie zielstrebig sie ist – aber ich bin hier zum zweiten Mal in einem Kurs über temperamentvolle Kinder, weil sie so leicht frustriert wird.« Lynn schüttelt den Kopf. »Wie gestern zum Beispiel. Jenna hat an einem Mathe-Blatt gearbeitet und ganz plötzlich explodierte sie.« Sie hört auf zu sprechen, greift nach einem Stück Papier, knüllt es zusammen und wirft es auf den Boden, um die Situation zu demonstrieren. »Ein kleiner Fehler, und sie verliert die Beherrschung! Ich dachte, ich müsste meine Kinder drängen, damit sie gute Noten erreichen, aber bei Jenna ist es so, dass sie sofort völlig verzweifelt ist, wenn sie einmal ›nur‹ eine Zwei bekommt.«

John und Maggie horchen beide auf, Kopfnicken und leichtes Gemurmel zeigen ihre gemeinsamen Erfahrungen an, Phil ist jedoch derjenige, der als Nächster spricht. Während er seinen Zettel zusammenfaltet und in die Tasche steckt, beginnt er: »Ich habe zwei Kinder, T. J. ist zwei und Tara ist vier. Taras Begeisterung und Energie sind großartig«, sagt er mit einem breiten Lächeln. »Taras Begeisterung und Energie bringen mich aber auch auf die Palme.« Er spricht nicht weiter, das Lächeln auf seinem Gesicht ist eingefroren.

Diane klatscht sich auf die Oberschenkel und ruft: »Ist das die Möglichkeit! Was Ihnen am besten gefällt, macht Sie gleichzeitig verrückt.«

Leises Gekicher erhebt sich im Raum, als ich eine Tabelle an die Tafel zeichne und anfange, die Antworten darin aufzulisten.

Brent schaut mir beim Schreiben zu und spielt dabei mit einer Büroklammer, die auf dem Tisch liegen geblieben war. Nachdem er langsam tief eingeatmet hat, beginnt er zu sprechen: »Ich habe drei Kinder, Sonja ist zwei, Kate vier und Danny ist sechs. Sonja anzuziehen, ist etwa so, als würde man mit einem jungen Stier ringen. Dieses Mädchen ist so dickköpfig. Man muss sie niederringen, um ihr eine Hose anzuziehen, und dann tritt und schlägt sie. Meine Frau schafft es kaum, sie anzuziehen.«

Diane lacht wieder, ihr Haar hüpft auf ihren Schultern, als sie sich vor Vergnügen schüttelt. »Das ist einfach fantastisch«, ruft sie aus und spornt Brent an, weiterzuerzählen.

»Danny ist immer beschäftigt«, fährt Brent fort, wobei er zu Diane hinüberschaut, ob sie wieder etwas sagen will, aber sie lässt ihn weiterreden. »Man weiß nie, was er als Nächstes kaputt macht. Als er klein war, konnte man ihn nicht eine Minute aus den Augen lassen. Wir mussten den Deckel vom Toilettenspülkasten ankleben, weil er ihn immer abgenommen hat.«

»Das soll er bloß nicht meinen Jungs erzählen!«, kicherte Diane. »Das ist tatsächlich eine der wenigen Ideen, auf die sie noch nicht gekommen sind.«

Brent wirft ihr von der Seite einen Blick zu, während er mit einem leichten Grinsen in den Mundwinkeln fortfährt. Er scheint es zu genießen, im Rampenlicht zu stehen und Dianes Reaktionen auszulösen. »Jetzt, wo Danny älter ist, klettert er überall hinauf – gestern ist er von einem Baum gefallen –, und wenn er sich langweilt, schubst er den Hund, seine Schwestern, was gerade in der Nähe ist.«

»Was gefällt Ihnen an Danny?«, frage ich, weil ich gerne in beiden Spalten der Tabelle Antworten stehen haben möchte.

Er verbiegt die Büroklammer, während er einen Moment lang nachdenkt. »Also, wenn Danny gerade einmal nichts kaputt macht, kann er toll mit einem Ball umgehen.«

Ich schreibe *sportlich* in die Tabelle. »Ist Danny eher so wie Sie oder wie Ihre Frau?«, frage ich.

Brent blickt auf die Büroklammer, die er jetzt völlig verbogen in der Hand hält. Er schnaubt. »Na ja, ich würde sagen, es gibt schon einige Ähnlichkeiten zwischen uns beiden.«

Diane stellt ihre Kaffeetasse ab. »Genau das ist das Problem«, sagt sie ernst. »Ich weiß, dass mein Sohn so ist wie ich, aber ich will nicht, dass er so ist wie ich! Ich habe drei Söhne: Andy ist drei, Brandon fünf und Justin acht. Ich weiß, dass Justin sensibel ist und dass dies als etwas Gutes gilt. Es stimmt auch, dass er freundlich und liebevoll ist, aber er weint wegen allem. Er nimmt alles persönlich. Wenn ein anderes Kind auf der Rutsche zu ihm sagt, er solle schneller machen, sind seine Gefühle verletzt. Selbst wenn das Kind jemand anderen anschreit, ist er durcheinander. Ich weiß, wie er sich dann fühlt, und ich weiß auch, dass man damit nicht so leicht zurechtkommt.«

Maggie tätschelt Diane mitfühlend den Arm.

Diane schweigt einen Moment, angenehm überrascht von Maggies Unterstützung, dann fährt sie fort. »Brandon zieht andere Menschen an. Sie lieben ihn. Er ist kontaktfreudig und lebhaft. Aber es ist unmöglich, mit ihm einkaufen zu gehen oder ihn zu verpflegen. Nichts schmeckt richtig. Seine Milch muss kalt sein, sonst trinkt er sie nicht. Er beklagt sich ständig, dass der Fernseher zu laut ist, die Lichter seinen Augen wehtun, die Leute ihn verrückt machen oder Opa beim Kauen schmatzt.«

Ich schreibe so schnell ich kann, um mitzukommen. Sie merkt, dass ich Mühe habe, und spricht langsamer.

Ich schreibe noch ihre letzten Antworten in die Tabelle, als Maggie sich Diane zuwendet. »Mein Sohn hat auch wirklich tiefe Gefühle«, sagt sie, »aber zurzeit sind es überwiegend wütende Gefühle. Es war schon immer schwierig, mit seinen Reaktionen umzugehen, aber seit der Scheidung sind sie viel schlimmer geworden.« Sie senkt einen Moment den Blick und fährt mit einem Finger sorgfältig um den Rand ihrer Tasse. »Er kommt nicht gut über Dinge hinweg. Er braucht sehr lange, um wieder seine Mitte zu finden.« Dann fängt sie sich wieder und sagt: »Er ist kein böses Kind. Er kann auch sehr lustig sein.« Ihre Stimme wird heller. »Und ich glaube, er ist ein aufgewecktes Kind.« Dann jedoch sinkt ihr Kinn nach unten, als sie zugibt: »Zurzeit macht er mich einfach nur fertig.«

Diane beugt sich zu Maggie hinüber und flüstert etwas, was ich nicht verstehe. Maggies Blick wird beim Zuhören weicher. Ihre

Nebenunterhaltung scheint für den Moment eine gute Sache zu sein und ich lasse sie in Ruhe.

Nur John und Sarah müssen sich noch vorstellen. John blickt in die Runde und als ich ihm zunicke, beginnt er zu sprechen. Seine Stimme ist so weich wie sein Blick und so ernst, dass plötzlich alle still sind. »Mein Sohn Todd ist zwölf. Ich mag seine Kreativität und seine Ausdauer bei Dingen, die ihm wirklich wichtig sind, und die Dramatik, mit der er sein Leben lebt – das Auf und Ab. Am schwierigsten finde ich«, er macht eine Pause und schaut zu Phil, »das Auf und Ab seines Lebens und seine mangelnde Ausdauer bei Dingen, die ihn nicht interessieren.« Phil zeigt ihm seine erhobenen Daumen.

John fährt ruhig fort. »Meine 13-jährige Tochter Kelly ist intelligent. Die Lehrer lieben sie. Ich würde mir mehr Offenheit von ihr wünschen, neue Dinge auszuprobieren. Sie ist so begabt für alles, aber es ist eine große Anstrengung, sie dazu zu bringen, etwas zu tun.«

Ich trage seine Kommentare in die Tabelle ein. Jetzt muss nur noch Sarah etwas sagen. Ihr Körper ist steif, ihre Finger umklammern ihren Stift. Das Papier, das vor ihr liegt, ist noch immer leer. »Wir können Sie auch auslassen«, sage ich zu ihr.

Sie kaut auf ihren Lippen. »Ich sitze hier und versuche, an etwas zu denken, was mir gefällt«, sagt sie leise. »Aber ich muss mich um vier Kinder kümmern und bin mit so vielen Herausforderungen konfrontiert, dass ich keine Freude finde. Ich bin an einem Punkt angelangt, an dem ich nur noch verzweifelt bin. Ich merke, dass ich immer weniger emotionale und körperliche Energie habe. Ich bin nicht sicher, ob ich das durchhalten werde.«

Sie schaut niemanden an, als sie zu sprechen aufhört. Die anderen rühren sich nicht, sie wissen nicht, wie sie darauf reagieren sollen. Zu meiner Überraschung rettet Brent die Situation, indem er scherzt: »Also, wenn das ein bezahlter Job wäre, würde ich kündigen!«

Sarah gelingt beinahe ein Lächeln. Sie sammelt sich und sagt: »Ich glaube, ich könnte sagen, dass David kein Herdentier ist. Das ist eine gute Sache«, sie flüstert beinahe, macht sich selbst Mut. »Außer bei Familienausflügen, die er in einen Albtraum verwandelt. Er weigert sich, das zu tun, was alle anderen tun wollen.«

»Ist er selbstständig?«, frage ich.

Sie schaut verblüfft. »Ja, ich glaube schon. So habe ich das nie gesehen.«

»Und was ist mit Cara?«, frage ich.

»Sie hat sich schon immer schrecklich wegen der Kleidung aufgeführt«, antwortet Sarah. »Jetzt, da sie zehn Jahre alt ist, ist es besser – es sei denn, sie soll sich schick machen. Sie hasst alles mit einem engen Kragen oder Bündchen. Sadie, unsere Vierjährige, braucht ewig lange, bis sie zur Tür hinaus ist. Entweder will sie nicht gehen oder sie muss bei allem und jedem stehen bleiben, um es anzusehen, wenn sie nach draußen zum Auto geht. Bei vier Kindern führt sich eines immer auf.«

»Sie sind an den richtigen Ort gekommen«, versichere ich Sarah. »Und mit vier Kindern haben Sie es schwerer. Sie haben einen sehr wichtigen Schritt unternommen. Sie sind hier an einem Ort, an dem andere Menschen Sie verstehen und wo es Informationen gibt, die Ihnen helfen können, die Situation zu verbessern. Herzlich willkommen!«

Die Frustration, die viele dieser Eltern dazu gebracht hat, an dieser Sitzung teilzunehmen, scheint sich in die Zimmerecken zurückzuziehen. Alle scheinen zu merken, dass hier Menschen zusammengekommen sind, die über die emotionale Achterbahn der Erziehung eines temperamentvollen Kindes wirklich Bescheid wissen.

Auch Sie sind nicht alleine! Als Elternteil eines temperamentvollen Kindes gehören Sie zu den vielen, vielen Menschen, die ein temperamentvolles Kind haben. Es gibt zwar keine Statistiken für die deutschsprachigen Länder, aber der Bedarf an Unterstützung ist riesig! Auch Sie sind bei der Betreuung dieses Kindes stärker gefordert, das normal, aber »mehr« ist. Nehmen Sie sich ein paar Minuten Zeit, um Ihre Freuden und Schwierigkeiten in die Tabelle einzutragen.

Übung

1. Oben in der Tabelle stehen die Merkmale, die von den Eltern in dieser Gruppe genannt wurden. Lesen Sie sich diese Freuden und Schwierigkeiten durch und kreuzen Sie alle an, die zu Ihrer eigenen Erfahrung passen.
2. Fügen Sie unterhalb dieser Merkmale Ihre eigenen Freuden und Schwierigkeiten ein. Wundern Sie sich nicht, wenn dabei die Schwierigkeiten die Freuden zahlenmäßig übersteigen.

Was gefällt Ihnen am meisten an Ihrem temperamentvollen Kind?	*Was finden Sie am schwierigsten bei Ihrem temperamentvollen Kind?*
Entschlossenheit	Ist schnell frustriert
Kreativität	Hat immer hohe Erwartungen
Begeisterung	Begeisterung
Energie	Energie
Sensibilität	Das Herumzappeln und Schubsen
Lebhaftigkeit	Kann nicht aufhören
Charisma	Wird leicht aufgebracht
Stärke	Einkaufen gehen
Sportliche Fähigkeiten und gute Koordination	Wut und Wutanfälle

Was gefällt Ihnen am meisten an Ihrem temperamentvollen Kind?	*Was finden Sie am schwierigsten bei Ihrem temperamentvollen Kind?*
Humor	Ist fordernd
Intelligenz	Akzeptiert kein Nein
Fokussierung	Sprunghafte Laune
Dramatik	Will nichts Neues ausprobieren
Bedachtsamkeit/Vorsicht	Hört nicht zu
Geht nicht mit der Masse	Lange Umstellung auf etwas anderes
Bemerkt alles	Kooperiert nicht mit anderen Das Anziehen Bemerkt alles Essen

Vergleichen Sie Ihre Antworten mit denen der Eltern aus der Gruppe. Sind Sie von Ihren eigenen Antworten überrascht?

Wenn Sie sich, so wie Sarah, etwas überfordert fühlen, klopfen Sie sich einmal symbolisch selbst auf die Schulter. Sie haben bereits den ersten Schritt unternommen, um etwas zu verbessern, indem Sie dieses Buch zur Hand genommen haben. Darin finden Sie Strategien, um die erste Spalte über die Freuden an Ihrem Kind auszufüllen zu können. Warten Sie einfach ab!

Die Kernpunkte

- Sie sind nicht alleine.
- Um ein temperamentvolles Kind zu erziehen, braucht es ein Mehr an Wissen, Fertigkeiten und Geduld.
- Im vorliegenden Buch finden Sie Informationen, die Ihnen helfen können.

2

Eine andere Sichtweise

Auf die Stärken bauen

ZUR VORBEREITUNG

- Lesen Sie die Kapitel 1 und 2 von *Wie anstrengende Kinder zu großartigen Erwachsenen werden.*
- Halten Sie einen Stapel Karteikarten oder ein Writing Tablet und einen Stift bereit.

Die Hauptpunkte des Kapitels

- Fakten darüber, warum es so wichtig ist, dass Sie Ihr Kind positiv visualisieren.
- Übung, um positive Etiketten zu entwerfen.
- Beispiele, wie dieses positive Bild auch während anstrengender Zeiten beibehalten werden kann.

Dinge, die es zu beobachten gilt

- Welche Worte verwenden Sie, um Ihr Kind zu beschreiben?
- Wie reagiert Ihr Kind, wenn Sie etwas Positives über Ihr Kind sagen?
- Wie fühlen Sie sich, wenn jemand etwas Positives über Ihr Kind sagt?

Können die Erwartungen, die Sie an das Verhalten Ihres Kindes haben, dieses Verhalten unabsichtlich hervorrufen? Die Antwortet lautet: JA!

In einer berühmten Studie von A. S. King wurde einem Ausbilder für Schweißer gesagt, fünf Männer in seinem Kurs hätten das Potenzial, herausragende Schweißer zu werden. Tatsächlich waren die Männer nach dem Zufallsprinzip ausgewählt worden und nicht mehr und nicht weniger fähig als die anderen Kursmitglieder. Dem Ausbilder wurde gesagt, er solle damit lediglich über die hohe Begabung der fünf Männer informiert werden, er müsse sie deswegen nicht anders behandeln.

Am Ende des Kurses zeigten die Aufzeichnungen, dass die fünf zufällig ausgewählten Männer ...

- im Abschlusstest zehn Punkte mehr erreicht hatten als ihre Kollegen
- die Aufgaben in der Hälfte der Zeit der Kollegen lernten
- von ihren Kollegen zu den bevorzugten Arbeitspartnern gewählt wurden
- eine höhere Anwesenheitsquote hatten

Was war geschehen? Warum glänzten diese Männer, obwohl sie sich doch in Wirklichkeit nicht von den anderen unterschieden? Während der Ausbilder der festen Überzeugung war, bei diesen Männern nichts anders gemacht zu haben, zeigten Beobachtungen, dass er dies doch getan hatte. Dank dieser und weiterer Studien wissen wir heute, dass sich Ihr Verhalten verändert, wenn Sie etwas Gutes erwarten. Man bezeichnet dies als »Pygmalion-Effekt«.

Ein positives Bild führt dazu, dass Sie

- öfter lächeln
- mehr positives Feedback und mehr hilfreiche Hinweise geben

- mehr Informationen geben
- besser zuhören
- ausdrucksstärker, freundlicher und aufmunternder sind
- mehr interessante und herausfordernde Gelegenheiten bieten

Das Ergebnis: Die Person, von der Sie sich ein positives Bild aufgebaut haben, erlebt dadurch mehr Selbstvertrauen und erreicht eine höhere Leistung.

Ihre positive Sichtweise ist ein wesentlicher Faktor für den Erfolg Ihres temperamentvollen Kindes. Dieses positive Bild beginnt sich mit den Worten aufzubauen, die Sie zur Beschreibung Ihres Kindes wählen.

Temperamentvolle Kinder scheinen geradezu um Kennzeichnungen oder Etiketten zu betteln, leider nicht immer um positive. Daher ist es so wichtig, dass Sie sich der Etiketten bewusst werden, die Sie verteilen. Rufen diese Kennzeichnungen Assoziationen von Kindern hervor, die intelligent, kreativ, wissbegierig und künftige Führungspersönlichkeiten sind? Liefern sie Beschreibungen, die dazu führen, dass andere Sie darum beneiden, ein temperamentvolles Kind zu haben? Sorgen sie dafür, dass Sie vor Stolz kaum laufen können, anerkennend lächeln, glucksen vor Vergnügen und Erfolg erwarten? Das wollen wir uns einmal anschauen.

EINE ANDERE SICHTWEISE

Die Temperaturen waren in der vergangenen Woche stark gestiegen, und als Diane und ihre drei Jungs durch die Eingangstür des Zentrums hereinwirbelten, zerzauste eine warme Frühlingsbrise ihr Haar. Diane trug rosa Leggings mit einem langen Sweat-Shirt in Lila und Pink. Andy, ihr Jüngster, hing an ihrem Bein. Er wusste nicht so recht, ob er zur Familienzeit in den Kursraum für die Kinder gehen wollte. Wir zeigten ihm das Besprechungszimmer, in dem Diane sitzen würde, und ließen ihn einen Stuhl für sie aussuchen. Durch den Einwegspiegel zum Zimmer für die Kinder zeigte ich ihm die lila Knetmasse, die ihm in der Vorwoche so viel Freude gemacht hatte. Er sah auch seine Brüder, die bereits dabei waren, Würmer und Schlangen daraus zu formen, und entschied, es wäre vielleicht doch gar nicht schlecht mitzumachen. Wir gingen gemeinsam in den Kinderraum, und als es für Diane Zeit wurde, sich von ihm zu trennen, gab er ihr einen Kuss und umarmte sie, ohne zu weinen.

Nachdem wir uns alle im Besprechungszimmer versammelt hatten, kündigte ich der Gruppe an, wir würden gleich zur Sache kommen – zu den schlechten Tagen.

»Sie wissen ja«, sagte ich, »zu diesen Tagen, an denen Ihr Kind morgens um 10 Uhr bereits drei Auszeiten hatte. Wenn nichts von dem, was Ihr Kind macht oder was Sie machen, richtig ist. Wenn Sie ernsthaft überlegen, ob Sie es schaffen werden, noch einen Tag mit diesem Kind auszuhalten.«

»Oh«, seufzte Sarah. »Diese Tage!«

»Sie sollen ganz ehrlich sein«, sagte ich. »Unterdrücken Sie jegliche Zensur und lassen Sie sich einfach einmal gehen.«

»Super!«, rief Diane.

Brent stützte sein Kinn in die Hand und sah mich unter seiner Kappe heraus an. Ich hatte nicht den Eindruck, dass er sich so richtig ungezügelt und frei fühlte, daher zog ich einen Stapel Karteikarten heraus und teilte jedem drei davon aus. »Schreiben Sie ein Wort oder einen Satz auf, der Ihr Kind an schlechten Tagen beschreibt«, machte ich zur Aufgabe. »Anschließend werden die Karten in der Mitte des Tisches gemischt und nach dem Zufallsprinzip gezogen und vorgelesen.«

Die Vertraulichkeit ließ einige interessante Etiketten beziehungsweise Kennzeichnungen entstehen.

Diane zog drei Karten und las sie freiwillig als Erste vor: »aufsässig«, »fordernd« und »kleiner Rotzlöffel«.

Ich zog eine Augenbraue in Richtung Brent hoch. Er grinste und hob unschuldig seine Hände. Ich glaubte ihm nicht. Die anderen lachten, ihre Stimmen wurden lauter, als es rund um den Tisch lebendiger wurde. Phil schnappte sich drei Karten, um zu sehen, was für Schätze da noch verborgen lagen. Er las: »emotionale Achterbahn«, »perfektionistisch« und – er hustete nervös, bevor er das letzte Kärtchen vorlas – »krankhaft pingeliger Quälgeist«.

Die Gruppe war unsicher, wie sie reagieren sollte. Einige lachten, andere stöhnten, einerseits wegen der Härte der Worte, andererseits weil sie die zugrunde liegende Wut spürten. Es herrschte Stille, bevor John drei Karten zog. »Negativ«, »irrational« und »weinerlich«, las er vor. Sarah griff nach dem Haufen. »Ungehorsam«, »manipulierend«, »muss immer sein eigenes Ding machen«, fügte sie hinzu.

Ich schrieb jedes Wort und jeden Satz an die Tafel. Im Raum verbreitete sich eine bedrückte Stimmung. Unbewusst ließen einige die Schultern hängen, als an der Tafel eine scheinbar überwältigende Herausforderung sichtbar wurde.

- **Aufsässig**
- **Fordernd**
- **Kleiner Rotzlöffel**
- **Emotionale Achterbahn**
- **Perfektionistisch**
- **Krankhaft pingeliger Quälgeist**
- **Negativ**
- **Irrational**
- **Weinerlich**
- **Ungehorsam**
- **Manipulierend**
- **Muss immer sein eigenes Ding machen**
- **Stur**
- **Ablehnend**
- **Herrschsüchtig**

»Was erstaunt Sie an der Liste?«, fragte ich.

»Es ist wirklich ernüchternd, wenn man das so geballt an der Tafel liest«, antwortete Phil mit matter Stimme. »Mir war nicht klar, dass ich so negativ eingestellt bin.«

»Ich empfinde Scham«, flüsterte Sarah. »Aber von meiner Familie höre ich immer, ich müsse ihm sagen, dass er böse ist. Sie sind der Meinung, dass er Ärger macht, weil ich ihm nicht sage, dass er böse ist. Es ist doch beschämend, ihm zu sagen, dass er böse ist, oder?«

»Das ist beschämend«, stimmte ich zu. »Und Studien zeigen, dass die Erwartung einer Katastrophe eine selbsterfüllende Prophezeiung werden kann.«

»Ja, genau«, stimmte Phil zu, während er nach einem Stift griff und damit auf die Tafel deutete. »Ich hasse es, wenn jemand Ausdrücke wie ›kleiner Rotzlöffel‹ verwendet, um Tara zu beschreiben, weil man mich früher auch so beschrieben hat.«

Dianes Stimme erhob sich. »Ich sehe hier Begriffe, mit denen man mich ebenfalls beschrieben hat – und noch beschreibt, wie *stur*. Justin muss immer sein eigenes Ding machen. Da ist er wie ich, und mir hat das eine Menge Probleme eingehandelt.« Sie zerbrach ihren Stift und warf die Stücke vor sich auf den Tisch.

Maggie schaute zu Diane und wartete, ob diese noch mehr sagen wollte. Diane wendete den Blick ab.

»Meine Erfahrung ist völlig anders«, sagte Maggie ruhig. »Wenn ich diese Begriffe lese, wird mir klar, dass mein Sohn und ich einander überhaupt nicht ähnlich sind. Ich war immer ein unproblematisches Kind. Kein Wunder, dass es mir so schwerfällt, ihn zu verstehen.«

»Ich fühle mich einfach nur müde und erschöpft«, sagte Sarah.

»Ich bin beunruhigt«, bemerkte Lynn.

Im Umgang mit unseren temperamentvollen Kindern sind wir manchmal so anders als sie, dass es nicht nur schwierig ist, sie zu verstehen, sondern auch, sie wertzuschätzen. Bei anderen Gelegenheiten sind unsere temperamentvollen Kinder uns so ähnlich, dass es uns erschreckt, insbesondere wenn wir sehen, dass sich bei ihnen wiederholt, was wir als unsere größte Schwäche betrachten. Aber egal, ob wir einander ähnlich oder völlig verschieden sind, die negativen Etiketten zehren unsere Energie auf und geben uns häufig das Gefühl, überfordert und wütend zu sein.

WIRKSAME STRATEGIEN

Es ist sehr wichtig, die negativen Etiketten, mit denen wir unsere Kinder normalerweise beschreiben, zu prüfen und zu verändern. Die Realität sieht nämlich so aus, dass in jeder einzelnen dieser Verhaltensweisen eine potenzielle Stärke steckt. Unsere Aufgabe ist es, diese Stärken zu erkennen und unseren Kindern zu helfen, diese zu maximieren, indem sie lernen, wie sie am besten mit ihrem Verhalten umgehen können.

Schauen Sie sich die Liste erneut an. Sind irgendwelche Begriffe dabei, die beschreiben, wie Sie als Kind waren? Ist dieses Merkmal für Sie heute von Vorteil?

»Ich wurde normalerweise als herrschsüchtig bezeichnet«, sagte Lynn. »Heute bin ich Managerin, und zwar eine ziemlich erfolgreiche.«

»Fordernd«, sagte Phil, »und perfektionistisch. Heute untersteht mir eine Crew von Flugzeugmechanikern. Fordernd und perfektionistisch zu sein, ist dabei wirklich wichtig. Mein Chef lobt meine hohen Erwartungen und die Art, wie ich nach Spitzenleistung strebe.«

Ich merkte, dass ich gerne mit den Maschinen fliegen wollte, für die dieser Mann zuständig war. Es ist tatsächlich so, dass viele von den Merkmalen, die wir bei Kindern als schwierig empfinden, bei Erwachsenen geschätzt werden. Irgendwann auf dem Weg zum Erwachsenwerden haben diese Menschen ihre potenziellen Stärken erkannt und haben gelernt, gut damit umzugehen. Auch wir können unseren Kindern helfen, diese Stärken zu entwickeln. Es fängt damit an, einfach die Begriffe zu ändern, mit denen wir sie beschreiben, und uns selbst zu versprechen, die negativen Etiketten fallen zu lassen und durch Begriffe zu ersetzen, die die potenziellen Stärken aufzeigen.

Negative Etiketten durch positive austauschen

1. Überprüfen Sie die bereits erstellte Liste negativer Etiketten.
2. Fügen Sie Ihre eigenen negativen Etiketten dazu.
3. Verwandeln Sie diese negativen Etiketten in positive.
4. Fügen Sie diese in der Spalte »Neues positives Etikett« ein. Es gibt keine einzige richtige Positivierung, aber hier sollen Beispiele für gute Kennzeichnungen stehen.
5. Wenn Sie nicht weiterkommen oder sich wirklich nicht in der Lage sehen, etwas Positives über Ihr Kind zu sagen, bitten Sie eine Freundin oder einen Freund oder jemanden, der Ihr Kind gerne hat, Ihnen dabei zu helfen. Eine weitere Möglichkeit ist, noch einmal Kapitel 2 von *Wie anstrengende Kinder zu großartigen Erwachsenen werden* zu lesen, oder Sie greifen zu einem Wörterbuch oder Synonymwörterbuch.

Altes negatives Etikett	*Neues positives Etikett*
Aufsässig	
Fordernd	
Kleiner Rotzlöffel	
Emotionale Achterbahn	
Perfektionistisch	

Krankhaft pingeliger Quälgeist	
Negativ	
Irrational	
Weinerlich	
Ungehorsam	
Manipulierend	
Muss immer sein eigenes Ding machen	
Stur	
Ablehnend	
Herrschsüchtig	
Launisch	
Vorlaut	

Vorgeschlagene positive Etiketten

Altes negatives Etikett	*Neues positives Etikett*
Aufsässig	Selbstständig
Fordernd	Ausdauernd
Kleiner Rotzlöffel	Künftige Führungspersönlichkeit
Emotionale Achterbahn	Sensibel
Perfektionistisch	Hält hohe Standards ein
Krankhaft pingeliger Quälgeist	Gut organisiert
Negativ	Analytisch
Irrational	Kreativ
Weinerlich	Ausdrucksstark
Ungehorsam	Stark
Manipulierend	Charismatisch
Muss immer sein eigenes Ding machen	Arbeitet engagiert auf sein Ziel hin
Stur	Nicht leicht zu beeinflussen, selbstsicher

Ablehnend	Fokussiert
Herrschsüchtig	Künftiger Manager
Launisch	Verschmitzt
Vorlaut	Ehrlich

Wie ist es Ihnen ergangen?

Wenn Sie für jedes negative Etikett auf Ihrer Liste ein positives gefunden haben, sind Sie auf dem besten Weg, wirklich visionär zu werden! Konnten Sie zehn oder mehr positive Etiketten entwickeln, machen Sie das großartig. Haben Sie nach drei Tagen noch immer erst fünf gefunden, vermute ich, dass Sie etwas gestresst sind. Stress behindert Ihre Vorstellungsgabe. Machen Sie etwas Sport, nehmen Sie ein heißes Bad, unternehmen Sie mit einer Freundin einen Spaziergang, gehen Sie zu einer Verabredung, beschließen Sie, dass Sie wirklich nichts tun müssen, was in Ihrem Kalender steht, und probieren Sie es anschließend erneut. Die nächste Übung könnte Ihnen auf die Sprünge helfen, falls Sie noch immer Probleme damit haben.

Beschreiben Sie eines Ihrer Lieblingsfotos

1. Wählen Sie eines Ihrer Lieblingsfotos von Ihrem Kind aus und stellen Sie es vor sich hin.
2. Beschreiben Sie das Foto jemandem (wie mir), der es nicht sehen kann, sich aber gerne darüber freuen würde:
   Beschreiben Sie den Gesichtsausdruck Ihres Kindes.
   Erzählen Sie, wie es angezogen ist.
   Welche Körperhaltung hat es?
   Was ist im Hintergrund zu sehen?

   ____

   ____

   ____

3. Warum lieben Sie dieses Foto so sehr?

____

____

____

Hören Sie diese Worte

Sobald Ihre neue Liste mit positiven Etiketten fertig ist, lesen Sie sie laut. Beginnen Sie mit den Worten: »Ich bin die Mutter/der Vater eines temperamentvollen Kindes.« Lesen Sie anschließend die Begriffe von Ihrer Liste: »Temperamentvolle Kinder sind selbstständig, ausdauernd, künftige Führungspersönlichkeiten, sensibel, sie halten hohe Standards ein, sind gut organisiert, analytisch, kreativ, ausdrucksstark, stark, arbeiten engagiert auf ihr Ziel hin, lassen sich nicht leicht beeinflussen und haben Selbstvertrauen.«

Hören Sie diese Worte! Empfinden Sie diese Worte!
Was geschieht in Ihnen, wenn Sie sie hören?
Schreiben Sie hier Ihre Gefühle und Gedanken nieder.

Wenn mein Kind positiv beschrieben wird, empfinde ich …

____

____

____

____

____

Im Kurs las ich die Liste der positiven Etiketten langsam und empathisch vor, dann legte ich eine Pause ein.

Lynn lachte. »Wow! Ich wusste gar nicht, wie gut ich es habe!«

Phil grinste breit. »Das ist wirklich erstaunlich.«

Diane pustete ihren Pony aus der Stirn. »Huch, das sind ja wirklich alles Qualitäten, die wir an Erwachsenen bewundern.«

ÜBEN, ÜBEN, ÜBEN

Brent beugte sich vor und studierte alles, was an der Tafel stand. »Ja klar«, brummelte er. »Danny nimmt sein Zimmer auseinander und ich soll dazu sagen: ›Danny, du bist echt energiegeladen.‹ Geht's noch?«

Ich musste zustimmen. »Das wäre wirklich unpassend. Deshalb ist die Vorstellung so wichtig, die diese Worte erzeugen. Sie wollen Danny daran hindern, sein Zimmer zu verwüsten, es ist nicht in Ordnung, wenn er destruktiv ist. Aber wenn Sie auf ihn zugehen, können Sie entweder denken: ›Danny, der destruktive Quälgeist, macht es schon wieder‹, oder Sie können sich sagen: ›Danny ist ein Kind mit sehr starken Gefühlen. Irgendetwas muss ihn extrem aus der Fassung gebracht haben.‹ Diese Vorstellung von Danny wird Ihnen helfen, ruhiger zu bleiben, und es Ihnen ermöglichen, mitfühlender zu sein, anstatt sich schikaniert zu fühlen, wenn Sie das destruktive Verhalten eindämmen und ihm dabei helfen, Worte oder angemessene Aktivitäten zu finden, um seine Gefühle auszudrücken.«

Brent blickte zweifelnd.

Mein Gehirn arbeitete auf Hochtouren. Wie konnte ich ihm helfen, das zu verstehen?

»Was sehen Sie in diesem Raum?«, fragte ich.

»Ist das ein Trick?«, fragte Brent zurück.

»Nein. Es gibt keine richtige Antwort. Die Frage richtet sich an alle. Was sehen Sie?«

Schnell wurden Antworten angeboten: Menschen, Poster, Papier, blaue/graue Wände, Menschen, die zuhören.

»Was sehen Sie an roten Dingen in diesem Raum?«

Sie schauten mich fragend an, dann begann das Brainstorming erneut: drei rote Mäntel, einen roten Stuhl, den Rand der Wand, die Schleife am Plüschbär, rote Buchstaben am Schwarzen Brett, der Minutenzeiger an der Uhr und Blumen. Plötzlich stachen winzige Details heraus, die wir zuvor nicht bemerkt hatten.

Ich machte die Gruppe darauf aufmerksam, dass wir das sehen, wonach wir suchen. »Diesen Gedanken wollen wir einmal auf alltägliche Situationen anwenden«, sagte ich. »Nennen Sie mir Beispiele von Dingen, die Ihre Kinder in dieser Woche gemacht haben.«

»Ich habe Kristen gebeten, ihren Teller vom Tisch abzuräumen«, begann Maggie. »Sie schaute mich an und sagte ›Nein‹!«

»Andy, mein dreijähriger Sohn, hat alle Töpfe und Pfannen aus dem Geschirrschrank geholt und ein Percussionset zusammengestellt«, berichtete Diane.

Phil steuerte bei: »Als wir letzte Woche von hier weggegangen sind, hat Tara sich losgerissen und ist über den Parkplatz gerannt.«

»Gut«, sagte ich. »Wir nehmen uns jetzt jede dieser Szenen vor und finden dazu eine negative und eine positive Reaktion.«

Situation	Negative Reaktion	Positive Reaktion
Kristen weigert sich, ihren Teller wegzuräumen.	Kristen, du bist so aufsässig! Ich weiß nicht, wie ich zu einem so sturen Kind gekommen bin!	Kristen, du willst gerne selbstständig sein. Aber vergiss nicht, dass in unserer Familie jeder hilft.
Andy stellt sich aus Töpfen und Pfannen ein Percussionset zusammen.	Andy, du bist so destruktiv. Wie kannst du es wagen, meine Töpfe und Pfannen als Schlagzeug zu benützen!	Andy, du bist kreativ und ein richtiger Musiker. Aber ich habe Sorge, dass meine Töpfe und Pfannen zerkratzt werden. Was könntest du denn stattdessen als Schlagzeug nehmen?

Situation	Negative Reaktion	Positive Reaktion
Tara rennt über den Parkplatz.	Tara, nein! Ich weiß nicht, was ich mit dir machen soll. Du bist so wild. Du bist außer Kontrolle.	Halt, Tara! Das Herumrennen auf einem Parkplatz ist gefährlich. Ich merke, dass du jetzt voller Energie steckst, aber du musst an meiner Hand bleiben. Zu Hause kannst du im Garten herumrennen. Jetzt kannst du hüpfen oder galoppieren, aber du musst bei mir bleiben.

Anhand dieser Beispiele können Sie sehen, dass positive Reaktionen schlechtes Verhalten *nicht* entschuldigen. Sie helfen uns einfach, ein positives Bild von unserem Kind zu erzeugen, und erinnern uns an den Wert des Kindes als Individuum mit potenziellen Stärken.

Bedenken Sie, dass Sie freundlicher reagieren können, wenn Sie Ihr Kind in einem positiven Licht sehen. Sie hören besser zu und reagieren in einer Art und Weise, die wirksamer ist. Es ist nicht einfach, dieses positive Bild in negativen Situationen beizubehalten, aber Sie können anfangen, die positiven Worte an den guten Tagen zu verwenden, wenn es Ihnen leichtfällt. Das so entstehende Bild wird allmählich wachsen und Sie selbst durch harte Zeiten leiten.

Maggie drückte ihren Rücken gegen die Stuhllehne. »Aber was sagt man zu anderen Leuten? Gestern habe ich Brian nach seinem ersten Tag an einer neuen Schule abgeholt. Er ist erst sechs, ein Erstklässler. Seine Lehrerin sagte kopfschüttelnd und verärgert: ›Er war heute sehr aufsässig.‹ Was hätte ich sagen sollen? Ich war schockiert, verlegen und verletzt! Ich habe ihn geschnappt und bin mit ihm zur Tür hinaus.«

»Haben Sie überlegt, eine andere Schule zu wählen?«, fragte Phil.

Ein Teil von mir empfand so wie Phil, aber ich wusste, dass noch nicht alle Fakten bekannt waren und es zu früh für eine solche Entscheidung war.

»Es ist sehr schwierig zu reagieren, wenn andere Erwachsene, insbesondere in der Funktion von Autoritätspersonen wie Lehrer, Ärzte, Großeltern oder Kinderbetreuer, sich unfreundlich über Ihr Kind äußern«, sagte ich. »Es ist gut, später darauf zurückzukommen und mit der Lehrerin Ihres Kindes zu sprechen, nachdem Sie Zeit hatten, sich eine Antwort zu überlegen, und die Lehrerin nicht mehr so frustriert ist. Sie müssen nicht sofort darauf eingehen. Aber es ist wichtig, sie wissen zu lassen, dass Ihnen klar ist, dass Ihr Kind stark und eigenständig ist. Sie sollten ihr auch mitteilen, dass Brian möglicherweise am ersten Tag in der neuen Schule ängstlich war. Vielleicht hätte er mehr Zeit gebraucht oder eine Vorwarnung. Sehr wahrscheinlich wird Ihre Sichtweise der Lehrerin helfen, die potenziellen Stärken Ihres Kindes zu erkennen. Lassen Sie ihr Zeit, Ihren Sohn besser kennenzulernen. Wenn sie auch nach einer gewissen Zeit nicht positiv auf ihn reagiert, sollten Sie möglicherweise einen Wechsel in eine andere Klasse in Betracht ziehen. Denken Sie an den Pygmalion-Effekt – ihre Sichtweise wird sich auf die Leistungen Ihres Sohnes auswirken.«

Unsere Zeit war um. »Merken Sie sich die Sichtweise«, rief ich ihnen nach, als sie den Raum verließen. »Denken Sie positiv und achten Sie auf das, was geschieht.« Ich merkte, dass Brent noch immer nicht überzeugt aussah.

GENIESSEN SIE IHRE ERFOLGE

»Diese Etiketten sind wirklich ansteckend!«, äußerte Phil in der nächsten Woche. »Tara, unsere Vierjährige, war auf dem besten

Weg, wieder Probleme zu machen. Sie stampfte mit den Füßen auf und war sehr fordernd. Meine Frau und ich hatten dieses Verhalten wirklich satt, aber ich beschloss, es mit der anderen Sichtweise zu probieren.« Er betonte *Sichtweise* übertrieben, hob dabei die Arme nach oben, als blicke er gen Himmel.

»Ich schaute zu meiner Frau und witzelte: ›Oh, was ist unsere Tara heute wieder durchsetzungsfähig.‹ Ich scherzte, aber ich fuhr in dieser Art fort. ›Sie ist wirklich sehr zielstrebig.‹ Ich glaube nicht, dass Tara den Sinn dieser Worte wirklich verstanden hat, aber ihr gefiel der Tonfall und sie begann zu lächeln. Sie konnte nicht gleichzeitig lächeln und mit dem Fuß aufstampfen. Plötzlich lachten wir alle drei.«

»Ich war nicht so erfolgreich«, berichtete Maggie, »aber ich war toleranter und verständnisvoller.«

»Ich bin total gestresst«, murmelte Sarah. »Ich habe gemerkt, dass ich nicht in der Lage war, etwas Positives zu sehen. Das ist mein Problem. Ich schätze, ich muss bei mir anfangen.«

Über den Tisch hinüber berührte ich ihren Arm. »Genau das ist das Interessante am Elternsein«, sagte ich. »Wir lernen auch etwas über uns selbst – beispielsweise anzuerkennen, dass Sie mit Ihren vier Kindern heute Abend in den Kurs gekommen sind. Und Sie haben auch einige sehr gute positive Etiketten mitgebracht.«

Sie schaute mich an und gelobte: »Ich werde versuchen, positiver zu sein, wirklich.«

Als ich nach dem Kurs meine Papiere zusammensuchte, merkte ich, dass ich mich sehr gut wegen Sarahs letztem Kommentar fühlte. Aber ich war auch etwas frustriert. Ich hatte gehofft, ein neuer Blickwinkel würde Brent helfen, die Dinge positiver zu sehen. Es schien jedoch keine große Auswirkung gehabt zu haben. »Vielleicht«, dachte ich, »wäre es mit einer anderen Übung besser gelungen, wenn ich einfach eine bessere Lehrerin wäre«, aber dann erinnerte ich mich daran, dass jeder Mensch in seinem eigenen

Tempo lernt. Ich wusste nicht, welche Erfahrung Brent gemacht hatte. Ich wusste nicht, wie viele Stolpersteine man ihm in den Weg geworfen hatte. Meine Aufgabe war es, Informationen zu geben, Fragen zu stellen, Erfahrungen anzubieten. »Geduld«, mahnte ich mich selbst. Aber ich wollte nicht geduldig sein. Ich bin tatsächlich nicht sehr geduldig, insbesondere dann nicht, wenn ich ein Ziel vor Augen habe. Ich ließ die Lektion dieses Tages im Kopf Revue passieren: den Fokus auf die Stärken richten. Ich dachte über Brent nach. Was waren seine Stärken? Er war witzig. Er hatte uns alle in der Gruppe schon mehrmals zum Lachen gebracht. Und obgleich er tatsächlich »von seiner Frau in den Kurs geschickt« worden war, kam er von sich aus – sie arbeitete nachts. Daher dachte ich beim Hinausgehen über diesen Papa mit ausgeprägtem Sinn für Humor nach. Über diesen Papa, der sich offensichtlich kümmerte.

Schreiben Sie Ihre Erfolge auf

1. Stellen Sie sich vor, dass Ihr Kind einen Aufsatz mit dem Titel »Wer bin ich?« schreiben soll. Wie würde Ihr Kind sich beschreiben? (Selbst wenn es zurzeit erst zwei Jahre alt ist, eines Tages wird es sich diese Frage stellen und die Antwort bildet sich bereits heute heraus).

____

____

____

____

____

2. Mit welchen positiven Etiketten haben Sie Ihr Kind heute beschrieben?

____

____

3. Wie haben Sie sich gefühlt, als Sie diese positiven Worte hörten?

4. Wer kann Sie ermutigen, wenn Sie damit zu kämpfen haben, dieses positive Bild zu erzeugen?

Die Kernpunkte

Ein positives Bild von Ihrem Kind beginnt mit den Worten, die Sie verwenden. Markieren Sie Ihre Lieblingsbegriffe und fügen Sie weitere an.

Liebevoll	Innovativ	Selbstsicher
Munter	Mehr!	Selbstständig
Aufgeweckt	Kreativ	Ausdauernd
Lebhaft	Führungspersönlichkeit	Gut organisiert
Tüchtig	Klar	Analytisch
Kompetent	Wahrnehmungsfähig	Ausdrucksstark
Fürsorglich	Sportlich	Stark
Entschlossen	Koordiniert	Charismatisch
Spannend	Leidenschaftlich	Ehrlich
Energiegeladen	Empfindlich	Ausgelassen
Fantasievoll	Zutiefst sozial	Lustig
Quicklebendig	Zielorientiert	

Fügen Sie eigene Begriffe an.

Hängen Sie diese Liste an den Kühlschrank, um sie an schlechten Tagen vor Augen zu haben.

3

Wodurch wird ein Kind temperamentvoll?

Die Auslöser erkennen

Zur Vorbereitung

- Lesen Sie die Kapitel 3 und 4 in *Wie anstrengende Kinder zu großartigen Erwachsenen werden.*
- Halten Sie einen Stift bereit.

Die Hauptpunkte des Kapitels

- Definition von Temperament.
- Profil des Temperaments Ihres Kindes.
- Profil Ihres eigenen Temperaments.
- Erkennen der temperamentsbedingten Schlüsselauslöser bei Ihnen und Ihrem Kind.

Dinge, die es zu beobachten gilt

- Wie sieht die erste Reaktion Ihres Kindes auf etwas Neues aus?
- Inwiefern ist die Reaktion Ihres Kindes ähnlich wie Ihre eigene oder wie unterscheidet sie sich von Ihrer?
- Wie reagiert Ihr Kind auf Überraschungen?
- Wie reagieren Sie darauf?

Jeder Mensch ist anders. Das Erkennen und Verstehen dieser Unterschiede ist für den Aufbau gesunder Beziehungen sehr wichtig. Als die Eltern mit ihren Kindern heute eintrafen, fanden sie auf dem Boden des Kleinkinder-Raums riesige Papierrollen auf dem Boden verteilt. Neben dem Papier stand eine Schüssel mit lila Temperafarbe, eine Schüssel mit warmem Wasser und ein großer Pinsel. Das Thema waren Tierfährten und jedes Kind sollte seine eigenen Spuren hinterlassen.

Brents sechsjähriger Danny zog sofort Schuhe und Socken aus und wollte der Erste sein. Er kicherte, als der Pinsel ihn an den Zehen kitzelte. Rasch sprang er vom Stuhl zum Papier und stapfte darüber. Sarahs vierjährige Tochter Sadie beobachtete das Ganze. Nur ihre Augen verrieten ihr Interesse. Gespannt und konzentriert verfolgte sie jede von Dannys Bewegungen. Dianes fünfjähriger Sohn Brandon drängelte sich vor Sadie. Sie wich zurück, war zufrieden, weiter Zuschauerin zu sein, und steckte den Daumen in den Mund. Brandon wollte nur seine Zehen angemalt bekommen und lief auf Zehenspitzen über das Papier. Sadie beobachtete weiter. Brandon wusch sich die Farbe ab und fünf weitere Kinder hinterließen ihre Spuren, einige hüpfend, andere schleichend, eines bemühte sich sehr um »perfekte« Spuren. Sadie wartete. Als schließlich kein anderes Kind mehr anstand, nahm sie den Daumen aus dem Mund. »Ich will es probieren«, sagte sie leise zu der Betreuerin.

Sorgfältig zog sie ihre Schuhe aus. Sie verweigerte die Hilfe der Betreuerin und wollte sich die Füße selbst anmalen. Sie begann mit den Zehen und lief wie Brandon zuvor auf Zehenspitzen über das Papier. Dann setzte sie sich wieder und malte die Fußsohlen und Fersen an, bevor sie über den Boden tänzelte. Dann blieb sie stehen, nahm noch mehr Farbe, stampfte mit den Füßen auf und lachte. Die nächsten 20 Minuten fuhr sie fort, Spuren zu hinterlassen, dabei ging sie auf den Fersen, auf den Seitenkanten der Füße, in Trippelschritten und großen Sprüngen. Jedes Kind hatte Spuren hinterlassen, aber ihre Methoden waren sehr unterschiedlich. Diese Unterschiede spiegelten ihr Temperament wider.

Forschungsstudien haben gezeigt, dass Kinder mit einer speziellen Tendenz geboren werden, wie sie agieren und auf Menschen und Ereignisse in ihrem Leben reagieren. Diese Tendenz lässt sich erkennen und vorhersagen. Die Reaktionen ein und desselben Kindes in verschiedenen Situationen und zu verschiedenen Zeiten bleiben relativ gleich. Dieser bevorzugte Reaktionsstil, die erste und natürlichste Weise, wie ein Kind auf seine Umwelt reagiert, wird als »Temperament« bezeichnet.

Temperament beschreibt eine Reihe verschiedener Merkmale, zu denen unser Energiepegel, die Intensität unserer Emotionen und das Anpassungstempo an neue Situationen gehören. Danny und Brandon fingen sofort an, ihre Spuren zu hinterlassen. Sadie wartete und beobachtete, bevor sie mitmachte. Ihr temperamentsabhängiger Stil ist unterschiedlich. Ein Kind wie Sadie, die in neuen Situationen vom Temperament her vorsichtig ist, zieht es nicht nur vor, zuerst zu beobachten und zuzuhören, sondern *braucht* eine Aufwärmzeit, um sich wohlzufühlen und vollständig teilnehmen zu können.

Bis in die 1950er-Jahre wurde dem Temperament im Bereich der kindlichen Entwicklung wenig Beachtung geschenkt. Bis zu dieser Zeit erzählten uns die »Experten«, die Persönlichkeit eines Kindes werde von seiner Erziehung bestimmt. Die Erziehung sei alles. Die Proteste von Eltern, die berichteten, ihre Kinder seien mit ihrem eigenen Reaktionsstil zur Welt gekommen, wurden ignoriert oder kleingeredet.

Zum Glück stellte ein Psychiater-Ehepaar, Alexander Thomas und Stella Chess, fest, dass Erziehung alleine die Unterschiede zwischen Kindern nicht erklären konnte. Daher fingen sie an, Säuglinge auf Säuglingsstationen im Krankenhaus zu beobachten und sie anschließend bis ins Erwachsenenalter innerhalb ihrer Familien weiter im Auge zu behalten. Durch ihre Studien identifizierten sie deutliche Unterschiede darin, wie Kinder auf ihre Umwelt reagieren. Als Ergebnis ihrer Arbeit und vieler Studien, die seither durchgeführt worden sind, wissen wir heute, dass die Natur *und* die Erziehung gemeinsam die kindliche Persönlichkeit bestimmen. So wird ein vom Temperament her intensives Kind immer starke Gefühle haben, es ist für dieses Kind jedoch nicht angebracht, lange Wutanfälle zu bekommen oder andere zu verletzen. Das Kind kann lernen, Wutanfälle zu vermeiden, seine starken Gefühle respektvoll zu kommunizieren und seine Intensität auf lohnende Anstrengungen zu fokussieren.

Sie können sich das Temperament Ihres Kindes nicht aussuchen, aber Sie sind seine Leitfigur und helfen ihm, sein Temperament zu verstehen, seine Stärken hervorzuheben, und bringen ihm die Fertigkeiten bei, die es braucht, um sich angemessen auszudrücken.

Ich hoffe, die folgende Übung wird demonstrieren, wie wichtig es ist, dass Sie den bevorzugten Interaktionsstil Ihres Kindes mit der Umwelt erkennen und damit arbeiten.

Schreiben Sie hier Ihren Namen hin.

____

Wie fühlt sich das an? Eine seltsame Frage, werden Sie vielleicht denken, aber machen Sie weiter und beantworten Sie die Frage.

Wenn ich meinen Namen mit meiner dominanten Hand schreibe, fühlt sich das folgendermaßen an:

1. ____

2. ____

3. ____

Wenn ich Sie bitten würde, mir mit dieser Hand einen Brief zu schreiben, würden Sie dann Ja oder Nein sagen?

____

Schreiben Sie Ihren Namen nun mit Ihrer nicht dominanten Hand in die folgende Zeile.

____

Wie fühlt sich das an?

Wenn ich meinen Namen mit meiner nicht dominanten Hand schreibe, fühlt sich das folgendermaßen an:

1. ____

2. ____

3. ____

Wenn ich Sie bitten würde, mir mit dieser Hand einen Brief zu schreiben, würden Sie dann Ja oder Nein sagen?

____

Habe ich ein deutliches »Nein« gehört? Das ist die typische Antwort, die ich auf diese Frage bekomme.

Diese Übung zeigt, dass Sie in Ihrem bevorzugten Stil, in diesem Fall mit Ihrer dominanten Hand, leicht, bequem, natürlich und schnell schreiben. Daher ist es sehr wahrscheinlich, dass Sie, wenn ich Sie bitte, etwas Komplizierteres oder Herausforderndes zu tun, wie mir einen Brief zu schreiben, willens sind, dies zu versuchen.

Wenn ich Sie jedoch dränge, dies mit Ihrer nicht dominanten Hand zu tun, fühlen Sie sich unbeholfen, frustriert und vielleicht sogar in Verlegenheit gebracht. Wenn ich Sie folglich bitte, etwas Schwierigeres zu probieren, wie mir einen Brief zu schreiben, werden Sie sich wahrscheinlich geradewegs weigern.

Temperamentvolle Kinder – die von allem mehr sind – werden oft gedrängt, einen von ihnen nicht bevorzugten Stil anzuwenden. In der Schule kann ein energiegeladenes Kind gezwungen sein, zu lange still zu sitzen. Oder ein Kind, das Übergänge einschüchternd findet, kann sich einer Überraschung nach der anderen gegenübersehen. Unvorbereitet und gedrängt, »nicht so zu sein«, wie es eigentlich ist, kann dieses Kind erschöpft und frustriert werden. Es kann sich sogar weigern zu kooperieren oder einfach aufhören, etwas zu versuchen.

Sobald Sie die Temperamentsmerkmale erkennen und verstehen, werden Sie mit Ihrem temperamentvollen Kind so oft wie möglich in seinem bevorzugten Stil arbeiten können. Ich weiß, dass die Welt nicht vollkommen ist. Kinder können nicht immer nach ihrem bevorzugten Stil arbeiten, aber wenn sie in einer Familie leben, die seinen bevorzugten Stil die meiste Zeit respektiert, werden sie die Energie haben, in erforderlichen Situationen nach dem nicht bevorzugten Stil vorzugehen.

Zuerst wollen wir uns ein Bild vom Temperament Ihres Kindes und von Ihrem eigenen Temperament machen.

Es gibt neun verschiedene Temperamentsmerkmale. Sie werden im folgenden Kapitel vorgestellt und können auf einer Skala zwischen 1 und 5 bewertet werden: zwischen einer leichten (1) und einer starken (5) Reaktion oder zwischen hochgradig (5) und gering (1). Überlegen Sie bei folgenden Kapiteln bei jedem Temperamentsmerkmal, welches die erste und natürliche Reaktion Ihres

Kindes ist. Wo auf der Skala würde seine typische Reaktion liegen? Es gibt dabei keine richtige oder falsche Antwort. Jeder Stil hat seine Stärken und seine Schwächen. Ihre Aufgabe ist es, sich ein Bild vom Temperament Ihres Kindes zu machen, damit Sie mit ihm daran arbeiten können, seinen Erfolg zu planen.

Nachdem Sie eine Antwort für Ihr Kind gewählt haben, überlegen Sie sich die Antwort für sich selbst.

Im Kurs schauen wir uns gemeinsam jedes Merkmal an. Ich lese die aufgeschriebenen Beispiele vor und die Gruppenmitglieder nennen mir einige eigene. Ich teile die Antworten der Gruppe mit Ihnen und Sie können Ihre eigenen Antworten anfügen.

DIE TEMPERAMENTSMERKMALE

1. Intensität

»›Intensität‹ beschreibt die Stärke unserer emotionalen Reaktionen. Kinder, die leicht reagieren, machen nur selten Wirbel und wenn, dann nur für kurze Zeit.«

Bevor ich fortfahren konnte, unterbrach mich Brent. »Und diese ruhigen Kinder gehören Ihrer Schwägerin«, scherzte er, »noch dazu der, die Sie nicht leiden können.«

Diane johlte und während sie auf Brent deutete, fügte sie hinzu: »Und sie glaubt, etwas richtig zu machen, was Sie falsch machen, weil Ihr Kind bei jeder Kleinigkeit ausrastet und ihres nicht.«

Ich schmunzelte mit ihnen. »Temperamentvolle Kinder erleben jede Emotion stark und heftig. Viele sind laut und ausdrucksstark, andere hingegen sind überhaupt nicht laut. Bei ihnen ist die Intensität nach innen gerichtet – bis sie Sie mit einem Ausbruch überraschen, der aus dem Nichts zu kommen scheint und Sie überlegen lässt, was Sie falsch gemacht haben. Die Realität sieht so aus, dass

Sie nichts falsch gemacht haben. Temperamentvolle Kinder sind tendenziell reaktionsfreudiger. Bei Stress sagt ihnen ihr Gehirn sofort, sie sollten sich für Kampf oder Flucht bereit machen, daher regen sie sich schneller auf und die Aufregung hält länger an.«

Sarah schob sich eine Haarsträhne hinters Ohr und seufzte. »So ist es bei David. Er ist nicht laut, aber die Intensität tritt wie unsichtbare Energiewellen aus allen Poren. Sie spüren es kommen, es kriecht Ihren Nacken hinauf.«

Denken Sie über Ihr Kind nach. Können Sie starke emotionale Reaktionen erwarten? Wie ist es mit Ihren eigenen Reaktionen? Markieren Sie Ihre Antworten und fügen Sie gerne eigene Beispiele an.

INTENSITÄT

Wie tief und stark werden Emotionen erlebt? Ist jede emotionale Reaktion leicht oder intensiv?

LEICHTE REAKTIONEN	STARKE REAKTIONEN
»Quiekt«, wenn es aufgebracht ist.	Jede Reaktion ist stark und heftig.
Ärgert sich nicht so leicht.	Ein Kratzer oder Sturz kann ein Furcht einflößendes Erlebnis werden.
Hört schnell auf zu weinen.	Ist sich sicher, in einer Prüfung durchzufallen oder dass die Dinge nie besser werden. Läuft dunkelrot an, wenn es aufgebracht ist. Ist leicht frustriert.

DIE REAKTION IHRES KINDES

1	2	3	4	5
Leicht				Stark

IHRE REAKTION

1	2	3	4	5
Leicht				Stark

2. Beharrlichkeit

Temperamentvolle Kinder lassen nicht locker. Sie halten an ihren Zielen fest, selbst wenn sie mit Hindernissen konfrontiert werden. Kinder ohne Beharrlichkeit geben eine Aktivität oder eine Idee häufig auf, wenn sie auf Hindernisse treffen, wodurch es einfacher ist, sie auf etwas anderes umzuleiten. Temperamentvolle Kinder lassen sich nicht so einfach umleiten, und es ist unmöglich, sie zu ignorieren. Sie akzeptieren ein Nein nicht und geben nicht auf.

Diane warf ihren Stift hin. »Gestern wollte Andy eine Coke. Ich sagte, vor dem Essen gibt es keine Coke. ›Coke, Coke, Coke‹«, machte sie ihn nach. »Ich bot ihm Saft, Milch oder Wasser an – nichts war recht. Ich hatte nicht die Absicht, ihm eine Coke zu geben. Ich war wirklich angefressen, daher ging ich aus der Küche. In dem Moment, als ich ihm den Rücken kehrte, öffnete er den Kühlschrank. Ich lief zurück und schlug die Türe zu. Er brüllte die nächsten 45 Minuten!«

»Dieses Kind arbeitet engagiert auf sein Ziel hin«, bemerkte ich.

»Vermutlich«, gab Diane zu, »aber er bringt mich auf 180.«

»Das Leben mit einem beharrlichen Kind kann sehr schwierig sein«, stimmte ich zu. »Auf dem Höhepunkt eines Konflikts wollen beide gewinnen.«

Diane lächelte.

Denken Sie über Ihr Kind nach. Ist es ausdauernd oder lässt es sich leicht ablenken? Wie ausdauernd sind Sie selbst?

BEHARRLICHKEIT

Wenn Sie Ihrem Kind sagen, es solle mit etwas aufhören, womit es beschäftigt ist oder was es fertig bekommen möchte, hört es dann auf oder kämpft es darum, weitermachen zu können? Stellen Sie sich diese Frage anschließend selbst.

HÖRT LEICHT AUF	HÄLT DARAN FEST
Kann ziemlich problemlos auf eine andere Aktivität umgeleitet werden.	Macht trotz Hindernissen oder Schwierigkeiten weiter.
Möchte etwas ausprobieren, verliert nach dem ersten Versuch aber das Interesse.	Wacht auf und hat sofort Pläne für den Tag.
Akzeptiert »Nein« als Antwort.	Besteht darauf, Dinge selbst zu tun.
	Braucht es, Aufgaben zu Ende zu führen.
	Akzeptiert »Nein« niemals als Antwort.
	Verbeißt sich.
	Verhandelt gerne.
	Ist sich sicher, recht zu haben.

DIE REAKTION IHRES KINDES

1 2 3 4 5

Hört leicht auf — Hält daran fest

IHRE REAKTION

1 2 3 4 5

Höre leicht auf — Halte daran fest

3. Sensibilität

Manchen Menschen werden Anblicke, Geräusche, Beschaffenheiten, Gerüche, Geschmacksrichtungen und Geräusche stark bewusst. Anderen nicht.

Maggie deutete auf ihre Temperaments-Tabelle. »Ich schwöre, dass diese Geschichte so passiert ist. Die Kinder aßen immer alles Knabberzeug auf, deshalb hatte ich es versteckt. Brian lief durchs Haus und schnüffelte wie ein Drogenspürhund, bis er in der Schublade meines Kleiderschranks die Gummibärchen gefunden hatte!«

Diane schaute verwirrt. »Brandon reagiert empfindlich auf Anblicke, Gerüche und Geräusche, Justin nicht. Er reagiert auf Emotionen.«

»Sie sind beide gute Beobachter«, antwortete ich.

Im Lauf der Jahre habe ich gelernt, dass manche Menschen auf Gerüche empfindlich reagieren, aber nicht auf Beschaffenheiten. Andere bemerken Emotionen, reagieren aber nicht empfindlich auf sensorische Reize wie Gerüche oder Farben. Die Kleidung kann bei einigen Kindern Reaktionen auslösen, während Lebensmittel sie nicht stören.

Bei der Wahl Ihrer Antwort auf diese Frage überlegen Sie, wie stark die Reaktion Ihres Kindes ist. Ist Ihr Kind beispielsweise sehr empfindlich gegenüber Emotionen, anderen Dingen gegenüber aber nicht, wählen Sie die 5, weil dieser eine Bereich bei ihm sehr wichtig ist und Sie dies berücksichtigen sollten. In Kapitel 7 sprechen wir noch über die verschiedenen Aspekte der Sensibilität.

SENSIBILITÄT

Wie empfindlich reagiert Ihr Kind auf leise Geräusche, auf Emotionen, Temperaturänderungen, Geschmack und Beschaffenheiten? Reagiert es auf bestimmte Lebensmittel, Etiketten in Kleidungsstücken, störende Geräusche oder den Stress anderer Menschen?

GERINGE EMPFINDLICHKEIT	HOHE EMPFINDLICHKEIT
Schläft auch bei lauten täglichen Routinen.	Stört sich an Fusseln, Fäden oder Etiketten in der Kleidung.
Stört sich an kratzigen Beschaffenheiten nicht.	Beklagt sich über Gerüche oder helles Licht.
Isst das meiste – stört sich nicht an Beschaffenheiten, Gerüchen oder Temperaturen.	Findet Einkaufszentren, Vergnügungsparks und andere laute Orte mit heller Beleuchtung erdrückend.
	Empfindet mehr Schmerz und braucht mehr Schmerzmittel.
	Wird sich der Emotionen anderer Menschen stark bewusst und reagiert darauf.

DIE REAKTION IHRES KINDES

1	2	3	4	5
Hohe Empfindlichkeit				Geringe Empfindlichkeit

IHRE REAKTION

1	2	3	4	5
Hohe Empfindlichkeit				Geringe Empfindlichkeit

4. Hohe Wahrnehmungsfähigkeit

Sehr wahrnehmungsfähige Kinder bemerken das vierblättrige Kleeblatt in der Wiese, ebenso die Farbe, das Fabrikat und Modell des Autos, das vorbeifährt, den Weihnachtsbaum, der an einem

Baukran hängt, und die Ameise, die über die Fensterscheibe läuft. Personen mit hoher Wahrnehmungsfähigkeit scheinen immer die Antennen ausgefahren zu haben und alle noch so belanglosen Informationen und Reize in ihrer Umgebung aufzunehmen. Folglich fällt es ihnen oft sehr schwer, die wichtigste Information herauszufiltern oder auf ihr ursprüngliches Ziel fokussiert zu bleiben.

Sarah griff sich an die Brust. »Das muss der Grund sein, warum ich eine dünne Decke über Kim legen muss, wenn ich sie stille. Sonst dreht sie den Kopf zu jedem Geräusch und lässt dabei die Brustwarze nicht los!«

»Autsch!«, antwortete Lynn. »Ist das nicht der Hammer? Aaron hat das auch gemacht. Wenn wir heute Auto fahren, entdeckt er immer die Habichte auf den Strommasten, und als wir letzte Woche in der Hütte einer Freundin waren, war er der Erste, der die Rotwildfütterung bemerkte. In der Schule ist dies jedoch ein Problem für ihn wegen der vielen ablenkenden Geräusche und Bewegungen. Woher weiß man, ob Kinder eine hohe Wahrnehmungsfähigkeit oder eine Aufmerksamkeitsdefizitstörung haben?«

Diese Frage höre ich oft. Es gibt keine einfache Antwort darauf. Beide, Menschen mit hoher Wahrnehmungsfähigkeit und Kinder mit einem Aufmerksamkeitsdefizit-Syndrom (ADS), neigen dazu, sehr visuell zu sein. Verbale Anweisungen alleine erringen möglicherweise ihre Aufmerksamkeit nicht. Um ihnen zu helfen, auf Sie zu hören, müssen Sie Ihre Worte mit visuellen Hinweisen kombinieren. Im Kleinkindraum beispielsweise sagt die Betreuerin den Kindern, dass gleich die Zeit für den Stuhlkreis kommt, *und* schaltet gleichzeitig die Ampel, die in der Ecke hängt, auf Gelb. Wenn die Kinder dann mit ihrer Beschäftigung aufhören müssen, sagt sie »Stopp!« *und* schaltet die Ampel auf Rot. Dasselbe gilt auch für zu Hause. Sie können Ihrem Kind sagen, es solle seine Schuhe anziehen *und* diese vor Ihr Kind hinstellen, während Sie sprechen. Oder Sie können ihm sagen, es solle den Geschirrspüler einschalten *und* eine Notiz schreiben.

Bei verbalen und zusätzlichen visuellen Anweisungen können sehr wahrnehmungsfähige Kinder diesen folgen und fokussiert bleiben. Visuelle Anweisungen sind auch für Kinder mit Aufmerksamkeitsdefizit sehr hilfreich, aber selbst mit diesen visuellen Hinweisen können diese Kinder nicht fokussiert bleiben. Ein Kind mit Aufmerksamkeitsdefizit sagte mir einmal: »Es ist, als wären in meinem Kopf hundert Radiosender und ich kann nicht nur einen einschalten.« Die Unterscheidung eines sehr wahrnehmungsfähigen Kindes von einem Kind, das auch ein Aufmerksamkeitsdefizit aufweist, verlangt eine vollständige ärztliche Analyse. In Kapitel 8 werden wir eingehender über das Aufmerksamkeitsdefizit sprechen.

Überlegen Sie nun, wie ausgeprägt die Wahrnehmungsfähigkeit Ihres Kindes ist. Wie leicht lässt es sich durch äußere Reize von dem ablenken, was es gerade macht? Ist Ihr Kind wahrnehmungsfähig, lässt sich jedoch *nicht* leicht ablenken, wählen Sie die 3. Ist es sehr wahrnehmungsfähig und lässt sich leicht ablenken, wählen Sie die 5. Wie ausgeprägt ist Ihre eigene Wahrnehmungsfähigkeit und wie leicht lassen Sie sich ablenken?

WAHRNEHMUNGSFÄHIGKEIT

Wie leicht stören äußere Reize das Verhalten Ihres Kindes oder verändern seine Zielrichtung? Wie stark nimmt es Menschen, Farben, Geräusche und Gegenstände in seiner Umgebung wahr? Vergisst es häufig, das zu tun, worum es gebeten wurde, weil andere Dinge seine Aufmerksamkeit in Anspruch nehmen? Wie sieht das bei Ihnen selbst aus?

GERINGE WAHRNEHMUNGS-FÄHIGKEIT/NICHT LEICHT ABZULENKEN	HOHE WAHRNEHMUNGS-FÄHIGKEIT/LEICHT ABZULENKEN
Bemerkt Ihre neue Frisur möglicherweise nicht.	Braucht visuelle Hinweise, um auf Sie zu hören.
Bleibt trotz äußerer Reize fokussiert/kann auf der Schulbusfahrt ein ganzes Buch lesen.	Will sich anziehen gehen, bemerkt ein Spielzeug und bleibt stehen, um zu spielen.
Merkt sich mehrere Anweisungen.	Vergisst leicht, was es gerade machen wollte, wenn etwas anderes seine Aufmerksamkeit erregt.
	Findet es schwierig, mehrere Anweisungen zu befolgen.
	Hört auf zu saugen, wenn während des Stillens jemand vorbeigeht.

DIE REAKTION IHRES KINDES

1 2 3 4 5

Nimmt kaum etwas davon wahr — Nimmt sehr viel wahr

IHRE REAKTION

1 2 3 4 5

Nehme kaum etwas davon wahr — Nehme sehr viel wahr

5. Anpassungsfähigkeit

Ich halte die Anpassungsfähigkeit für ein heimtückisches Merkmal, weil die Auslöser häufig aus dem Nichts zu kommen scheinen. Ihr Kind hat wunderbar gespielt, bis Sie es gebeten haben, zum Essen zu kommen. Da bricht es in Tränen aus. Oder Sie fragen Ihr Kind, ob es etwas trinken möchte. Es sagt Ja, aber als Sie ihm das Glas geben, regt es sich auf, weil es die falsche Farbe hat. Oder Ihr Kind will nicht zum Schwimmunterricht gehen, wenn es erst einmal dort ist, ist jedoch alles in Ordnung – bis Sie versuchen, es wieder aus dem Schwimmbecken herauszubekommen. Die Gemeinsamkeit bei diesen Situationen ist der Übergang von einer Sache, einem Ort oder einer Erwartung auf etwas anderes. Diese Übergänge lassen sich oft nur schwer erkennen. Anpassungsfähigkeit beschreibt unsere Fähigkeit, mit diesen »kleinen« Dingen zurechtzukommen, die für einen guten oder schlechten Tag sorgen können.

Sarah rutschte auf ihrem Stuhl hin und her und äußerte: »Vielleicht hat Sadie eine langsame Anpassungsfähigkeit. Gestern war ich Lebensmittel einkaufen und sie saß im Einkaufswagen. Ich sagte ihr, ich müsste auf die Toilette, aber sie wollte nicht aus dem Einkaufswagen herauskommen. Ich musste aber dringend! Also trug ich mit einer Hand den Babysitz mit dem Baby und schnappte mit der anderen Hand Sadie und zog sie mit auf die Toilette. Ich wunderte mich, dass niemand den Sicherheitsdienst rief, so laut, wie sie gebrüllt hat!« Tränen der Frustration füllten Sarahs Augen, als ihr klar wurde, dass dieser einfache Akt, aus dem Einkaufswagen auf die Toilette zu gehen, Sadie so durcheinanderbringen konnte.

ANPASSUNGSFÄHIGKEIT

Wie schnell passt sich Ihr Kind Veränderungen seines Zeitplans oder seiner Routine an? Wie kommt es mit Überraschungen zurecht? Wie einfach kann es von einer Aktivität zu einer anderen wechseln? Wie sieht das bei Ihnen aus?

PASST SICH SCHNELL AN	PASST SICH LANGSAM AN
Schwimmt mit dem Strom.	Mag keine Veränderungen. Rastet am Ende einer Aktivität aus. Wird durch Überraschungen aus der Fassung gebracht.
Kann rasch umschalten.	Hasst es, bei jahreszeitlichen Veränderungen andere Kleidung tragen zu müssen.
Gerät durch Überraschungen nicht leicht aus der Fassung.	Besteht darauf, kurze Hosen anzuziehen, obgleich die Temperatur auf 4 Grad Celsius gefallen ist.
Wechselt leicht von einer Aktivität auf eine andere.	Isst gerne immer dasselbe.
	Hat jahrelang mittags immer ein Sandwich mit Erdnussbutter und Marmelade gegessen.
	Schläft nur schwer ein und findet schwer wieder in den Schlaf, wenn es nachts aufgewacht ist.
	Braucht sehr lange, um wach zu werden.

DIE REAKTION IHRES KINDES

1	2	3	4	5
Passt sich schnell an				Passt sich langsam an

IHRE EIGENE REAKTION

1	2	3	4	5
Passe mich schnell an				Passe mich langsam an

6. Regelmäßigkeit

Wie regelmäßig sind Ihre Essens- und Schlafenszeiten und bestimmte Körperfunktionen? Chess und Thomas stellten in ihren Studien fest, dass manche Personen dabei sehr regelmäßige und vorhersehbare Muster aufweisen. Man weiß, dass sie immer mittags um 12 Uhr Hunger bekommen und um 22 Uhr ins Bett gehen wollen. Andere Menschen sind sehr wenig vorhersehbar. An einem Tag essen sie mittags um 12 Uhr, am nächsten erst gegen 13 Uhr oder gar nicht.

»Das ist wie bei Tara und mir«, bemerkte Phil. »Und das macht meine Frau verrückt. Man weiß nie, wann Tara müde sein wird und ob es ein Tag ist, an dem sie essen wird oder nicht. Mich stört das nicht, aber meine Frau, bei der alles sehr regelmäßig abläuft, findet das extrem nervig. Sie kann nicht verstehen, warum und wie man eine Mahlzeit auslassen kann. Sie bekommt schon Kopfschmerzen, wenn es mit dem Essen einmal 15 Minuten später wird.«

Wo ordnen Sie Ihr Kind auf der Achse ein? Hat es regelmäßige oder unregelmäßige Körperfunktionen? Und wie sieht es bei Ihnen aus?

REGELMÄSSIGKEIT

Gibt es bei Ihrem Kind eine Regelmäßigkeit bezüglich seiner Essenszeiten, Schlafenszeiten und bestimmten Körperfunktionen? Und wie ist es bei Ihnen?

REGELMÄSSIG	UNREGELMÄSSIG
Braucht zu genau vorhersehbaren Zeiten sein Essen, seinen Schlaf und hat immer etwa zur selben Zeit Stuhlgang.	Schlafenszeiten und Stuhlgang sind unregelmäßig.
Schläft jeden Tag weitgehend zur selben Zeit ein.	An manchen Tagen isst es, an anderen nicht.
Braucht im Tagesverlauf zu bestimmten Zeiten etwas zu essen.	Möchte zwischendurch kleine Mahlzeiten oder naschen.
	Ist zur Bettgehzeit nicht immer müde.

DIE REAKTION IHRES KINDES

1	2	3	4	5
Regelmäßig				Unregelmäßig

IHRE REAKTION

1	2	3	4	5
Regelmäßig				Unregelmäßig

7. Energie

Unterbrechen Sie, was Sie gerade tun, und achten Sie auf Folgendes: Sitzen Sie still? Zappeln Sie herum und bewegen sich? Wippt Ihr Fuß? Kauen Sie an den Nägeln? Klopfen Sie mit dem Stift auf den Tisch oder kauen Sie auf ihm? Drehen und strecken Sie sich oder sitzen Sie still?

Manche Menschen haben eine sehr hohe Energie und müssen sich bewegen, während andere über einen längeren Zeitraum still sitzen können.

Diane klopfte scherzhaft mit Ihrem Stift auf den Tisch, um unsere Aufmerksamkeit zu bekommen. »Wie kann man überleben, wenn man drei Jungen unter acht Jahren hat und alle drei auf der Energieachse bei 5 liegen? Ich schwöre Ihnen, jeden Tag zwischen 17 und 19 Uhr würde ich am liebsten aus dem Haus flüchten. Dann drehen Andy und Justin nämlich so richtig auf. Sie ringen miteinander, jagen den Hund, klettern auf der Couch herum und flitzen durch das ganze Haus. Andy war schon immer sehr sportlich. Mit drei Jahren konnte er Fahrrad fahren. Der achtjährige Justin ist eigentlich auch sehr koordiniert, was mich bei ihm jedoch erstaunt, ist, dass er beim Essen ständig vom Stuhl fällt oder seinen Saft verschüttet.«

Dianes Kinder sind sehr energiegeladen. Wie ist es mit Ihrem Kind? Wie ist es bei Ihnen selbst?

ENERGIE

Ist Ihr Kind ständig in Bewegung und beschäftigt oder still und ruhig? Muss es rennen, springen und seinen ganzen Körper einsetzen, um sich wohlzufühlen?

GERINGE AKTIVITÄT	HOHE AKTIVITÄT
Kann längere Zeit still sitzen.	Wird gereizt, wenn es sich nicht körperlich austoben konnte.
Bleibt während einer Messe in der Kirche oder beim Essen im Restaurant sitzen.	Zappelt herum.
Spielt längere Zeit ruhig an einem Ort.	Mag es nicht, im Autositz, Kinderwagen oder Hochstühlchen angeschnallt zu werden.

	Klettert sehr gerne.
	Verschüttet häufig etwas oder fällt beim Essen schon mal vom Stuhl.

DIE REAKTION IHRES KINDES

1	2	3	4	5
Wenig aktiv				Sehr aktiv

IHRE REAKTION

1	2	3	4	5
Wenig aktiv				Sehr aktiv

8. Erste Reaktion

Was ist die erste Reaktion Ihres Kindes, wenn es neue Menschen kennenlernen oder neue Aktivitäten oder Ideen ausprobieren oder an einen ihm bisher unbekannten Ort gehen soll? Der Schlüsselbegriff hierbei ist *neu*. Die erste Reaktion wird häufig mit der Anpassungsfähigkeit verwechselt. Beide Merkmale haben Ähnlichkeiten, wobei die erste Reaktion jedoch beschreibt, wie wir auf Neues reagieren.

Dieses Mal brachte der ruhige nachdenkliche John ein Beispiel. »Kelly spielt in der achten Jahrgangsstufe Basketball. Dieses Mal war sie an der Reihe, beim Team der Universitätsauswahlmannschaft mit auf der Bank zu sitzen. Der Trainer will damit erreichen, dass die Achtklässlerinnen davon träumen, im College-Team zu spielen. Bei jedem Spiel sitzen zwei Achtklässlerinnen auf der

Bank. Das ist alles. Sie gehen nicht aufs Spielfeld. Sie müssen weder etwas sagen noch etwas tun – einfach dort sitzen. Aber Kelly war sehr aufgeregt. Drei Tage vor dem Spiel bekam sie Bauchschmerzen. Sie war nervös. Sie wusste nicht, was sie erwartete. Sie wollte nicht hingehen. Letztlich ging sie hin und alles war gut, aber es war nicht einfach für sie. Ich sehe das überhaupt nicht gerne, weil ich weiß, dass sie so reagiert wie ich – es sind meine Gene und ich wünschte mir wirklich, sie müsste sich mit diesem Unbehagen nicht herumschlagen.« John war offensichtlich betrübt.

»Ich wette, dass Sie sich nie wegen unüberlegter Handlungen in Schwierigkeiten bringen«, sagte ich, um ihm eine andere Sichtweise anzubieten.

Er zuckte mit den Schultern. »Das stimmt, und Kelly auch nicht.«

»Warum zeigen einige temperamentvolle Kinder eine vorsichtige erste Reaktion?«, fragte Brent. »Ich würde eher annehmen, dass sie sich in neue Dinge stürzen.«

Brents Frage wird häufig gestellt. Viele Menschen halten es für schwieriger, ein Kind zu haben, das einfach drauflosstürmt und häufig in der Notaufnahme landet. Aber übereifrige Kinder gelten oft als »typisch amerikanisch« oder lustig. Kinder, die mit Vorsicht reagieren, die an ihren Eltern kleben oder nicht mitmachen wollen, werden häufig für ihre Vorsichtigkeit gescholten. Ihren Eltern wird oft gesagt, sie sollten ihr Kind mehr drängen, und man kritisiert, sie würden ihre Kinder zu sehr verwöhnen. Dadurch kann es sehr belastend sein, ein Kind zu erziehen, das eine vorsichtige erste Reaktion zeigt.

ERSTE REAKTION

Was ist die erste Reaktion Ihres Kindes, wenn es neue Menschen kennenlernen, eine neue Aktivität oder Idee ausprobieren oder an einen ihm fremden Ort gehen soll? Wie ist Ihre Reaktion in diesen Fällen?

IST SOFORT DABEI	LEHNT ZUERST AB
Zögert in neuen Situationen keinen Augenblick. Springt erst und schaut dann.	Sagt zuerst Nein, wenn es etwas Neues ausprobieren soll. Braucht Zeit, um sich mit Neuem anzufreunden.
Wird von neuen Menschen und Dingen angezogen.	Hat mit neuen Dingen immer Schwierigkeiten.
Hat häufig »Unfälle«.	Sagt, dass es etwas ausprobieren möchte, geht dorthin und will dann sofort nach Hause.
	Bekommt häufig Bauchschmerzen, wenn es etwas Neues ausprobiert.

DIE REAKTION IHRES KINDES

1 2 3 4 5

Ist sofort dabei — Lehnt zuerst ab

IHRE REAKTION

1 2 3 4 5

Bin sofort dabei — Lehne zuerst ab

9. Stimmung

Ist Ihr Kind überwiegend ernst gestimmt oder hat es ein eher sonniges Gemüt? Manche Menschen sind von Natur aus ernster. Sie sind nicht unbedingt unglücklich, sie sehen das Leben einfach nüchterner. Andere sind üblicherweise heiterer. Tendenziell lächeln und lachen sie mehr. Sie können Emotionen stark empfinden, schaffen es aber irgendwie immer, eher auf der sonnigen Seite des Lebens zu landen.

»Kristen ist ein ernstes Kind«, berichtete Maggie, als ich dieses Merkmal erklärte. »Sie ist nicht mürrisch, geht an die Dinge jedoch sehr sachlich heran. Gestern sagte ich, dass die Sonne gar nicht zu sehen sei, und sie antwortete: ›Ja, Mami, die Sonne ist nicht zu sehen, aber wir haben weder einen Tornado noch Überschwemmungen.‹ Sie sichert sich immer nach allen Richtungen hin ab. Schon als Baby war sie sehr wählerisch, wem sie ein Lächeln schenkte.«

Brent sagte leise: »Danny rettet sich durch sein Lächeln. Er ist so ein wildes, also ich meine energiegeladenes, begeistertes Kind«, sagte er, sich selbst korrigierend und mit einem Blick zu mir. »Aber er hat für jeden ein Lächeln übrig.«

Ist Ihr Kind eher ernst oder heiter? Und wie ist es mit Ihnen?

STIMMUNG

Ist Ihr Kind eher heiter oder ernst? Und Sie selbst?

HEITER	ERNST
Sieht das Glas immer halb voll.	Bemerkt alles, was fehlerhaft ist.
Ist üblicherweise gut gelaunt.	Ist üblicherweise bedächtiger.

	Muss immer wieder einmal daran erinnert werden, was gut oder nett ist.
	Sagt einem, man habe genug Geld beim Einkaufen ausgegeben und es wäre jetzt Zeit, nach Hause zu gehen.
	Kann sich eher auf einen Fehler fokussieren, den es beim Fußball gemacht hat, als auf die zwei Tore, die es geschossen hat.

DIE STIMMUNG IHRES KINDES

1	2	3	4	5
Heiter				Ernst

IHRE STIMMUNG

1	2	3	4	5
Heiter				Ernst

Sie verfügen jetzt über ein Profil des Temperaments Ihres Kindes sowie über eines von sich selbst. Blättern Sie nun zurück und zählen Sie die Antwort-Zahlen zusammen und kreuzen Sie dann unten Ihre jeweilige Gesamtpunktzahl ein.

Punktzahl:

Mein Kind ist:

9–18	19–28	29–45
ruhig	lebhaft	temperamentvoll

Ich bin:

9–18	19–28	29–45
ruhig	lebhaft	temperamentvoll

Diane beugte sich vor und warf einen Blick auf Sarahs Profil. »Hey, ihre temperamentvollen Kinder sind anders als meine. Kann das sein oder habe ich wieder einmal etwas falsch gemacht?«

Ich tätschelte ihren Arm. »Diane, Sie machen alles gut. Sie haben lediglich soeben entdeckt, dass nicht alle temperamentvollen Kinder gleich sind. Jedes Kind ist einzigartig. Die meisten temperamentvollen Kinder sind intensiver, beharrlicher, empfindlicher, haben eine höhere Wahrnehmungsfähigkeit und passen sich langsam an – aber eben nicht alle. Die Art, wie wir das Temperament unseres Kindes wahrnehmen, kann von unserem eigenen Temperament beeinflusst werden. Wenn Sie beispielsweise vom Temperament her sehr energiegeladen sind und Ihr Kind auch, kann es ganz einfach sein, dass Sie sein Aktivitätsniveau als durchschnittlich betrachten und für Sie beide die 3 markieren. Sind Sie hingegen nicht sehr energiegeladen, können Sie das Aktivitätsniveau Ihres Kindes als 5+ empfinden, weil seine Art sich so stark von Ihrer unterscheidet. So kann es auch vorkommen, dass Sie und Ihr Partner zu unterschiedlichen Punktzahlen für Ihr Kind kommen, wenn Sie die Übung gemeinsam machen. Das ist in Ordnung. Das Wichtigste ist, dass Sie ein Bild vom Temperament Ihres Kindes bekommen, um seine und Ihre eigenen typischen Reaktionen vorhersehen zu können. Dann können Sie auch die Auslöser herausfinden und gemeinsam den Erfolg planen.«

»Diane«, fragte ich, »liegen Sie bei der Intensität bei 4 oder 5?«

Sie warf einen Blick auf ihr Blatt. »Woher wussten Sie das?«

Ich lächelte nur und war mit mir ziemlich zufrieden – das Wissen um das Temperament kann uns wirklich helfen, die Reaktionen anderer Menschen vorherzusagen.

WIRKSAME STRATEGIEN

»Was haben Sie über sich und Ihr Kind erfahren, als Sie sich Ihre Profile anschauten?«, fragte ich die Gruppe.

Phil lehnte sich auf seinem Stuhl zurück und warf seinen Stift in die Mitte des Tisches. »Ich habe immer überlegt, woher die Kinder das haben. Ich wusste, dass T. J. wie mein Vater ist. Der setzt sich auch nie hin. Er ist wirklich intensiv – aber ich hätte nicht gedacht, dass ich temperamentvoll bin. Ich hielt mich für ziemlich locker, aber dem Profil nach bin ich temperamentvoll.«

Wir lachten, denn wir hatten bemerkt, dass Phil während der einstündigen Diskussion drei Mal aufgestanden war, um sich Kaffee oder Wasser zu holen.

»So geht es mir auch«, schaltete sich Diane ein. »Ich wusste vermutlich, dass ich temperamentvoll bin, aber ich hätte nicht gedacht, dass es den Rahmen sprengen würde.«

Lynn beugte sich vor. »Ich bin nicht temperamentvoll, aber dafür war mir nicht klar, wie regelmäßig ich bin. Kein Wunder, dass es für mich so schwer war, als die Kinder klein waren und mich nachts geweckt haben. Jetzt weiß ich auch, warum ich nicht will, dass sie am Wochenende länger aufbleiben – es liegt daran, dass *ich* es nicht kann.«

»Ich glaube, es ist einfacher, wenn man sich ähnlich ist«, kommentierte Phil. »Weil weder Tara noch ich regelmäßige Essenszeiten wollen, brauchen oder mögen, verstehe ich sie. Es ängstigt und stört mich nicht, wenn sie einmal keinen Hunger hat.«

John nickte. »Todd und ich sind beide sehr intensiv.«

»Sie sind intensiv?«, fragte Brent.

»Ja.« Er lachte. »Ich weiß schon, der ruhige John. So sehen Sie mich hier. Meine Intensität zeigt sich nicht in der Öffentlichkeit, aber sie ist vorhanden, vor allem zu Hause oder wenn ich am Ende meiner Kräfte bin. Todd ist mir so ähnlich. Wie kann ich ihm den

Unterschied zwischen durchsetzungsfähig und aggressiv beibringen, wenn ich ihn selbst noch nicht herausgefunden habe? Ich bin entweder passiv oder brülle. Eine Zwischenstufe gibt es bei mir nicht.« Über sich selbst frustriert, hörte er abrupt auf zu sprechen. Ich spürte seine Anspannung.

»Intensität ist Leidenschaft«, erwiderte ich. »Sie ist Schwung und Entschlossenheit. In den kommenden Wochen werden wir einen Großteil der Zeit darüber sprechen, wie man am besten mit ihr umgeht und sie auf sehr positive Weise nutzen kann.«

John seufzte und stand auf, um sich ein Glas Wasser zu holen.

Diane wand sich auf ihrem Stuhl. »Ich kann diese Emotionen alle nachempfinden.« Sie lachte, ließ Schultern und Hals kreisen, um alles abzuschütteln. »Justin ist empfindlich wie ich – wir gleichen uns wie ein Ei dem anderen. Ich empfinde tatsächlich seine Gefühle. Wenn er traurig ist, muss ich auch weinen. Dann bin ich nicht seine Mutter, sondern seine Seelenverwandte. Meine Reaktion hilft allerdings keinem von uns.« Sie schüttelte sich.

Sarah wartete, bis Diane fertig gesprochen hatte, dann blickte sie auf ihr Blatt. »Dies ist überhaupt nicht das Kind, das ich erwartet hatte. Ich weiß nicht, was ich erwartet habe, aber das jedenfalls nicht. Am Tag seiner Geburt haben mir die Säuglingsschwestern sogar viel Glück mit diesem Kind gewünscht. Ich erinnere mich an diese Worte und denke seither immer wieder: ›Warum ist mir das passiert?‹« Ihre Augen glänzten und sie legte ihre Hand über ihren Mund und erstickte ihre Tränen. Wir warteten. »Aber durch diese Übung«, fuhr sie schniefend fort, »kann ich erkennen, dass er in neuen Situationen wirklich vorsichtig ist. Ich glaube, das war wirklich ein Aha-Erlebnis für mich. Vielleicht wollte er deswegen auch letzte Woche nicht in den Zirkus gehen. Er war noch nie zuvor im Zirkus. Vielleicht wollte er gar nicht, dass wir anderen traurig sind.«

Es kann manchmal eine wirklich schwere Aufgabe sein, das Traumkind loszulassen, das wir uns vorgestellt hatten, und die Stärken und die Freuden an dem Kind zu entdecken, das tatsächlich mit uns zusammenlebt. Es kann sein, dass Sie trauern und sich fragen, ob Sie irgendetwas tun können, um es zu ›reparieren‹. Während Sie sich das Temperament Ihres Kindes nicht aussuchen können, haben Sie jedoch die Kontrolle über *Ihre* Reaktionen. Sie können Strategien erlernen, die Ihrem Kind helfen, erfolgreich zu sein, unabhängig von seinem Temperament. Sie dürfen wirklich glauben, dass es enorme Stärken und Potenziale hat, und Sie können Strategien lernen, die Ihnen helfen, die gemeinsame Zeit mit Ihrem Kind zu genießen.

»Sie sind hier am richtigen Platz«, versicherte ich ihr.

Und Sie sind es auch.

Schauen Sie sich die Profile Ihrer Temperamente noch einmal an. Was haben Sie über Ihr Kind und über sich selbst erfahren? Schreiben Sie hier Ihre Gedanken dazu auf.

____

____

____

____

____

ÜBEN, ÜBEN, ÜBEN

Es ist nicht von Bedeutung, ob Ihr Kind ein ähnliches Temperament hat wie Sie oder ein anderes. Wichtig ist, dass Sie sich ein Bild von dem realen Kind machen, das in Ihr Leben gekommen ist, und nicht dem Fantasiekind nachtrauern, das Sie sich vor der Geburt vielleicht vorgestellt haben.

Schauen Sie sich Ihre Temperamentstabelle noch einmal an. Wählen Sie dieses Mal die Merkmale aus, mit denen Sie am schwersten umgehen können. Dies sind Ihre »Trigger-Merkmale«. Liegt Ihr Kind bei der Empfindlichkeit beispielsweise bei 4 und Sie merken, dass Sie ständig mit ihm wegen Kleidung, Essen, Beleuchtung oder Gerüchen zu kämpfen haben, schreiben Sie die Empfindlichkeit als einen Ihrer drei wichtigsten Auslöser (Trigger) auf. Liegt Ihr Kind bei der Energie bei 5, was jedoch Ihnen oder Ihrem Kind nur selten Probleme bereitet, führen Sie die Energie in dieser Liste hier gar nicht auf.

Die drei wichtigsten Trigger für mein Kind und mich sind:

1. ______________________________

2. ______________________________

3. ______________________________

Diese drei temperamentsbedingten Trigger für Sie und Ihr Kind sind ein Ausgangspunkt für Ihren Erfolgsplan. Sie können nun Ihre Prioritäten bestimmen und Ihre Bemühungen fokussieren.

»Wer möchte sich öffentlich verpflichten, an einem spezifischen Temperamentsmerkmal zu arbeiten?«, fragte ich die Gruppe.

»Keine Verpflichtungen!«, reklamierten sie. Aber ich wandte mich nach links und Phil war willens, es auszuprobieren. Er lehnte sich mit seinem Stuhl so weit zurück, dass er beinahe nach hinten kippte, und sagte: »Ich wähle die Energie. Meine Kinder und ich sind ständig in Bewegung und ich weiß nicht, warum.« Wir lachten mit ihm.

»Was ist mit Ihnen, Brent?«, fragte ich.

»Beharrlichkeit«, brummte er.

Ich konnte nicht anders: »Gute Wahl!«, rief ich aus. Er fand das nicht lustig.

John wählte die Intensität. »Ich muss erst mit meiner eigenen Intensität klarkommen, bevor ich Todd mit seiner helfen kann«, sagte er.

»Empfindlichkeit«, äußerte Diane. »Ich muss lernen, mich damit wohlzufühlen.«

Lynn und Maggie wählten beide die Intensität, weil ihre Kinder intensiver waren als sie selbst. Es war für sie sehr schwierig, deren starke Reaktionen zu verstehen. John willigte ein, die Betrachtungsweise eines »Insiders« beizusteuern.

Schließlich kamen wir zu Sarah. Meinem Blick begegnete sie schweigend. Sie wurde immer kleiner auf ihrem Stuhl. Schließlich sagte sie leise: »Ich bin nicht sicher. Kann man auch alle neun nehmen? Für uns sind alle ein Problem.«

»Sie können sich das Gesamtbild ansehen«, räumte ich ein, »aber wenn Sie neue Fertigkeiten erlernen, kann das Gesamtbild manchmal überfordern. Mit welchem Merkmal kommen Sie am schlechtesten zurecht?« Sie schüttelte erneut den Kopf.

»Brauchen Sie noch Bedenkzeit? Es ist in Ordnung, wenn Sie sich noch Zeit lassen. Nutzen Sie die Woche, um darüber nachzudenken. Welcher temperamentsbedingte Trigger löst bei Ihnen und Ihrem Kind am häufigsten etwas aus? Ich frage Sie das nächste Woche und auch, ob Sie einen Ausgangspunkt gefunden haben oder gerne Hilfe hätten.« Sarah nickte, während ihr Tränen in die Augen stiegen.

»Sind alle bereit, diese Information mit nach Hause zu nehmen und es zu versuchen?«, fragte ich.

Brent hob die Hand. »Eine Frage noch. Ob ein Kind nun beharrlich oder empfindlich ist – wird es dem nicht irgendwann einfach entwachsen?«

Ich überlegte rasch und fragte ihn dann: »Brent, sind Sie Rechtshänder oder Linkshänder?«

»Rechtshänder«, antwortete er.

»Gut, dann stellen Sie sich Folgendes vor«, sagte ich. »Ihre Aufgabe ist es, die ganze Woche über Ihre linke Hand als dominante Hand zu nutzen. Ich will nicht, dass Sie weiterhin Rechtshänder sind. Ich will, dass Sie mit der linken Hand schreiben, essen – alles mit der linken Hand machen. Sie müssen Ihrer Rechtshändigkeit entwachsen. Sie müssen einfach damit aufhören!« Außer Atem machte ich eine Pause. »Wie finden Sie das?«

Er sah mich neugierig an – ich vermute, er stellte meine geistige Gesundheit infrage –, dann schüttelte er den Kopf und lächelte. Die Gruppe brach auf. Ich schaute Sarah an und zeigte ihr einen nach oben gerichteten Daumen. Sie nickte ganz leicht.

Was ist Ihr Ausgangspunkt? Auf welches Temperamentsmerkmal möchten Sie sich in den nächsten Wochen fokussieren? Wenn Sie Bedenkzeit brauchen, kommen Sie in ein oder zwei Tagen darauf zurück und füllen dann diese Übungszeile aus.

Das Temperamentsmerkmal, auf das ich mich fokussieren will, ist:

____

____

GENIESSEN SIE IHRE ERFOLGE

Es ist sehr wichtig, dass wir unsere Erfolge genießen und darauf aufbauen. Deshalb beginne ich jede Diskussion in der Gruppe mit der Bitte um einen Bericht. »Wer hat einen Erfolg mitzuteilen?«, fragte ich in der nächsten Woche.

»Ich habe festgestellt, dass ich ein wirklich guter Linkshänder bin«, scherzte Brent.

Ich lachte, ich mochte diesen Burschen.

Sarah hob schüchtern die Hand. Mein Herz machte einen Sprung. Ich war so erfreut, dass sie einen Erfolg zu vermelden hatte. »Bei vier Kindern scheint immer eines auszuflippen«, begann sie. »Ich bemerkte darin kein Muster. Ich vermutete, ich wäre einfach zu beschäftigt und zu müde. Ich habe immer auf den nächsten Ausbruch gewartet und wusste nie, was mich treffen würde. Aber in dieser Woche habe ich gemerkt, dass David immer dann reagiert, wenn es für ihn eine Überraschung oder Veränderung gibt.«

»Ja!«, ermunterte ich sie. »Und diese Information kann Ihnen helfen, Ausbrüchen vorzubeugen, weil Sie nun den temperamentsbedingten Auslöser kennen.«

Sarah lehnte sich zurück, entspannter, als ich sie in der Gruppe bisher je gesehen hatte. »Mögen Sie High Fives?«, fragte ich sie.

»Ja«, antwortete sie, und ich gab ihr einen kräftigen und schwungvollen. »Sie schaffen das, Sarah. Sie bemerken die Hinweise und verbinden Sie mit dem Temperament. Sie haben es verstanden!«

Genießen auch Sie Ihre Erfolge!

Schreiben Sie Ihren Erfolg auf:
Ich habe gemerkt, dass die Reaktion meines Kindes mit seinem Temperament zusammenhing, als ich sah:

1. ______________________________

2. ______________________________

3. ______________________________

Ich bemerke, dass bei meinem Kind und mir leicht etwas ausgelöst wird, wenn:

____

____

____

Die Kernpunkte

- Jeder Mensch ist anders.
- Jeder Mensch hat ab der Geburt einen bevorzugten Stil, wie er mit seiner Umgebung interagiert. Dies wird als »Temperament« bezeichnet.
- Es gibt neun verschiedene Temperamentsmerkmale. Sie beschreiben, wie intensiv, beharrlich, empfindlich, wahrnehmungsfähig, anpassungsfähig, regelmäßig und energiegeladen wir sind, wie wir an neue Situationen herangehen und wie unsere vorherrschende Stimmung ist.
- Wenn wir unser eigenes und das Temperament unseres Kindes verstehen, hilft uns dies, unsere Stärken zu maximieren und wirksamer zu kooperieren.

4

Extrovertiert oder introvertiert

Die nötige Energie finden, um klarzukommen

Zur Vorbereitung

- Lesen Sie das Kapitel 5 in *Wie anstrengende Kinder zu großartigen Erwachsenen werden.*

Die Hauptpunkte des Kapitels

- Hinweise, die Ihnen zu erkennen helfen, wer in Ihrer Familie introvertiert und wer extrovertiert ist.
- Verdeutlichung, was Introvertierte und Extrovertierte brauchen, um ihre Batterien wieder aufzuladen.
- Strategien für die täglich besonders schwierigen Zeiten.
- Strategien, um als Familie zu kooperieren.

Dinge, die es zu beobachten gilt

- Wenn Ihr Kind spielt und andere Kinder kommen, um mit ihm zu spielen, geht es dann weg? Oder sagt es den anderen Kindern, sie sollten gehen? Oder drängt es sie weg? Oder rückt es von ihnen ab, um selbst mehr Platz zu haben? Oder spielt es einfach weiter?
- Wie wirkt Ihr Kind, nachdem es mit einer Gruppe zusammen war: ausgelaugt oder energiegeladen?

Ich bin Autorin. Stundenlang arbeite ich an meinem Computer, meine einzige Gesellschaft dabei ist Sunny Autumn Frost, mein Labrador. Ich schreibe sehr gerne, aber es ist eine anstrengende Arbeit für mich. Häufig trage ich beim Arbeiten mein Headset – es ist mit meinem Telefon verbunden. Ich habe eine recht lange Liste bereitwilliger Zuhörer, die mir Feedback geben und mich durchhalten lassen.

Ich bin auch Lehrerin. Nach jedem Kurs für Eltern fühle ich mich energiegeladen, sehe mich der Herausforderung gegenüber, neue Übungen zu (er)finden oder weiter Forschungsberichte zu erkunden, oder ich bin in Hochstimmung, weil eine Lektion anscheinend wirklich gut funktioniert hat. Ich treffe mich auch privat mit Familien zu Beratungen. Ich lerne gerne einzelne Familien kennen und helfe ihnen bei ihren Sorgen. Außerdem halte ich Vorträge. Die Publikumsgröße liegt zwischen 50 Eltern in einem Kindergarten und bis zu 1000 Eltern und Fachleuten auf einem nationalen Kongress. In jedem Fall bin ich, bevor es losgeht, immer eingeschüchtert, wirklich nervös. Daher spreche ich meist mit einigen Leuten aus dem Publikum, wenn sie eintreffen. Durch die Fokussierung auf sie geht es mir besser. Nach einem Vortrag kann ich nicht schlafen – da bin ich zu aufgedreht.

Wie Sie sehen, ist mein Beruf sehr facettenreich. Im Laufe der Zeit habe ich die Verhaltensweisen gelernt, die ich brauche, um Zeit alleine zu verbringen, mit einer Gruppe zu arbeiten oder mit einzelnen Menschen zu sprechen. Diese Verhaltensweisen kann ich zwar lernen, aber ich kann nicht kontrollieren, welche davon meine Batterien wieder aufladen und welche mich auslaugen.

Angespornt von dem Gedanken, durch das Verständnis der individuellen Unterschiede zwischen den Menschen Frieden in die Welt zu bringen, begannen Katherine Cook Briggs und ihre Tochter Isabel Briggs Myers 1942, den Myers-Briggs-Typenindikator zu entwickeln. Ihre Arbeit basierte auf der Forschung des Schweizer Psychologen Carl Gustav Jung, der – genau wie Chess und Thomas – glaubte, dass wir Menschen mit spezifischen Präferenzen geboren werden. Zwei der Präferenzen beschrieben Briggs und Myers als Introversion und Extraversion. Diese erklären auch, wie wir unsere emotionale Energie gewinnen:

Extrovertierte laden ihre Batterien wieder auf, indem sie nach Reizen aus der Umgebung und durch andere Menschen in ihrer Umgebung suchen. Sie brauchen andere Menschen um sich und wollen aktiv etwas »tun«, um sich energiegeladen zu fühlen.

Introvertierte hingegen laden ihre Batterien wieder auf, indem sie in sich gehen. Sie brauchen Ruhe und eine Pause von Reizen, um neue Energie zu tanken.

Extraversion und Introversion beschreiben keine sozialen Fertigkeiten oder wie viel wir sprechen. Das sind erlernte Verhaltensweisen.

Letztlich spiegeln unsere persönlichen Stilrichtungen sowohl die genetische Präferenz als auch die frühkindlichen Erfahrungen wider. Deswegen kann ich die Verhaltensweisen erlernen, die ich für meinen Beruf brauche, aber ich kann nicht kontrollieren, welche mir neue Energie liefern.

EINE ANDERE SICHTWEISE

Ich bin extrovertiert und habe zwar gelernt, als Autorin Zeit alleine zu verbringen, aber das laugt mich aus. Ich muss zugeben, dass ich dann abends eher gereizt bin. Ich *brauche* meinen Mann, um mich mit ihm zu unterhalten. Mein Mann ist jedoch introvertiert und verbringt einen Großteil des Tages in Konferenzen. Er *braucht* abends etwas Ruhe, sonst wird er reizbar. Unsere Unterschiedlichkeit könnte potenziell zu einigen bösen Streitereien führen, aber nach über 20 Jahren Ehe haben wir gelernt, unsere Unterschiede zu erkennen, können uns in die Bedürfnisse des anderen einfühlen und herausfinden, wie wir gut kooperieren können.

Als Eltern haben wir es mit denselben Herausforderungen zu tun. Es ist unsere Aufgabe herauszufinden, wie unsere Kinder am besten neue Energie tanken können; es ist unsere Aufgabe, ihre Sichtweise zu verstehen und ihnen zu helfen, Wege zum Wiederaufladen ihrer Batterie zu finden, ohne die anderen in ihrer Umgebung auszulaugen. In besonderem Maß gilt dies für temperamentvolle Kinder, die ihren Energiespeicher gut gefüllt halten müssen, um mit ihrem starken Temperament umgehen zu können.

Machen wir uns also an die Arbeit und finden heraus, wer in Ihrer Familie seine Batterie als Extrovertierter wieder auflädt und wer es bevorzugt, das auf introvertierte Weise zu tun. Wenn Sie die Unterschiede zwischen den Introvertierten und den Extrovertierten in Ihrer Familie verstehen und erkennen, anstatt wütend zu werden, lassen sich auch Lösungen finden, die für jeden funktionieren. Der Aufbau gesunder Beziehungen verlangt es, Introvertierte und Extrovertierte zu erkennen, die Unterschiede wertzuschätzen, sich in entgegengesetzte Bedürfnisse einzufühlen und Möglichkeiten zu finden, wie man kooperieren kann.

Für unsere Zwecke ist keine offizielle psychologische Typenstudie nötig. Um die Präferenz Ihres Kindes zu entdecken, nutzen wir lediglich die Informationen, die Ihr Kind Ihnen täglich gibt. Ich habe einige Beispiele aus der Gruppe in den Text aufgenommen und hoffe, dass deren Geschichten Ihnen dabei helfen werden, die Begriffe Extrovertiertheit und Introvertiertheit mit den Verhaltensweisen zu verknüpfen, die Sie täglich sehen. Nachdem Sie die Geschichten gelesen haben, sollten Sie die dann folgende Checkliste ausfüllen.

WENN IHR KIND BEVORZUGT EXTROVERTIERT IST, WIRD ES WAHRSCHEINLICH …

1. … beim Sprechen denken

Extrovertierte müssen ihre eigenen Gedanken hören, um herauszufinden, wie sie sich fühlen oder was sie wollen. Dabei ist es wichtig zu wissen, dass das, was sie sagen, vielleicht nicht ihre endgültige Entscheidung ist. Sie denken einfach laut und sortieren dabei ihre Emotionen und Gedanken. Sie brauchen vielleicht nicht einmal eine Antwort von Ihnen, es reicht ihnen möglicherweise, dass Sie zuhören.

Maggie lachte. »Das muss es sein, was Kristen macht!«, rief sie aus. »Sie legt ihre Sachen für die Hausaufgaben auf den Küchentisch und dann geht es los: ›Wo ist meine Schere? Wo ist mein Stift?‹ Ich bin dann immer frustriert, weil ich denke, sie will, dass ich ihr die Sachen bringe. Vielleicht denkt sie auch einfach nur laut?«

»Machen Sie das nicht?«, fragte Diane. »Ich schon. Es macht meinen Mann ganz verrückt. Ich spreche immer mit mir selbst, überlege, was ich tun muss, oder denke eine Sache durch. Gestern sagte er, ich würde mich wiederholen, aber ich empfinde das eher als ein Verfeinern meiner Gedanken.« Sie lachte. Maggie schaute sie ausdruckslos an.

Lynn gab zu: »Ich mache das auch.«

»Machen kleine Kinder das auch?«, fragte Phil.

»Ja«, antwortete ich. »Sie können diese Präferenz sogar bei kleinen Kindern beobachten. Haben Sie ein Beispiel dafür?«

Er nickte. »T. J. nimmt uns an der Hand und zieht uns durchs Haus, wobei er auf verschiedene Dinge deutet und sagt: ›Was ist das? Was ist das?‹«

Denkt auch Ihr Kind beim Sprechen?

2. … seine Energie aus einer Gruppe beziehen – selbst wenn fremde Personen darunter sind

Extrovertierte werden von Menschengruppen mit Energie versorgt. Das sind die Menschen in Ihrer Familie, die Freitagabend widerwillig zu einer Einladung gehen, weil sie müde sind, wenn sie aber erst einmal dort sind, gar nicht mehr heimgehen wollen. Es sind die Kinder, die aus der Schule oder der Kita nach Hause kommen und sich beklagen: »Mir ist langweilig. Wen kann ich einladen?« Es sind Leute wie ich, die eine Küche lieben, die zum Esszimmer hin offen ist, sodass sie sich beim Kochen mit ihrer Familie oder ihren Gästen unterhalten können.

»Oder Kinder wie Tara, die bereits als Baby in einer Gruppe so angeregt wurde, dass sie gurrte und winkte und anfing, so sehr zu strampeln, dass sie beinahe aus ihrem Kindersitz fiel«, fügte Phil hinzu. »Inzwischen ist sie vier und plant ihr Leben rund um die Vorschultage.« Alle Extrovertierten der Gruppe nickten.

Bezieht Ihr Kind Energie aus einer Gruppe? Ist es anschließend aufgeregt und redselig? Das Schlüsselwort ist *energiegeladen.* Introvertierte können ebenfalls sehr gesellig sein und gut in Gruppen arbeiten, anschließend sind sie jedoch eher still und ausgelaugt als energiegeladen.

3. … immer auf der Suche nach Action und Anregung sein

Extrovertierte brauchen Action und Anregung. Wenn Ihrem extrovertierten Kind langweilig ist, wird es vielleicht anfangen, seine Geschwister oder den Hund zu ärgern, nur damit sich etwas tut. Es sind die Kinder, die von der Schule heimkommen und rufen: »Ich gehe zu Katie und bin um 5 Uhr wieder da!«, und schon sind sie zur Tür hinaus. Es sind die Babys, die darauf bestehen, herumgetragen zu werden, um etwas zu sehen. Sie wollen Menschen, Lichter, Farben, Haustiere sehen. Anstatt sich an Ihre Schulter zu kuscheln und sich so zu trösten, regen sie sich so lange auf, bis man sie so hält, dass sie etwas sehen können oder bis man etwas mit ihnen unternimmt.

»Oh, das erinnert mich an das letzte Thanksgiving«, sagte Maggie. »Es war ein herrlicher entspannter Tag. Aber am nächsten Tag war Kristen total schlecht gelaunt. Sie wollte nicht alleine spielen. Nichts gefiel ihr. Ständig fragte und bettelte sie, ob sie etwas unternehmen dürfte. Also lud ich ein paar Freundinnen ein. Die Kinder spielten wie verrückt. Kristen war außer sich vor Freude.«

Ist Ihr Kind immer auf der Suche nach Action und Anregung? Bekommt es schlechte Laune, wenn alles zu ruhig ist?

4. … ausgelaugt sein, wenn es zu viel Zeit alleine verbringt

Da Extrovertierte Energie aus dem Zusammensein mit anderen Leuten ziehen, werden sie ausgelaugt, wenn sie zu viel alleine sind. Kleine Extrovertierte hassen Auszeiten. Schickt man sie in ihr Zimmer, werden sie verlässlich versuchen, sich zu drücken. Wenn Sie Ihr Kind nur dazu bringen, eine Pause einzulegen, wenn Sie mitgehen, haben Sie wahrscheinlich ein extrovertiertes Kind. Extrovertiert sind die Kinder, die absolut nicht verstehen können, warum Sie alleine in einem Zimmer sein wollen, und dazukommen, um Sie »aufzumuntern«. Der Versuch, sie dazu zu bringen, einmal alleine zu spielen, ist ein größeres Unterfangen. Sie spielen möglicherweise ein paar Minuten und beginnen dann, Fragen zu stellen.

Bevor Sie merken, was da vor sich geht, sind Sie entweder dabei, ihnen zu helfen oder mitzuspielen.

»Ich bin extrovertiert«, warf Diane ein. »Aber wenn ich den ganzen Tag mit den Kindern zusammen war, bin ich nicht energiegeladen!«

Diane hat recht. Wenn Sie als extrovertierte Eltern den ganzen Tag mit Kleinkindern zu Hause sind, werden Sie am Abend erschöpft sein. Der Umgang mit Kleinkindern liefert einem extrovertierten Erwachsenen *keine* Energie. Daher müssen Sie mit den Kindern hinausgehen, andere Menschen treffen und etwas unternehmen.

Wird Ihr Kind ausgelaugt, wenn es zu viel Zeit alleine verbringt?

5. … Feedback mögen und brauchen

Extrovertierte mögen ein sofortiges Feedback. Es sind die Kinder, die Ihnen ein fertiges Arbeitsblatt bringen, damit sie sofort gelobt werden. Diese Kinder wollen wissen, was Sie denken und ob Sie mögen, was sie tun. Sie machen sich deswegen vielleicht Gedanken über ihre Selbstachtung.

Wahrscheinlich brauchen Sie sich keine Sorgen zu machen. Wahrscheinlich haben Sie ein extrovertiertes Kind, das einfach Feedback sucht. Braucht Ihr Kind viel Feedback?

6. … Energie aus der Kooperation mit anderen beziehen

Das Zusammenarbeiten mit anderen und das Testen von Ideen bei anderen Leuten lädt die Batterien Extrovertierter wieder auf.

Wenn Sie Ihr extrovertiertes Kind nicht dazu bringen können, sein Zimmer aufzuräumen, beginnen Sie die Arbeit mit ihm gemeinsam. Es ist erstaunlich, wie hart es in Gesellschaft arbeiten kann. Es wird eine Enttäuschung für Sie sein, wenn Sie diesem Kind in seinem Zimmer eine ruhige und gemütliche Lernecke einrichten. Wahrscheinlich wird es seine Hausaufgaben lieber am Küchentisch erledigen, wo es mit Ihnen reden, Fragen stellen und in den Alltagsbetrieb eingebunden sein kann. Und sollte es Ihnen nicht gelingen, Ihr extrovertiertes Kind dazu zu bringen, dass es sich anzieht, bringen Sie seine Kleidung in die Küche und lassen Sie es sich dort anziehen, während Sie das Frühstück machen.

Lernt oder arbeitet Ihr Kind am effizientesten und voller Energie, wenn es mit anderen zusammenarbeiten kann?

7. … Ideen und Erlebnisse sofort teilen wollen

Versuchen Sie einmal, sich von einem extrovertierten Kind fortzubewegen, das versucht, Ihnen von seinem Tag zu erzählen. Sperren Sie sich im Bad ein, wird es vor der Tür stehen und weitererzählen. Extrovertierte teilen ihre Gedanken gerne sofort mit. Es sind die Menschen, die Ihnen eine komplette Beschreibung ihres Tages liefern, sobald Sie zur Tür hereinkommen. Es sind die Kinder, die es fertigbringen, ihre Hände auf Ihr Gesicht zu legen, Ihren Kopf zu sich zu drehen und zu verlangen: »Schau mal«, »Siehst du?« oder »Wie wäre es, wenn wir …«. Wenn Sie introvertiert sind, können diese Kinder Sie völlig auslaugen.

Braucht Ihr Kind es, Gedanken und Erlebnisse sofort mitzuteilen?

Schauen Sie sich nun die folgenden Aussagen noch einmal an. Kreuzen Sie jede an, die zu Ihrem Kind passt. Beim Ausfüllen der Checkliste bedenken Sie bitte, dass sowohl die Introvertiertheit als auch die Extrovertiertheit auf einer Achse liegen. Manche Menschen weisen eine sehr starke Präferenz auf, andere nur eine leichte. Ihr Kind kann durchaus sowohl extrovertierte als auch introvertierte Verhaltensweisen zeigen. Sie müssen lediglich wissen, welche es *bevorzugt* zeigt, um seine Energie auf einem hohen Niveau zu halten.

Bevorzugt Ihr Kind extrovertiertes Verhalten, trifft wahrscheinlich Folgendes zu:

- Es denkt beim Sprechen.
- Es bezieht seine Energie aus einer Gruppe.
- Es sucht immer nach Anregung und Action.
- Es wird durch Alleinsein ausgelaugt.
- Es mag und braucht Feedback.
- Es wird durch die Zusammenarbeit mit anderen energiegeladen.
- Es teilt seine Ideen und Erfahrungen sofort mit.

Bedenken Sie, dass diese Checkliste kein wissenschaftliches Instrument ist. Wenn Sie sich mit Ihrer Antwort nicht sicher sind, beobachten Sie Ihr Kind genauer und hören Sie ihm sehr genau zu. Versuchen Sie, die Hinweise, Worte und Aktionen aufzugreifen, die Ihnen sagen, wie Ihr Kind seine Batterien wieder auflädt.

Nun wollen wir uns die verbreiteten Verhaltensweisen von Introvertierten ansehen.

WENN IHR KIND BEVORZUGT INTROVERTIERT IST, WIRD ES WAHRSCHEINLICH …

1. … erst nachdenken, dann antworten

Introvertierte brauchen Zeit zum Nachdenken, bevor sie eine Frage beantworten. Sie sind nicht bereit, über unreflektierte Gefühle zu sprechen. Fragt man sie, wie es ihnen geht, antworten sie möglicherweise nicht, und zwar nicht, weil sie wütend sind oder versuchen, schwierig zu sein – sie brauchen einfach Zeit, um darüber nachzudenken, wie es ihnen geht. Aus diesem Grund werden viele introvertierte Kinder zur Bettgehzeit gesprächig. Sie hatten Zeit, über ihren Tag nachzudenken, und sind nun bereit, sich darüber zu unterhalten. Sie versuchen nicht einfach nur, Zeit zu schinden.

»So ist mein Mann«, äußerte Diane, bevor ich weitererklären konnte. »Ich frage ihn: ›Was möchtest du essen?‹ Keine Antwort. Also fange ich an, etwas vorzubereiten. Dann sagt er: ›Ich dachte, wir könnten Hamburger grillen!‹ Aber«, sie warf ihr Haar über ihre Schulter zurück, »genau deswegen sind wir noch verheiratet. Ich rede und er hört zu.«

John lachte. »So ist es bei meiner Frau und mir auch. Aber ich habe eine ganze Weile gebraucht, bis ich sie davon überzeugen konnte, mir etwas Raum und Zeit zu lassen.«

»Denkt sie nicht, Sie wären böse auf sie?«, fragte Lynn.

Diane wartete nicht, bis John antwortete. Sie platzte heraus: »Ich denke immer noch, mein Mann sei dann böse auf mich!«

John zuckte mit den Schultern. »Ich bezweifle, dass er das ist. Ich weiß jedenfalls, dass ich nicht böse bin. Ich habe dann einfach noch nicht entschieden, was ich antworten will.«

Braucht Ihr Kind Zeit zum Nachdenken, bevor es antwortet?

2. … ausgelaugt sein, wenn es zu lange mit anderen Menschen oder einer Gruppe zusammen ist

Introvertierte können es genießen, in einer Gruppe zu sein, werden von dieser jedoch ausgelaugt. Deswegen kann Ihr Kind nach der Schule ein Grummelbär sein, während es in der Schule der reinste Engel ist. Introvertierte brauchen Raum und Ruhezeit. Es kommt sogar vor, dass Teenager, die gerne mit ihren Freunden zusammen sind, fragen, ob die Familie nicht zu einem ruhigen Wochenende wegfahren könnte, damit sie all den geforderten Aktivitäten mit Gleichaltrigen entkommen.

Introvertierte Kinder können sich bei einem Familienfest wohlfühlen und dann plötzlich aus der Rolle fallen. Beim Spielen mit einem Freund hören sie vielleicht abrupt auf, setzen sich vor den Fernseher oder bitten den Freund, nach Hause zu gehen. Extrovertierte können sich dann Sorgen machen, dass sie unhöflich sind.

Ist Ihr Kind ausgelaugt, nachdem es zu viel Zeit in einer Gruppe verbracht hat?

3. … Reize und Aktivitäten reduzieren müssen

Schicken Sie Ihr introvertiertes Kind für eine Auszeit in sein Zimmer, so müssen Sie es möglicherweise wieder von dort holen, weil es gar nicht wieder herauskommen möchte. Es ist nicht wütend, es spielt einfach und es geht ihm bestens. Introvertierte brauchen eine Pause von Reizen und Aktivitäten. Es sind die Kleinkinder, die unter den Tisch krabbeln und dort, abgeschirmt von der Aktivität um sich herum, mit ihrer Kuscheldecke sitzen. Es sind die Kinder, die Schwierigkeiten bekommen, weil sie, vor allem gegen 11 Uhr, aus dem Klassenzimmer »flüchten«, weil sie eine Pause von der Gruppe brauchen.

Braucht Ihr Kind eine Reduzierung von Reizen und Aktivitäten, um seine Batterien wieder aufladen zu können?

4. ... einen starken Wunsch nach Freiraum haben

Introvertierte brauchen nicht nur physischen Raum, sondern auch optischen und auditiven Raum. Menschenansammlungen erschöpfen sie. Introvertiert sind die Kinder, die sich von einer Aktivität absetzen, wenn andere Kinder anfangen zu spielen. Beim Stuhlkreis setzen sie sich etwas entfernt von der Gruppe. Sie sind nicht ungesellig. Sie ziehen einfach mehr Raum und Ruhe vor.

John deutete auf seine Tabelle. »Das ist genau meine Tochter Kelly. Mittwochs holt meine Frau unsere Kinder und zwei Nachbarkinder von der Schule ab. Mit all diesen Kindern ins Auto zu steigen, irritiert Kelly wirklich. Sie beklagt sich ständig, dass die anderen Kinder zu viel reden. Bringt meine Frau einen Snack mit und lässt die Kinder im Auto essen, beklagt Kelly sich, dass die anderen zu laut kauen!«

»Das glaube ich sofort«, erwiderte Maggie. »Unser Wohnzimmer ist zur Küche hin offen. Brian beklagt sich, wenn jemand bei ihm vorbeigeht, während er fernsieht, oder wenn ich in der Küche Lärm mache. Er hat sich sogar schon darüber beklagt, dass Kristen ›ihn angeschaut hat‹.«

Brent richtete seine Kappe gerade – sein Signal, dass er gleich etwas sagen würde. »Dann ist das wohl auch der Grund, warum meine Vierjährige sich die Ohren zuhält und ruft: ›Seid alle still!‹«

Maggie stieß den Atem aus. »Das muss der Grund für das gewesen sein, was Brian neulich gemacht hat. Er spielte in seinem Zimmer, als seine Cousins herüberkamen. Alle stürmten in sein Zimmer. Als Nächstes habe ich mitbekommen, dass er hinausrannte. Ich dachte, er müsste auf die Toilette, aber er kam mit einer

Wasserpistole zurück und spritzte sie damit an. So bekam er sein Zimmer wieder für sich.«

Hat Ihr Kind einen starken Wunsch nach Freiraum?

5. ... wählerisch darin sein, welche Freunde es mit nach Hause bringt

Introvertierte können zum Klassensprecher gewählt werden. Sie können sehr sozial und beliebt sein, dennoch laden sie möglicherweise selten Freunde zu sich ein. Ich fragte meinen introvertierten Sohn eines Tages, warum ich nie jemanden von seinen Freunden kennenlernen würde. »Ich sehe sie ja in der Schule«, meinte er. »Warum sollte ich sie mit nach Hause bringen?« Introvertierte brauchen weniger Interaktion als Extrovertierte und neigen daher dazu, wählerischer bei ihren Freunden zu sein. Manche brauchen nur wenige enge Freunde. Wenn Sie selbst extrovertiert sind, machen Sie sich vielleicht Sorgen, Ihr Kind sei nicht beliebt. Aber das muss gar nicht der Fall sein. Wie John sagte: »Ich mag andere Leute, aber genug ist genug!«

Ist Ihr Kind eher wählerisch darin, welche Freunde es mit nach Hause bringt?

6. ... mit Familienangehörigen viel sprechen, bei Außenstehenden jedoch stiller sein

Die lautesten Mitglieder Ihrer Familie sind möglicherweise die Introvertierten. Wenn Introvertierte sich wohlfühlen, können sie laut singen, wunderbar Witze erzählen und reden wie ein Wasserfall – jedoch haben sie gerne die Kontrolle über den Lärm und wollen selbst wählen, wann sie sich unterhalten. In Gesellschaft Außenstehender, insbesondere Fremder, können Introvertierte still sein, bis sie sich auch da wohlfühlen. Der Wunsch eines Lehrers, Ihr Kind solle sich am Unterricht stärker beteiligen, kann ein Hinweis darauf sein, dass es bevorzugt introvertiert ist.

7. … beobachten oder zuhören, bevor es bei einer Aktivität mitmacht

Introvertierte brauchen es, Informationen innerlich zu verarbeiten. Sie schauen oder hören lieber erst einmal zu, bevor sie mitmachen. Wenn Ihr Kind introvertiert ist, weigert es sich möglicherweise, in der Schule zu singen, gibt zu Hause für Sie jedoch das komplette Lied zum Besten. Sie machen sich vielleicht Sorgen, dass es nie etwas vorführen werde, aber mit Übung und der Möglichkeit, zuerst zuzuschauen oder zuzuhören, können Introvertierte ausgezeichnete Darsteller werden.

Braucht es Ihr Kind, zuerst zuzuschauen oder zuzuhören, bevor es bei einer Aktivität mitmacht?

Schauen Sie sich nun die folgenden Aussagen noch einmal an. Kreuzen Sie jede an, die zu Ihrem Kind passt.

Bevorzugt Ihr Kind introvertiertes Verhalten, trifft wahrscheinlich Folgendes zu:

- Es denkt nach, bevor es spricht.
- Es wird ausgelaugt, wenn es zu lange mit einer Gruppe zusammen ist.
- Es muss Reize und Aktivitäten reduzieren.
- Es hat einen starken Wunsch nach Freiraum.
- Es ist wählerisch darin, welche Freunde es nach Hause mitbringt.

- Es spricht mit Familienmitgliedern mehr, ist bei Außenstehenden aber stiller.
- Es beobachtet oder hört erst zu, bevor es bei einer Aktivität mitmacht.

Wie ist es Ihnen ergangen? Wenn Sie das Gefühl haben, noch mehr Informationen zu brauchen, oder wenn Sie gerne einen offiziellen Myers-Briggs-Persönlichkeitstest ausprobieren würden, können Sie sich an das Center for Applications of Psychological Type wenden: https://www.capt.org/home.htm?bhcp=1. Ich hoffe jedoch, dass Sie nun schon über genügend Informationen verfügen, um die Präferenz Ihres Kindes klarer zu sehen.

Ihr Kind lebt nicht in einem luftleeren Raum. Es lebt zusammen mit Ihnen und den anderen Mitgliedern Ihrer Familie – das macht alles so interessant. Durch das Erkennen, wie jedes Familienmitglied seine Batterien bevorzugt wieder auflädt, können Sie für jeden Einzelnen Möglichkeiten finden, seine Bedürfnisse erfüllt zu bekommen, ohne die anderen auszulaugen. Legen Sie dazu eine Tabelle an. Gehen Sie so vor:

1. Schreiben Sie in die erste Reihe den Namen jedes Familienmitglieds.
2. Tragen Sie in der linken Spalte die Typenaussagen ein.
3. Kreuzen Sie nun jede Aussage an, die zu den Personen passt.
4. Schauen Sie sich am Ende die Menge der Kreuze, das heißt die Präferenz jedes Familienmitglieds, an.

Nachfolgend ein Musterbeispiel für Sarahs Familie:

MERKMALE VON EXTROVERTIERTEN

Name	**Tom**	**Sarah**	**Cara**	**David**	**Sadie**	**Kim**
1. Denkt beim Reden	X		X		X	
2. Bezieht aus einer Gruppe Energie – sogar von Fremden	X		X			

3. Sucht Anregungen und Action	X		X	X	X	
4. Wird durch Alleinsein ausgelaugt	X		X		X	
5. Mag und braucht Feedback	X		X		X	X
6. Bezieht Energie aus der Arbeit mit anderen	X		X		X	
7. Teilt Ideen und Erlebnisse sofort mit	X		X			
Gesamt	**7**	**0**	**7**	**1**	**5**	**1**

MERKMALE VON INTROVERTIERTEN

Name	**Tom**	**Sarah**	**Cara**	**David**	**Sadie**	**Kim**
1. Denkt erst nach, bevor es redet		X		X		
2. Wird durch eine Gruppe ausgelaugt		X		X		X
3. Muss Reize und Aktivitäten reduzieren		X		X		X
4. Hat den starken Wunsch nach Freiraum		X	X	X		X
5. Ist wählerisch, welche Freunde es nach Hause mitbringt		X	X	X		
6. Spricht mit Familienmitgliedern mehr, ist bei Außenstehenden stiller		X		X		
7. Beobachtet oder hört erst zu, bevor es bei einer Aktivität mitmacht		X		X		X
Gesamt	**0**	**7**	**2**	**7**	**0**	**4**

Aus dem Beispiel von Sarahs Familie können Sie entnehmen, dass sie und David beide sehr stark die Introversion bevorzugen. Cara, die starke extrovertierte Tendenzen zeigt, teilt einige introvertierte Eigenschaften mit ihrer Mutter und ihrem Bruder. Während sie häufig in Gesellschaft anderer ihre Batterien wieder auflädt, muss auch ihr Freiraum respektiert werden. Sie mag es nicht, zu Aktivitäten gedrängt zu werden. Kim scheint eine Präferenz für die Introversion zu zeigen, da sie jedoch noch ein Säugling ist, können wir zu diesem Zeitpunkt einige Fragen für sie noch nicht beantworten. Sie wird uns ihre Präferenzen zeigen, wenn sie größer und reifer wird.

Nun sind Sie und Ihre Familie an der Reihe. Füllen Sie die Tabelle für sich und Ihre Familie aus.

MERKMALE VON EXTROVERTIERTEN

Name						
1. Denkt beim Reden						
2. Bezieht aus einer Gruppe Energie – sogar von Fremden						
3. Sucht Anregungen und Action						
4. Wird durch Alleinsein ausgelaugt						
5. Mag und braucht Feedback						
6. Bezieht Energie aus der Arbeit mit anderen						
7. Teilt Ideen und Erlebnisse sofort mit						
Gesamt						

MERKMALE VON INTROVERTIERTEN

Name						
1. Denkt erst nach, bevor es redet						
2. Wird durch eine Gruppe ausgelaugt						
3. Muss Reize und Aktivitäten reduzieren						
4. Hat den starken Wunsch nach Freiraum						
5. Ist wählerisch, welche Freunde es nach Hause mitbringt						
6. Spricht mit Familienmitgliedern mehr, ist bei Außenstehenden stiller						
7. Beobachtet oder hört erst zu, bevor es bei einer Aktivität mitmacht						
Gesamt						

Nun haben Sie die Gelegenheit, Ihre neuen Fertigkeiten zu testen. Lesen Sie das folgende Szenario und schauen Sie, ob Sie die Introvertierten und die Extrovertierten identifizieren können.

Eine Mutter sagt: »Ich kann vorhersagen, dass meine Kinder jeden Tag nach der Schule streiten. Mein Sohn kommt heim und will nur Videospiele spielen. Meine Tochter wünscht sich, dass er mit ihr spielt. Sie will sich auch mit mir unterhalten, aber mich erschöpft ihr ständiges Geplapper. Ich wimmle sie eher ab und schließlich streiten die beiden.«

Was glauben Sie anhand der Informationen, die diese Geschichte liefert, ist die Präferenz jeder Person?

MUTTER

Introvertiert oder extrovertiert? **Eine Antwort markieren**

SOHN

Introvertiert oder extrovertiert? **Eine Antwort markieren**

TOCHTER

Introvertiert oder extrovertiert? **Eine Antwort markieren**

Meine erste Vermutung ist, dass die Mutter bevorzugt introvertiert ist. Sie braucht ihre Ruhe und wird von dem »Geplapper ausgelaugt«. Auch der Sohn bevorzugt die Introversion. Nach der Schule sucht er einen Freiraum und Zeit für sich alleine. Die Tochter ist bevorzugt extrovertiert. Sie kann ihre Batterien am besten wieder aufladen, wenn sie mit anderen zusammen ist und etwas unternimmt.

Dieses Szenario mag etwas zu offensichtlich erscheinen, aber wenn Ihre Kinder anfangen, sich zu streiten oder Sie verrückt zu machen, passiert es leicht, dass Sie im Augenblick gefangen sind, anstatt kurz innezuhalten und zu überlegen: »Was geht hier eigentlich vor sich?« Das Erkennen der Extrovertierten und der Introvertierten in Ihrer Familie ermöglicht es Ihnen zu verstehen, was da vor sich geht. Anstatt sich wie ein Opfer zu fühlen, erschöpft und von den Kindern geärgert, können Sie Ihr neues Verständnis dafür nutzen, Ihren Kindern zu helfen, das Wiederaufladen ihrer Batterien zu planen, ohne sich gegenseitig oder Sie zu ärgern. Der nächste Schritt ist dann zu verstehen, was jeder Einzelne braucht, um am wirksamsten und effizientesten neue Energie zu tanken.

WIRKSAME STRATEGIEN

Temperamentvolle Kinder müssen mehr als andere daran arbeiten, mit ihrem starken Temperament umzugehen. Wichtig ist, dass an jedem Tag Zeit ist und Aktivitäten stattfinden, damit sie ihre Batterien wieder aufladen können. Wie schaffen Sie das bei all den anderen Anforderungen, denen Sie und Ihr Kind sich gegenübersehen? Da ist es wichtig zu bedenken, dass man nicht den ganzen Tag lang neue Energie tanken muss. Schon eine Viertelstunde zum richtigen Zeitpunkt am Tag kann ausreichen.

Ich schaute in die Runde. Brent hängte Büroklammern aneinander. Phil stand auf, um sich noch ein Glas Wasser zu holen, und Diane, die sich in den Schaukelstuhl gesetzt hatte, schaukelte vor und zurück. Wir brauchten Bewegung.

»Wir gehen in die Eingangshalle«, verkündete ich. »Es ist Zeit, dass wir uns auf einer Achse aufstellen.« Brent sah mich misstrauisch an. Diane schubste ihn spielerisch an der Schulter. »Na los«, sagte sie. »Wird schon nicht wehtun.«

Ich schob das Klettergerüst und die 1,20 Meter hohen Figuren von Bert und Ernie zur Seite und sorgte so für genügend Platz, dass wir uns alle in einer Reihe aufstellen konnten. Auf die Tafel zeichnete ich eine Achse. Sie sah folgendermaßen aus:

Extrovertierte Introvertierte

»Stellen Sie sich nun diese Linie auf dem Boden vor und suchen Sie sich darauf den passenden Platz«, wies ich die Gruppe an. »Sehr Extrovertierte stellen sich bitte nach links.« Diane hüpfte ans äußerste Ende. Lynn und Phil folgten ihr.

»Sehr Introvertierte nach rechts«, gab ich als nächste Anweisung und deutete ans andere Ende. »Und wer sich unsicher ist, stellt sich irgendwo dazwischen, wo es sich für sie oder ihn richtig anfühlt.« John, Brent, Sarah und Maggie besetzten die Linie am introvertierten Ende. (Sie als Leser/in können Ihren Platz oben in der Zeile mit einem X markieren).

»Nun möchte ich, dass Sie folgende Aussage vervollständigen«, sagte ich. »Wenn ich mich erschöpft fühle, brauche ich …«

»Schokolade«, verkündete Diane.

Ich musste lachen. Ich nasche jeden Nachmittag Schokolade.

»Ich dachte eher in dem Sinn, was Sie als extrovertierte oder introvertierte Person brauchen«, erklärte ich.

Die Introvertierten stöhnten und verdrehten die Augen. Es gefiel ihnen nicht, dass ich ihren Raum gestört hatte und sie nun auch noch bat, öffentlich über ihre Gefühle und Bedürfnisse zu sprechen.

»Ich entschuldige mich dafür, dass ich Sie aus Ihrem bevorzugten Stil gedrängt habe. Das ist eine extrovertierte Aktivität«, gab ich zu. »Aber ich habe zwei Gründe dafür. Erstens erzählen sogar Introvertierte mir, dass sie gerne hören, dass andere Menschen ähnliche Empfindungen haben, und zweitens hören Extrovertierte normalerweise besser zu, wenn die Antworten Introvertierter von *vielen* Personen vorgetragen werden.« (Extrovertierte »hören« Dinge gerne öfter.)

»Ihr seid also schuld daran, dass wir jetzt hier stehen«, scherzte Brent, während er auf die Extrovertierten deutete.

Bevor ich Ihnen die Antworten der Gruppe mitteile, bitte ich Sie jedoch, erst Ihre eigenen Antworten hier aufzuschreiben.

Wenn ich mich erschöpft fühle, brauche ich …

____

____

____

____

Wenn Sie extrovertiert sind und gerne beim Sprechen denken, suchen Sie sich eine introvertierte Person in Ihrer Familie, um sie zu befragen und zu bitten, diese Aussage zu vervollständigen. Vergessen Sie nicht, dieser Person Zeit zu geben, um über die Antwort nachzudenken.

Wenn Sie introvertiert sind, suchen Sie ein extrovertiertes Familienmitglied und bitten um dasselbe.

Ich vermute, Sie könnten mich mit dieser Aufgabe abblitzen lassen. Daher habe ich Antworten beider Typen eingefügt. Markieren Sie die Antworten, die auf Sie zutreffen.

Die Extrovertierten sind immer bereit anzufangen. Folgendes haben sie gesagt:

Als extrovertierter Mensch brauche ich …

1. Menschen, die mir beim Denken helfen

… um Fragen zu stellen und Ideen zu teilen

… um zu reden und dadurch herauszufinden, wie es mir geht (ich muss es hören, um zu wissen, dass ich es so empfinde)

… um ein Problem mehr als einmal zu besprechen

… um sofort über meinen Tag oder ein Ereignis erzählen zu können

… indem ich mit ihnen telefoniere

… sodass ich die Möglichkeit habe, meine Entscheidung zu ändern, während ich darüber spreche

… sodass ich die Möglichkeit habe, meine Meinung zu äußern

2. Feedback, das heißt

... eine Bestätigung, dass ich gehört wurde
... eine Antwort, auch wenn die nur lautet, dass ich darüber nachdenken soll
... eine freundliche Begrüßung
... sodass ich weiß, was andere (darüber) denken
... Aufmerksamkeit

3. Zeit mit anderen Leuten, Aktivitäten und Anregungen

... um auszugehen und etwas zu unternehmen
... um in Gesellschaft anderer Leute zu arbeiten oder zu spielen (ich bin nicht gerne zu lange allein)
... für praktische Aktivitäten

Und nachdem die Introvertierten Zeit gehabt hatten, um darüber nachzudenken, hatten auch sie viel zu sagen.

Als introvertierter Mensch brauche ich ...

1. Zeit für mich alleine, das heißt

... Zeit nur mit meiner engsten Familie
... ruhige Musik, die andere Geräusche ausblendet
... dass die anderen wissen, dass ich sie nicht zurückweise, wenn ich Zeit für mich alleine brauche
... die Kontrolle darüber, wann ich eine Gruppe verlasse
... Ruhe

2. Physischen Raum, das heißt

... Freiraum
... einen Spaziergang alleine oder mit einer sehr engen Freundin/einem sehr engen Freund
... das Alleinsein in meinem Zimmer bei geschlossener Tür – nicht stundenlang, aber für 15 oder 20 Minuten
... beim Sitzen oder Stehen genügend Raum um mich herum

3. Zeit zum Nachdenken, das heißt

… die Gelegenheit, irgendwo zu sitzen und nachzudenken (das ist keine Zeitvergeudung)

… Ruhe, wenn ich lese

… dass mir nicht mehrere Fragen gleichzeitig gestellt werden

… die Gelegenheit, über meine Antwort nachzudenken, bevor ich sie äußere

… dass die anderen wissen, dass ich nicht böse bin, wenn ich still bin, sondern nachdenke

… dass die anderen Geduld haben und zuhören, dann kann ich auch mehr reden

… die Gelegenheit, auf der Couch zu gammeln

4. Ungestörte Arbeitszeit, das heißt

… die Gelegenheit, Fragen vertraulich zu stellen

… die Gelegenheit, neue Fertigkeiten alleine oder mit einer Vertrauensperson zu üben

… die Gelegenheit, alleine oder mit einem von mir gewählten Partner zu spielen oder zu arbeiten

… um an einer Sache die ganze Zeit arbeiten zu können

Nun wollen wir Ihren Familienmitgliedern die jeweiligen Bedürfnisse zuordnen.

1. Blättern Sie zurück und sehen Sie sich die introvertierten und extrovertierten Tabellen noch einmal an. Zählen Sie die Punkte jeder Person zusammen. Wählen Sie die Präferenz, die wenigstens viermal angekreuzt wurde. (Falls nötig, beginnen Sie mit Ihrer Vermutung).
2. Schauen Sie die »Ich brauche«-Aussagen oben noch einmal an und fügen Sie gerne auch Ihre eigenen ein. Wählen Sie zwei davon aus, die für jedes Familienmitglied besonders wichtig sind.

Nachfolgend eine Kopie von Sarahs Tabelle.

Namen	Tom	Sarah	Cara	David	Sadie	Kim
Extrovertiert	x		x		x	
Introvertiert		x		x		x
Als extrovertierter oder introvertierter Mensch brauche ich …	Über meinen Tag zu sprechen	Raum	Zeit, etwas zu unternehmen	Ruhe nach der Schule	Aufmerksamkeit	Ruhe
Als extrovertierter oder introvertierter Mensch brauche ich …	Menschen, mit denen ich arbeiten kann	Zeit zum Nachdenken	Ein freundliches Hallo	Möglichkeit, später über meinen Tag erzählen zu dürfen	Die Möglichkeit, Fragen zu stellen	Kuscheln mit Mama

Erstellen Sie nun Ihre eigene Familientabelle.

Namen						
Extrovertiert						
Introvertiert						
Als extrovertierter oder introvertierter Mensch brauche ich …						
Als extrovertierter oder introvertierter Mensch brauche ich …						

Falls diese »Ich brauche«-Aussagen neu für Sie sind, schreiben Sie diejenigen, die für Sie am wichtigsten sind, auf Post-its. Halten Sie sie griffbereit, wo oder wann immer Sie diese als Gedächtnisstütze brauchen könnten. Stecken Sie sie in Ihre Tasche, hängen Sie sie an den Kühlschrank, das Armaturenbrett im Auto oder Ihr Nachtkästchen. Es sind Aussagen, die Sie Ihrem Kind beibringen können.

Wenn Sie sehen, dass Ihr extrovertiertes Kind beginnt, nervös zu werden, bringen Sie ihm bei, zu sagen: »Ich brauche Leute um mich herum!«, oder: »Ich muss irgendetwas tun können«, anstatt andere zu ärgern, um seine Batterien wiederaufzuladen.

Wenn Ihr introvertiertes Kind sich darüber zu beklagen beginnt, dass andere zu nah bei ihm sitzen oder zu viel reden, bringen Sie ihm bei zu sagen: »Ich brauche Ruhe«, oder: »Ich brauche mehr Platz«, anstatt zu stoßen oder zu brüllen, um sich Raum zu schaffen. Kinder, die über die Worte verfügen, um zu beschreiben, was sie empfinden und brauchen, müssen keinen Ärger machen, um gehört zu werden.

ÜBEN, ÜBEN, ÜBEN

Nachdenklich blickte Diane die Achse entlang. »Mein Mann Bob würde genau dort stehen«, sagte sie, während sie auf John und Brent zeigte, die auf der introvertierten Seite standen. »Kein Wunder, dass wir uns streiten, wenn er von der Arbeit heimkommt. Ich möchte, dass er sich mit mir unterhält, wenn er zur Tür hereinkommt, und die Jungen wollen, dass er mit ihnen spielt, aber er lehnt das ab oder fängt an, sie anzuschreien, sie sollten still sein. Was können wir da am besten tun?«

»Möchten Sie einen Plan entwickeln?«, fragte ich.

Sie nickte.

»Bob ist also introvertiert?«, fragte ich zur Bestätigung

»Oh ja«, antwortete Diane, »wirklich *sehr* introvertiert.«

»Und Sie sind *sehr* extrovertiert?«

»Ja, das bin ich!«, verkündete sie, wobei sie ihre Arme nach vorne schwang und sich verbeugte. »Und genau so sind auch alle drei Jungen.«

»Welche Bedürfnisse haben Sie ausgewählt?«, fragte ich.

»Ich brauche es, über den Tag zu sprechen, brauche eine freundliche Begrüßung, Aufmerksamkeit und die Gesellschaft eines anderen Erwachsenen.«

»Und Bob?«

»Ich denke, er braucht Ruhe«, sagte sie. »Und Zeit, um über seinen Tag nachzudenken, bevor er darüber spricht. Er wünscht sich genügend Raum und eine Pause. Aber er ist auch gerne mit uns zusammen.«

»Und die Jungen?«, fragte ich weiter.

»Sie brauchen es unbedingt zu reden«, antwortete sie. »Sie wollen Bob wirklich gerne etwas über ihren Tag erzählen. Und sie wünschen sich seine Aufmerksamkeit. Am meisten wünschen sie sich, mit ihm zusammen zu sein.«

Während Diane antwortete, füllte ich die folgende Tabelle auf der Tafel aus.

Diane	**Bob**	**Die Jungen**
EXTROVERTIERT	INTROVERTIERT	EXTROVERTIERT
Reden	Ruhe zum Nachdenken	Reden
Tagesereignisse durchsprechen	Gelegenheit, über seinen Tag nachzudenken	Tagesereignisse durchsprechen
	Menschenleeren Raum	Spielerischen Kontakt
Herzliche Begrüßung	Pause von äußeren Reizen	Herzliche Begrüßung
Aufmerksamkeit	Zeit mit seiner engsten Familie	Aufmerksamkeit
Mit Leuten zusammen sein	Pause ohne Schuldgefühle	Etwas tun

Es ist offensichtlich, dass hier die Bedürfnisse der Extrovertierten das genaue Gegenteil von den Bedürfnissen des Introvertierten sind. Wie also kann diese Familie zu einer harmonischen Familienmahlzeit kommen?

Ich gab die Frage an die Gruppe weiter. »Wie können sie kooperieren und die Bedürfnisse sowohl des Introvertierten als auch der Extrovertierten respektieren?«

John bot als Erster eine mögliche Lösung an: »Ich bin introvertiert«, sagte er. »Ich kann mich mit Bob identifizieren. Meine Frau und mein Sohn sind extrovertiert und obgleich meine Tochter introvertiert ist, sind unsere Abende mit zwei Jugendlichen angefüllt mit außerschulischen Aktivitäten. Mir ist klar geworden, dass mein extrovertiertes Verhalten nicht enden kann, sobald ich das Büro verlasse. Ich muss noch ein paar weitere Stunden durchhalten. Ich kann nicht erwarten, beim Heimkommen gleich meine Batterien wieder aufladen zu können. Sobald ich zur Tür hereinkomme, gibt es normalerweise Essen und es geht rund.«

Brent schnaubte: »Aber wenn Sie erschöpft und ausgelaugt sind, sind Sie erschöpft und ausgelaugt.«

»Das stimmt«, antwortete John, »deshalb muss ich meine Batterien irgendwann tagsüber aufladen. Ich nehme mir mein Mittagessen immer mit. Dann mache ich meine Bürotür zu und esse am Schreibtisch oder gehe hinaus, um herumzufahren oder vielleicht etwas zu erledigen. Irgendwie bekomme ich so etwas Raum und Ruhe und bin dann um 18 Uhr nicht völlig erschöpft.«

»Stürzen sich Ihre Kinder auch so auf Sie wie unsere auf Bob?«, wollte Diane wissen.

»Todd würde das auch machen«, räumte John ein. »Aber wenn ich nach der Schule zu Hause anrufe und mit ihm über seinen Tag spreche, stürzt er sich nicht gleich an der Tür auf mich. Ich versuche auch, tagsüber mit meiner Frau zu sprechen, sodass wir uns austauschen konnten, ohne von den Kindern unterbrochen zu werden.«

»Erfüllt diese Lösung die Bedürfnisse sowohl der Introvertierten als auch der Extrovertierten?«, fragte ich.

Brent saß gebeugt und mit verschränkten Armen auf seinem Stuhl. »So gut wie, aber John bringt sich damit wirklich stark ein.«

»Ich bekomme dennoch, was ich brauche«, erwiderte John. Ich muss es nur schaffen, bevor ich nach Hause komme. Und wenn es nicht gelungen ist, teile ich das meiner Frau mit und sie versucht, mir ein paar Minuten zu geben, wenn ich das brauche.«

»Sie kooperieren also wirklich gut«, hob ich hervor.

John stimmte zu. »Es funktioniert für uns.«

»Aber was ist, wenn Sie Ihre Batterien tagsüber nicht aufladen konnten?«, fragte Sarah. »Manchmal ist das doch einfach nicht möglich.«

»Wir hatten dieses Problem«, sagte Lynn. »Unsere Abendessenszeit war kein Spaß. Alle waren gereizt und quengelig. Wir beschlossen, dass ich die Kinder abhole. Mein Partner, der introvertiert ist, kann so alleine nach Hause fahren, aber wir kommen gleichzeitig an. Bevor wir uns umziehen oder sonst irgendetwas tun, holen wir Karotten, Stangensellerie, Käse, Cracker, Joghurt oder sonst etwas heraus, stehen in der Küche und knabbern etwas. Es sind alles nahrhafte Sachen, daher brauche ich mir keine Sorgen zu machen, wir würden Junkfood essen. Es ist einfach unser erster Gang.«

»Aber sind die Kinder nicht quenglig?«, fragte Sarah.

»Sie lieben die Aufmerksamkeit. Sie bekommen etwas zu essen, daher klagen sie nicht über Hunger, und da es nur ein Snack ist, regt sich niemand über Tischmanieren auf. Wir können uns tatsächlich unterhalten. Es ist friedlich genug, sodass es auch für den Introvertierten angenehm ist. Nach dem Snack ziehen sich alle um. Ich helfe den Kindern, wenn es nötig ist, und mein Partner macht in der Küche alleine das Abendessen. Oft hatten die Kinder dann bereits genügend Aufmerksamkeit, sodass wir, wenn wir das wollen, auch zusammen kochen können.«

»Lassen Sie uns diese Strategie besprechen«, warf ich ein.

»Bekommen die Extrovertierten in diesem Szenario Gelegenheit zum Reden?«, fragte ich. Einige Köpfe nickten.

»Bekommt der Introvertierte etwas Ruhe?« Wieder bejahten es alle.

»Es ist ein Geben und Nehmen. Deswegen funktioniert es«, bestätigte ich.

Nur zum Spaß fuhren wir mit unserem Brainstorming für Diane fort. Ich gehe gerne sicher, dass es mehrere Optionen gibt, damit alle sehen können, dass es nicht nur eine richtige Zauberantwort gibt. Phil schlug vor: »Bob könnte vor dem Abendessen einen Spaziergang machen oder joggen.«

Diane lehnte diese Idee ab. »Ich brauche zu dieser Tageszeit einen anderen Erwachsenen um mich. Ich will nicht, dass er noch einmal weggeht. Ich würde wahrscheinlich an der Haustür stehen und die ganze Zeit weinen, in der er weg ist!«

Lynn unterbrach. »Sie könnten organisieren, sich tagsüber mit anderen Erwachsenen zu treffen, auch wenn Sie Hausfrau und Mutter sind. Ich weiß, dass dies für mich wirklich wichtig war, als ich noch zu Hause war. Wenn mein Partner dann nach Hause kam, war ich nicht so bedürftig.«

Die Ideen sprudelten weiter:

- Einen Wecker stellen für 15 Minuten Spielzeit mit den Kindern und dann 15 Minuten Ruhe für Papa
- Dafür sorgen, dass die Kinder tagsüber mit Freunden gespielt haben, sodass ihre Energie aufgeladen ist und sie ihren Papa nicht so dringend brauchen
- Dem Papa nachmittags Mitteilungen schreiben, damit die Kinder ihre Gedanken loswerden können und sich nicht auf ihn stürzen müssen, sobald er zur Tür hereinkommt.

Es wurden viele Lösungsmöglichkeiten gefunden und Diane konnte sich ein oder zwei davon aussuchen, von denen sie sich vorstellen konnte, dass sie für ihre Familie am besten funktionieren würden.

Wenn wir die Hinweise von Introvertierten und Extrovertierten erkennen und ihre jeweiligen Bedürfnisse verstehen, hören wir auf, uns selbst Dinge zu sagen wie: »Diese Person versucht absichtlich, mich zu ärgern!« Stattdessen wird uns klar, dass die Person introvertiert ist und Freiraum braucht oder dass sie extrovertiert ist und reden muss, und wir finden funktionierende Lösungen.

Nun sind Sie an der Reihe.

1. Wählen Sie eine Tageszeit, von der Sie sich vorstellen können, dass sie durch die abweichenden Bedürfnisse von Introvertierten und Extrovertierten schwierig ist.

Das Problem:

____

2. Überlegen Sie anhand Ihrer Familientabelle einschließlich der Präferenzen und Bedürfnisse jedes Einzelnen mögliche Lösungen, die den Bedürfnissen beider Typen gerecht werden.

Mögliche Lösungen:

1. __________________________
2. __________________________
3. __________________________

3. Wählen Sie eine Lösung, die den Bedürfnissen jedes Betroffenen am besten gerecht wird.

____

4. Setzen Sie sich in ein paar Tagen mit allen zusammen und sprechen Sie darüber, wie die Strategie funktioniert. Nehmen Sie nach Bedarf Änderungen vor.

Es ist wichtig, dass Sie sich auf Ihre Erfolge konzentrieren. Heben Sie Ihre Einträge auf und sehen Sie diese alleine oder mit einer Freundin/einem Freund erneut durch. Sie können sich gerne stolz über wirksame Strategien auslassen und diese mit anderen teilen. Funktioniert etwas nicht, nehmen Sie Änderungen an der Strategie vor und versuchen es erneut.

GENIESSEN SIE IHRE ERFOLGE

Auf der Fahrt zum Kurs sah ich Rotschulterstärlinge, die oben im Schilf saßen. Ihr glänzendes schwarzes Gefieder und der rote Farbtupfer auf ihren Flügeln bildeten einen starken Kontrast zu den fallenden Schneeflocken. In Minnesota treibt der Frühling seine Spielchen. Einen Tag denkt man, der Winter ist vorbei, und dann schlägt er wieder zu. Ich freute mich auf den gemütlichen Besprechungsraum und darauf, einige schöne Erfolgsgeschichten zu hören.

Lynn war bereit, mir diesen Gefallen zu tun. »Es war Sonntagnachmittag«, erzählte sie. »Wir hatten ein wirklich ruhiges und erholsames Wochenende gehabt. Aber gegen 14 Uhr wurde Aaron etwas reizbar. Nichts passte ihm. Er fing an, seine Schwester zu schubsen und den Hund zu ärgern.« Sie demonstrierte dies, indem sie die Arme in die Luft stieß. »Es bestand kein Zweifel, dass er Aktivität brauchte, aber er musste als Hausaufgabe noch 50 Seiten lesen. Er liest gut, aber aus irgendeinem Grund findet er es eher anstrengend. Schon bei dem Gedanken daran war er übellaunig.

Da läutete das Telefon. Es war sein Freund Kellen, der ihn fragte, ob er mit ihm Rollerblades fahren wolle. Meine erste Reaktion war absolut ablehnend! Dann dachte ich jedoch an das, was wir im Kurs besprochen hatten. Er ist extrovertiert und brauchte es, nach unserem ruhigen Wochenende seine Batterien aufzuladen. Lesen ist eine anstrengende Arbeit für ihn und er benötigte Energie, um sie zu schaffen. Das heißt, er brauchte Menschen, Reize und Action.

Eine mögliche Lösung war, dass ich mit ihm lesen würde, aber das wollte ich nicht. Oder ich konnte ihn mit seinem Freund gehen und neue Energie tanken lassen. Ich rang mit mir, dann zwang ich mich, es zu erlauben.« Sie lachte. »Aber der alte Teil in mir konnte ihn nicht einfach so gehen lassen. Ich deutete mit dem Finger auf ihn und mahnte: ›Stell den Wecker an deiner Armbanduhr auf 30 Minuten und komm pünktlich heim! Dann wird gelesen und es gibt keine Ausreden!‹ Er nickte und war zur Tür hinaus. Pünktlich nach einer halben Stunde kam er heim, mit fliegendem Haar und glühenden Rollerblades, nachdem er und Kellen das letzte Stück gerast waren. Während er zur Tür hereinstürmte, deutete er auf seine Uhr, um die Zeit zu überprüfen. Es wurde gelacht, als er sich von seinem Freund verabschiedete. Mit neuer Energie nahm er seine Bücher und erledigte seine Hausaufgabe, ohne Aufhebens, ohne Genörgel, kein Problem!«

Lynns Rücken streckte sich, ihr Kinn hob sich und ein allgemeines Gefühl von Stolz erschien auf ihrem Gesicht. Die anderen klatschten spontan Beifall. Verlegen lenkte Lynn die Aufmerksamkeit von sich ab, indem sie sich Diane zuwandte. »Und wie war es bei Ihnen? Hat einer der Pläne funktioniert?«

Diane hob die Daumen. »Ich habe Bob die Tabelle gezeigt«, sagte sie. »Ich habe ihm auch von einigen der Ideen erzählt und dann« – sie wurde größer in ihrem Stuhl – »habe ich ihm Zeit gelassen, darüber nachzudenken. Er denkt immer noch. Ich lasse Sie nächste Woche wissen, was er dazu gesagt hat!«

SCHREIBEN SIE HIER IHRE ERFOLGE AUF.

Wie haben Sie Ihrem Kind heute geholfen, seine Batterien wiederaufzuladen?

___

___

___

Was haben Sie selbst gemacht, um Ihre Batterien wiederaufzuladen?

___

___

___

Wie haben Sie als Familie kooperiert, um die Batterien wiederaufzuladen, ohne sich gegenseitig zu erschöpfen?

___

___

___

___

___

Die Kernpunkte

Extrovertierte brauchen:

die Gelegenheit, über das zu reden, was sie denken …

- um Fragen zu stellen
- um ihre Gedanken zu teilen
- um eine Entscheidung zu ändern, wenn sie sich selbst beim Denken zuhören
- um über ein Problem immer und immer wieder zu sprechen

Feedback, das heißt …

- ein sofortiges Wow
- eine herzliche Begrüßung
- ein Hmmm, das ihnen zeigt, gehört worden zu sein
- um zu wissen, was andere denken

Zeit mit anderen Menschen und viele Aktivitäten und Reize …

- um zu telefonieren
- und jemanden, um gemeinsam die Hausarbeiten zu erledigen
- für Unternehmungen am Wochenende
- um mit Freunden zusammen zu sein

Introvertierte brauchen:
Zeit für sich alleine oder in ausgewählter Gesellschaft …
- um einfach nur mit der Familie zusammen zu sein
- für ruhige Musik
- für einen Spaziergang um den Block
- um alleine zu spielen

Physischen Raum …
- um alleine auf der Couch zu sitzen
- um alleine in einem Zimmer zu sein
- um nicht beengt zu werden

Zeit zum Nachdenken …
- um Tagträumen nachzuhängen
- um vor einer Entscheidung gründlich nachdenken zu können

Ungestörte Arbeitszeit …
- um Fragen unter vier Augen stellen zu können
- um neue Fertigkeiten alleine zu üben
- um alleine oder mit ausgewählten Partnern zu arbeiten

5

Intensität

Starke Reaktionen zerstreuen

Zur Vorbereitung

- Lesen Sie die Kapitel 6 und 7 von *Wie anstrengende Kinder zu großartigen Erwachsenen werden.*
- Sie brauchen eine Flasche Essig, eine Packung Natron, einen Teelöffel, einen Esslöffel, zwei Gläser (Weingläser passen gut), Wattebällchen und ein Tablett mit Seitenrändern.
- Sie benötigen außerdem einen Textmarker.

Die Hauptpunkte des Kapitels

- Hinweise, die Ihnen helfen zu erkennen, wann Ihr Kind kurz davor ist »auszurasten«.
- Tipps für den Umgang mit der Intensität Ihres Kindes und mit Ihrer eigenen.
- Strategien für die hochintensiven Tageszeiten.
- Tipps für den Umgang mit heftigen Auseinandersetzungen.

Dinge, die es zu beobachten gilt

- Was sehen, hören und spüren Sie, was Ihnen sagt, dass der Intensitätsgrad Ihres Kindes steigt?
- Welche Aktivitäten oder Erlebnisse scheinen Ihr Kind zu besänftigen und zu beruhigen?

Ich stelle mir Vulkane als Wutanfälle der Erde vor. Geschürt von heißem, geschmolzenem Gestein, rumpeln und brummeln sie, speien Lava und rauchen. Bis zu dem Moment, in dem sich der Druck bis zum Explosionspunkt aufbaut und sie explodieren, sind Vulkane eher harmlos. Dann jedoch sind sie alles andere als harmlos. Wissenschaftler können uns anhand ihrer Geräusche und dessen, was sie ausspucken, sagen, welche Vulkane aktiv sind. Noch immer jedoch können sie nicht genau vorhersagen, wann ein Vulkan ausbrechen wird.

Geologen, die Vulkane studieren, und Eltern temperamentvoller Kinder haben etwas gemeinsam: Sie müssen beide die Hinweise kennen, die auf einen steigenden Druck hinweisen, und baldmöglichst Vorsichtsmaßnahmen ergreifen, weil die Ausbrüche recht unangenehm sein können.

Intensität ist die treibende Kraft hinter den ausgeprägten Reaktionen Ihres Kindes. Ruhige Kinder klagen nur leise, wenn sie Hunger haben oder sich wehgetan haben, während temperamentvolle Kinder wahrscheinlich brüllen. Oft wird fälschlich angenommen, ruhige Kinder würden weniger intensiv reagieren, weil ihre Eltern besser mit ihnen umgehen können. Tatsächlich wird ihr physiologisches Stresssystem jedoch nicht so leicht aktiviert.

Als Eltern eines temperamentvollen Kindes müssen Sie wissen, dass intensive Kinder nicht deshalb heftiger reagieren, weil sie Sie ärgern wollen, sondern weil ihr Körper physiologisch stärker reagiert als der von ruhigen Kindern. Oder, wie es Prof. Dr. Megan Gunnar von der University of Minnesota formuliert: »Temperamentvolle Kinder erleben mehr körperlichen Stress, ihr Verhalten hat nicht den Zweck, Sie zu stressen. Bei temperamentvollen Kindern, die eine Emotion erleben, wird der Körper von Hormonen überschwemmt, die dem Gehirn sagen, es solle sich für ›Kampf oder Flucht‹ bereit machen. Intensive Menschen suchen es sich nicht aus, dass sie mehr Stresshormone produzieren. Ihr Körper tut das automatisch.«

Über Intensität zu sprechen, ist schwierig. Man kann Intensität nicht anfassen, dennoch ist sie da, ist eine Realität, mit der man sich befassen muss. Daher habe ich eine Übung entwickelt, um Ihnen eine konkretere Vorstellung von Intensität zu vermitteln. (Ich bitte Sie, diese Übung unbedingt zu machen. Sie müssen das sehen! Das Bild, das dabei entsteht, ist sehr wichtig!) Sie brauchen dafür eine Packung Natron, Essig, dem Sie ein paar Tropfen rote Lebensmittelfarbe zusetzen können, um einen dramatischen Effekt zu erzielen, zwei Gläser (perfekt sind Weingläser), ein Tablett mit erhöhten Rändern, einen Esslöffel und einen Teelöffel. Legen Sie das Tablett vor sich auf den Tisch und platzieren Sie beide Gläser darauf. Stellen Sie sich vor, dass ein Glas ein ruhiges Kind ist und das andere Glas ein sehr temperamentvolles Kind. Nun werde ich Ihnen eine Geschichte über diese beiden Kinder erzählen.

Es ist Frühstückszeit und beide Kinder kommen in die Küche. Im Geschirrspüler steht schmutziges Geschirr, darunter auch die Lieblingsschüssel und der Lieblingslöffel. Sie füllen Müsli in zwei saubere Schüsseln und stellen sie auf den Tisch. Das ruhige Kind schaut die Schüssel an und fragt: »Wo ist meine Lieblingsschüssel?« Als Sie erklären, dass sie schmutzig und in der Spülmaschine ist, sagt es »Ach so« und fängt an zu essen. Geben Sie einen Teelöffel Essig in sein Glas – er stellt die Stresshormone dar, die sein Körper produziert, wenn es überrascht ist.

Ihr temperamentvolles Kind wirft einen Blick auf die Müslischüssel und fängt an zu brüllen. Sie erklären, dass sein Lieblingsgeschirr schmutzig ist, aber es kann Sie wegen seines Gebrülls nicht hören. Es verlangt nach seiner Lieblingsschüssel und zehn Minuten später schreit es noch immer. Damit Ihr Kind etwas isst, holen Sie schließlich seine Lieblingsschüssel aus dem Geschirrspüler, spülen es per Hand und füllen sein Müsli hinein. Ihr Kind setzt sich und isst. Geben Sie zwei Esslöffel Essig in sein Glas, sie stellen die Stresshormone dar, die seinen Organismus überschwemmt haben.

Nun wird es Zeit zum Anziehen. Am Vortag war es 21 Grad Celsius warm und die Kinder hatten kurze Hosen getragen, an diesem Morgen ist die Temperatur jedoch auf 10 Grad Celsius gefallen. Sie sagen den Kindern, dass sie heute lange Hosen anziehen müssen.

»Aber ich will Shorts anziehen, Mama«, protestiert Ihr ruhiges Kind.

»Vielleicht geht es morgen wieder«, sagen Sie.

Es zieht die lange Hose an.

Geben Sie wieder einen Teelöffel Essig in sein Glas.

Ihr temperamentvolles Kind ignoriert Ihre Anweisung und zieht Shorts an. Sie sagen ihm, dass es draußen dafür zu kalt ist, aber es besteht darauf, Shorts zu tragen. Sie sagen ihm, es solle einmal auf die Veranda hinausgehen, was es auch tut. Die Gänsehaut, die es draußen bekommt, ist ihm egal. Es will Shorts anziehen. Es dauert eine halbe Stunde, bis Sie Ihr Kind dazu gebracht haben, eine Windhose über die Shorts anzuziehen.

Geben Sie drei Esslöffel Essig in sein Glas, das nun fast voll ist (falls nicht, füllen Sie es mit Essig so weit auf).

Nun ist es Zeit, aus dem Haus zu gehen. Normalerweise sind Sie mit der Fahrgemeinschaft dran, aber heute haben Sie einen Termin am anderen Ende der Stadt, daher bringt Ihre Nachbarin die Kinder zur Schule. Als Sie diese Änderung des Plans verkünden, stört sich Ihr ruhiges Kind nicht daran. Es steigt ins Auto. Geben Sie einen halben Teelöffel Natron in sein Glas. Schauen Sie zu, wie sich kleine Bläschen zu größeren entwickeln und der Essig sprudelt, was aber rasch wieder aufhört. Die Mischung kommt nie auch nur in die Nähe des oberen Randes.

Ihr temperamentvolles Kind nörgelt und murrt bei Ihrer Ankündigung nicht, sondern brüllt: »Nein! Mit ihr fahre ich nicht«, und flitzt davon. Sie schnappen Ihr Kind und es bricht in Tränen aus. Sie zerren es zum Auto und übergeben es der Nachbarin, zusammen mit einer Packung Taschentücher.

Kippen Sie einen Teelöffel Natron in sein Glas. Sprudelnd geht die Mischung über Bord und fließt wie Lava auf das Tablett. Geben Sie noch einen Teelöffel Natron dazu. Beobachten Sie, wie die Eruption weitergeht; die entweichenden Gase zischen und befeuern die Explosion.

Dies repräsentiert das überforderte temperamentvolle Kind. Der Grund ist physiologischer Natur, kein bewusstes Handeln, um seine Eltern zu frustrieren. Sein Körper produziert mehr Stresshormone und folglich kann seine Stressreaktion nicht so leicht abgestellt werden. Dieses Kind regt sich schneller auf und bleibt auch länger aufgeregt. Diese Reaktion sucht es sich nicht aus, sie ist Teil seines Wesens.

Intensität spiegelt eine physiologische Reaktion im Körper wider. Temperamentvolle Kinder sind von Natur aus intensiv. Das bedeutet jedoch nicht, dass Sie, weil Ihr Kind die Karte hoher Intensität aus dem Genpool gezogen hat, ein Opfer sein müssen, das auf den nächsten Ausbruch wartet. Sie können Ihrem Kind dabei helfen, seine Intensität verstehen zu lernen, damit umzugehen und dabei die Tiefe seiner Emotionen zu genießen.

EINE ANDERE SICHTWEISE

Geologen wissen, dass es für einen bevorstehenden Vulkanausbruch Warnzeichen gibt: Die Wassertemperatur in nahe gelegenen Quellen steigt; leichte Erschütterungen durch Erdbeben sind zu spüren. Später kommt der große Ausbruch, eine heftige Explosion mit dicken Dampfwolken und geschmolzener Lava.

Die Ausbrüche von Kindern folgen einem ähnlichen Muster. Ihrer zunehmenden Intensität können Klagen vorausgehen, dass ihnen heiß ist; darauf kann ein Schlagen, Beißen oder Quengeln folgen. Schließlich haben Sie es mit einem vollständigen Ausbruch zu tun. So wie keine zwei Vulkanausbrüche identisch sind, sind natürlich auch die Wutausbrüche bei jedem Kind anders. Die Lösung des Problems ist, die Intensität unter Kontrolle zu halten, bevor das Glas ganz voll ist. Hierzu müssen Sie sich der Verhaltensnuancen bewusst werden, die auf einen steigenden Stresspegel hinweisen.

Wir wollen uns einmal genau ansehen, was Sie sehen, hören oder spüren können und was Ihnen sagt, dass die Intensität Ihres Kindes zunimmt – dass sein Glas also sozusagen voll wird. Die Gruppe wird Ihnen beim Einstieg helfen. Hier können Sie lesen, was die Teilnehmer zu sagen hatten, als ich fragte: »Welche Verhaltensweisen sehen Sie, *bevor* Ihr Kind ausrastet?«

Das Geschnatter war lebhafter als üblich. Die Energie im Raum spiegelte das Thema des Abends wider: Intensität. Sarah und Maggie saßen aufrecht und fokussiert auf ihren Stühlen. Sie warteten seit Wochen auf dieses Thema und waren bereit, darüber zu sprechen.

»Brian fängt damit an, Dinge zu verlangen«, begann Maggie. »Zum Beispiel möchte er einen Snack. Also gebe ich ihm etwas, aber er gerät außer sich, weil es nicht der richtige Snack ist.«

»Wird er auch immer empfindlicher?«, wollte Diane wissen. »Justin fängt wegen Ereignissen an zu weinen, die Jahre zurückliegen, beispielsweise weil sein Goldfisch gestorben ist, als er drei Jahre alt war!«

»Es ist erstaunlich, wie empfindlich sie sein können«, sagte Lynn leise. »Jenna beklagt sich über Lärm. Sie will nicht, dass wir uns unterhalten oder auch nur bei ihr vorbeigehen. Alles frustriert sie. Manchmal fängt sie schließlich an zu weinen, dann wieder wird sie streitsüchtig.«

Brent war im Raum nach hinten gegangen, stand dort und beobachtete, wie ich die Antworten an der Tafel auflistete. Ich war mir nicht einmal sicher, ob er zuhörte, aber dann deutete er auf die Tafel und sagte: »Sonja und Danny werden ganz verrückt. Sonja springt ständig herum und rennt durchs Haus. Danny versucht, sie zu fangen. Sie brüllen, ich schreie.« Er zuckte mit den Schultern. »So läuft das bei uns ab.«

Sarah schaute erst Brent, dann mich an und fragte: »Werden temperamentvolle Kinder immer laut und wild?«

»Nein«, erklärte ich. »Einige, insbesondere introvertierte Kinder, werden ruhig, daher kommt ihr Ausbruch dann so überraschend.«

»Genau«, sagte sie nachdenklich. »David wird ruhig. Wenn ich neben ihm sitze, kann ich seine Intensität jedoch spüren. Manchmal komme ich mir vor wie die Mutter des kleinen Glühwürmchens – ich weiß, dass er aufgebracht ist, aber er ist wie ich. Er will nicht darüber reden.«

John hörte genau zu und ich bemerkte, dass er sich vorbeugte, als Sarah und Brent sprachen. Irgendetwas von dem, was sie gesagt hatten, hatte ihn berührt, aber er äußerte sich nicht dazu.

Nun sind Sie an der Reihe.

Schauen Sie sich die Liste der Gruppe an. Denken Sie an Ihr Kind. Was sehen, hören oder spüren Sie, was Ihnen sagt, dass die Intensität Ihres Kindes zunimmt? Woher wissen Sie, dass sich sein Glas füllt? Jede Person signalisiert das anders. Introvertierte können ruhiger werden – bis sie explodieren. Extrovertierte können sich schrecklich aufregen. Empfindliche Personen werden gelegentlich noch empfindlicher, Säuglinge und Kleinkinder klammern möglicherweise stark.

1. Kennzeichnen Sie mit dem Textmarker die Antworten, die auf Ihr Kind zutreffen, und fügen Sie anschließend Ihre eigenen Antworten an.
2. Ist Ihr Kind mindestens vier Jahre alt, lassen Sie sich von ihm helfen, die Verhaltensweisen zu erkennen. Sie können es fragen: »Was passiert, wenn du einen Vulkan in dir spürst?«

3. Markieren Sie die drei häufigsten Hinweise Ihres Kindes mit einem großen roten X.

Hinweise, die zeigen, dass die Intensität zunimmt:

Will nicht teilen
Wird lauter
Macht ruckartige Bewegungen
Beklagt sich über Lärm
Stampft mit dem Fuß auf
Lässt sich nicht anziehen
Quengelt
Läuft weg
Wirft sich auf den Boden
Faucht
Lungert herum
Atmet schneller
Hört nicht zu
Wird ungeduldig
Stößt Flüche aus
Knallt mit den Türen
Spricht mit garstiger Stimme
Wird streitsüchtig
Wird reizbar
Will in den Arm genommen werden
Geht auf Konfrontationskurs
Benutzt Schimpfnamen
Wird übellaunig
Regt sich auf
Klammert
Wird leicht frustriert
Wird sarkastisch
Wirft mit Gegenständen
Wird wild oder albern
Wird still
Beißt
Schlägt
Knirscht mit den Zähnen
Wird rot im Gesicht
Ist nicht entscheidungsfreudig
Wird empfindlicher
Wird rechthaberisch

Einige Hinweise bleiben bei Ihrem Kind vielleicht für längere Zeit gleich, andere können sich verändern, wenn Ihr Kind größer und reifer wird. Während Ihr Kind als Säugling vielleicht weint, kann es sein, dass es Sie als Schulkind beleidigt. Vergessen Sie nicht, auf solche Veränderungen zu achten, damit Sie und Ihr Kind auf dem Laufenden darüber sind, welche Verhaltensweisen eine zunehmende Intensität signalisieren. Wenn Sie lernen, die Hinweise zu erkennen, haben Sie genügend Zeit, um einzuschreiten und Ihr Kind abzulenken, *bevor* es ausrastet. Je früher Sie bemerken, dass sich das Glas zu füllen beginnt, desto einfacher ist es, vorbeugend tätig zu werden.

Nachfolgend haben Sie Gelegenheit, Ihre Fertigkeiten zu testen.

Lesen Sie das folgende lebensechte Szenario und versuchen Sie, die Hinweise zu erkennen, die auf eine zunehmende Intensität hindeuten.

Als der achtjährige Sean von der Schule nach Hause kommt, reißt er die Tür auf und lässt seinen Schulranzen einfach fallen. Er ignoriert die Aufforderung seiner Mutter, die Schultasche in den Schrank zu stellen, geht in die Küche und verlangt einen Snack. »Du kannst dir selbst etwas machen«, erinnert sie ihn.

»Mach mir einen Snack«, quengelt er. Seine Mutter bietet ihm Cracker und Käse an, was er ablehnt.

»Was möchtest du denn?«, fragt sie ihn.

Er weiß es nicht. Er stöbert in den Schränken, kann sich aber für nichts entscheiden. Seine Schwester fragt etwas. »Halt die Klappe!«, brüllt er sie an.

»Sean«, sagt seine Mutter, die allmählich frustriert wird, in gereiztem Ton. Zwei Minuten später schubst er seine Schwester, als diese an ihm vorbeigeht.

In diesem Szenario sind die anfänglichen Hinweise subtil:

- Sean reißt die Tür auf.
- Sean lässt den Schulranzen fallen.
- Sean ignoriert die Aufforderung.

Werden diese Hinweise nicht erkannt, beginnt sich das Glas zu füllen und die Reaktionen werden stärker.

- Er verlangt einen Snack.
- Er quengelt.
- Er lungert herum.
- Er kann sich nicht entscheiden.

Der Druck baut sich bis kurz vor einem Ausbruch auf:

- Er sagt seiner Schwester, sie solle den Mund halten.

Schließlich rastet er aus:

- Er schubst seine Schwester.

Man könnte leicht annehmen, dass Ihr Kind ohne offensichtlichen Grund geschlagen oder gebissen hat oder ausgerastet ist, aber anhand dieses sehr typischen Szenarios können Sie sehen, dass sich das Glas mit der Zeit allmählich füllt. Manchmal ist Ihnen vielleicht nicht klar, wie viel bereits in dem Glas ist, insbesondere, wenn Sie ein paar Stunden nicht mit Ihrem Kind zusammen waren. In anderen Situationen kann Stress das Glas füllen. Daher ist es so wichtig, Hinweise zu beobachten.

Wie gut konnten Sie die Hinweise in diesem Szenario herauslesen? Haben Sie sie von Anfang an erkannt – beim ersten Aufreißen der Tür? Vielleicht wurde es Ihnen auch klar, als Sean zu quengeln anfing. Hat er das Schubsen gebraucht, um Ihre Aufmerksamkeit zu wecken? In diesem Fall sollten Sie versuchen, Ihr Kind genauer zu beobachten. Je früher Sie Hinweise bemerken, desto einfacher ist der Umgang mit der Intensität.

Ihr Kind muss lernen, seine Hinweise selbst zu lesen.

Sie werden eine Schlüsselrolle dabei spielen, Ihrem Kind zu helfen, die Hinweise auf seine Intensität zu erkennen, aber letztlich muss Ihr Kind diese Aufgabe selbst übernehmen. Säuglinge und Kleinkinder sind dazu noch nicht in der Lage, aber Sie sollten die Hinweise, die Sie sehen, mit Worten beschreiben. So können Sie beispielsweise sagen: »Du atmest schneller«, oder: »Deine Stimme wird lauter.« Sie werden erstaunt sein, wie schnell Ihr Kind anfangen wird, solche Verhaltensweisen zu bemerken und zu Ihnen zu sagen: »Mami, ich atme schneller! Hilf mir!«

Kinder wollen wirklich lernen, mit ihrer Intensität umzugehen. Ihre Ausbrüche erschrecken sie selbst und geben ihnen das Gefühl, die Kontrolle zu verlieren. Wenn ich mit Kindern arbeite, die mindestens vier Jahre alt sind, stelle ich deshalb gemeinsam mit ihnen Vulkane her. Wenn die Natron-Essig-Mischung ausbricht, frage ich sie, ob sich ihr Körper innen jemals so anfühlt. »Oh ja«, haben sie mir dann oft geantwortet. »In mir ist ein Löwe und der reißt manchmal aus seinem Käfig aus!« Oder: »In mir ist ein Tornado.«

Kinder wissen, wie sich die Intensität anfühlt, ihnen fehlen nur die Worte, um es zu beschreiben. Hat man Vulkane mit ihnen entstehen lassen, haben sie ein konkretes Bild von der Intensität und sie haben eine Möglichkeit, über den steigenden Druck zu sprechen. Wenn Ihr Kind also mindestens vier Jahre alt ist, machen Sie diese Übung mit ihnen. Wenn Sie dann die Hinweise bemerken, können Sie fragen: »Wird dein Glas voll?« Oder wenn Ihr Kind eine wunderbare Metapher gefunden hat wie den Löwen oder den Tornado, können Sie fragen: »Beginnt dein Löwe zu brüllen?« Oder: »Beginnt dein Tornado sich zu drehen?« Diese Bilder sind lustig und nicht bedrohlich, dadurch wird es einfacher, über den Ansturm starker Gefühle zu sprechen.

Die Intensität Ihres Kindes befindet sich nicht in einem Vakuum. Sie haben sie vor sich, und Ihre eigene Intensität wird dadurch potenziell befeuert. Daher ist es ebenso wichtig, dass Sie Ihre eigenen Verhaltenshinweise kennen, die darauf hindeuten, dass sich *Ihr* Glas füllt.

Denken Sie über sich selbst nach. Was bemerken Sie an Ihrem Tun, Sagen oder Fühlen, wenn Ihre eigene Intensität zunimmt?

1. Gehen Sie die Auflistung mit den Hinweisen auf Seite 133 durch.
2. Markieren Sie die Hinweise, die für Sie passen.
3. Fügen Sie Ihre eigenen an.
4. Markieren Sie Ihre drei häufigsten Hinweise mit einem großen roten X.

5. Wenn Ihre Kinder mindestens vier Jahre alt sind, fragen Sie sie nach Ihren Hinweisen. Sie werden vielleicht feststellen, dass dies eine recht interessante Übung ist. Mir erging es jedenfalls so.

Ich fragte meine Tochter, woran sie merkt, dass meine Intensität zunimmt. Sie verzog sofort das Gesicht, deutete auf mich und verlangte: »Ich will, dass du es jetzt sofort machst!« Das war etwas beschämend. Sie traf den Nagel perfekt auf den Kopf! Ich werde sehr ungeduldig, wenn meine Intensität zunimmt. Sie erkennt das mittlerweile tatsächlich und sagt oft scherzhaft: »Na, Mutter, sind wir heute ein bisschen intensiv?« Sie weiß genau, welchen Tonfall sie dafür einsetzen muss. Der trägt nicht zu meiner Intensität bei und auch wenn ich es ungern zugebe, bringt mich ihre Neckerei normalerweise zum Lachen oder ich halte zumindest inne und bemerke es selbst.

Was also sind Ihre Hinweise? Sind Sie sich ihrer bewusst? Kennen Ihre Kinder diese Hinweise?

Als ich die Gruppe fragte: »Welche Hinweise deuten darauf hin, dass Ihre Intensität zunimmt?«, warf Phil einen Blick auf die Auflistung und witzelte: »Alle.« Die anderen lachten zustimmend.

»Überwiegt irgendeiner bei Ihnen?«, fragte ich.

»Ich werde still«, sagte Sarah.

»Mein Blutdruck steigt, meine Muskeln werden verspannt und ich verkrampfe mich«, äußerte Lynn. »Dann habe ich beim Sprechen den Eindruck, die Stimme meines Vaters zu hören!«

»Ich versuche, meine Intensität zu ignorieren«, gestand John. »Ich vermute, ich bin wie Sarah, ich werde still, aber dann fühle ich mich irgendwann wie verrückt. Ich spüre, wie das Blut durch meine Adern rauscht. Dann bin ich wie Brent und fange an herumzubrüllen. Ich hasse es, wenn ich die Kinder anschreie. Ich nehme mir vor, es nicht mehr zu tun, aber dann passiert es doch wieder. Gott sei Dank schlage ich die Kinder nie, aber ich will sie auch nicht anschreien.«

Ich hörte nachdenklich zu, während ich den Kampf in Johns Augen sah. Der Mann, der mit seinen Kindern sehr freundlich und liebevoll umging und in der Gruppe sehr unterstützend war, rang täglich mit seiner eigenen Intensität.

»Mit so starken Gefühlen hat man zu kämpfen«, bestätigte ich. »Auch für die Kinder ist es schwierig, wenn sie einem Anstieg der Stresshormone in ihrem Körper ausgesetzt sind. Wir können aber lernen, die Gefühle frühzeitig zu erkennen, und tägliche Gewohnheiten entwickeln, die beruhigend wirkende Kräfte erzeugen. Dann können Sie die Leidenschaft der Intensität genießen, ohne von ihr überfordert zu werden.«

»Na gut, dann erzählen Sie uns ganz schnell, wie das geht«, verlangte Diane, während sie sich schüttelte. »Alleine schon das Reden darüber macht mich intensiv!«

»Hey, Sie bemerken Hinweise«, machte ich sie aufmerksam. »Das ist der erste Schritt, um bei solchen Vulkanen den Stecker zu ziehen. Der zweite Schritt besteht darin, die wirksamsten Strategien zu finden, um den Druck zu senken.«

WIRKSAME STRATEGIEN

Für hochintensive Kinder ist die Fertigkeit zu lernen, wie sie eine Stressreaktion abstellen oder deren Ausmaß kleiner halten können, wesentlich. Ihre Aufgabe ist es, ihnen beizubringen, wie.

Für diese Übung brauchen Sie das gesamte Material der Vulkan-Übung und einige Wattebällchen.

Bitten Sie Ihr Kind, zusammen mit Ihnen einen weiteren Vulkan entstehen zu lassen, dieses Mal füllen Sie das Glas jedoch zur

Hälfte mit Essig. Dann holen Sie die Watteballchen heraus. Geben Sie Ihrem Kind eines davon und lassen Sie es mit der Watte seine Wange reiben. Sprechen Sie darüber, wie weich es sich auf der Haut anfühlt.

Bitten Sie Ihr Kind dann, Ihnen zu erzählen, was, wenn es sehr aufgebracht ist, dafür sorgt, dass es sich innerlich wieder ganz weich wie ein Wattebällchen fühlt. Wenn ihm nichts einfällt, können Sie entsprechende Antworten geben. Sie könnten sagen: »Fühlst du dich besser, wenn Mama dich in den Arm nimmt oder dir den Rücken krault?« Wenn es Ja sagt, lassen Sie Ihr Kind das Wattebällchen ins Glas werfen. Machen Sie weiter und lassen Sie für jede beruhigende Aktivität ein weiteres Wattebällchen ins Glas fallen, bis dieses voller Watte ist. Geben Sie nun einen halben Teelöffel Natron dazu. Der Vulkan wird aufbrausen, aber nicht über Bord gehen und ganz sicher nicht die Heftigkeit des ersten Vulkans erreichen. Die Wattebällchen saugen den Essig auf und verteilen die Explosion, genau wie beruhigende Aktivitäten die Stressreaktion im Körper reduzieren. Das Ergebnis sind weniger und kleinere Explosionen.

Erklären Sie Ihrem Kind, dass die Wattebällchen den Vulkan besänftigen und dass es, wenn es darum bittet, in den Arm genommen zu werden oder wenn es ein Buch liest, seine eigenen »Wattebällchen« erzeugt, die es besänftigen und die Vulkane in seinem Körper daran hindern auszubrechen.

Sie verfügen nun über ein konkretes Bild, wie Stressreaktionen gestoppt oder verringert werden können. Jetzt müssen Sie nur noch herausfinden, welche Aktivitäten dafür infrage kommen. Nachfolgend einige Vorschläge:

1. Sport
2. wiederholte Bewegungsabläufe – insbesondere die des Kiefers
3. tiefe Atmung
4. Humor

5. Veränderung des Schauplatzes oder der aktuellen Aktivität; eine Aktivität beginnen, die die Sinne anspricht, wie Rückenkraulen, ein warmes Bad oder das Modellieren mit Knetmasse.

Körperliche Bewegung

Tägliche körperliche Bewegung ist ein sehr gutes Hilfsmittel, um mit der Intensität umzugehen. Sie senkt den Blutdruck und den Ruhepuls. Diese körperliche Betätigung kann alles sein, was Ihnen und Ihrem Kind Spaß macht, solange Sie sich dabei wohlfühlen. Wenn Sie allerdings 20 Minuten joggen und die ganze Zeit darüber nachgrübeln, wie schlecht Sie darin sind oder wem Sie das erzählen werden, wenn Sie zurück sind, wird es Sie nicht beruhigen. Überlegen Sie, welche körperliche Aktivität Ihrem Kind Spaß macht. Planen Sie solche Aktivitäten dann im Tag Ihres Kindes genau so ein wie die Mahlzeiten.

»Das ist aber ziemlich schwierig, wenn es regnet oder 15 Zentimeter Schnee liegen«, gab Diane zu Bedenken.

»Es gibt eine Menge, was man auch im Haus machen kann, wenn es draußen zu unangenehm ist«, erwiderte ich.

»Wir sind den ganzen Winter über auf der Eisbahn der Gemeinde zum Schlittschuhlaufen gewesen«, berichtete Lynn.

»Ich habe die Kinder im Haus Hindernislauf machen lassen«, erzählte Maggie. »Ich ließ sie die Stühle umdrehen und so nah zusammenrücken, dass sie obendrüber und untendrunter hindurchlaufen konnten. Alleine schon die Kletterei scheint zu helfen.«

Die Gruppe fuhr fort, eine lange Liste körperlicher Aktivitäten für indoor und outdoor zu erstellen, die nicht nur Spaß machen, sondern sehr wirksame Möglichkeiten sind, um sowohl bei Eltern als auch Kindern die Intensität in den Griff zu bekommen. Die Liste enthielt beispielsweise Tanzen, bei einem Aerobic-Video mitmachen, Folienballons jagen, mit den Rollerblades fahren, einen Ball hüpfen lassen, auf einem Klettergerüst turnen und Fahrrad fahren.

John rieb sich das Kinn, als er die Liste durchlas. »Es stimmt, an den Tagen, an denen ich zum Gewichtheben oder Joggen gehe, fühle ich mich viel besser«, sagte er. »Ich komme nur nicht sehr oft dazu.«

»Bewegung«, wiederholte ich, »ist hervorragend als Bewältigungsstrategie geeignet. John, wenn Sie den Sport wenigstens fünf- oder sechsmal pro Woche fest einplanen, wette ich, dass es Ihnen sehr viel leichter fallen wird, mit Ihrer Intensität umzugehen. Das ist eine der besten Präventivmaßnahmen, die Sie ergreifen können.«

Als er weiter sein Kinn rieb, dachte ich mir, dass ihn dieser Gedanke zu fesseln schien. Es gab tatsächlich etwas, was ihm dabei helfen konnte, seine Intensität in den Griff zu bekommen. Er musste sich nicht als Opfer seiner Stresshormone fühlen.

Wiederholte Bewegungen

Wiederholte Bewegungen, insbesondere die des Kiefers, besänftigen und beruhigen. Deswegen saugen Babys so gerne an einem Schnuller oder wollen gestillt werden, wenn sie anfangen, unruhig zu werden. Andere Kinder lutschen am Daumen. Aber da solche Aktivitäten irgendwann ein Ende haben sollten, müssen Sie Ihrem Kind helfen, zur Beruhigung andere Dinge zu finden. Ältere Kinder, die übellaunig werden, können Sie beispielsweise beruhigen, indem Sie ihnen einen Strohhalm geben, mit dem sie trinken können. Das Trinken mit einem Strohhalm ist eine gesellschaftlich akzeptable wiederholte Bewegung, die die Intensität herunterfährt.

»Allerdings nicht, wenn dieses schreckliche Geräusch dabei gemacht wird, wenn das Getränk weitgehend ausgetrunken ist«, entgegnete Lynn.

»Stimmt«, sagte ich, »wenn *ordentlich* mit einem Strohhalm getrunken wird.« Lynn nickte, um ihre Zustimmung zu meiner Korrektur zu zeigen. »Die Bewegung sorgt tatsächlich dafür, dass man sich besser *fühlt.* Und wenn kein Strohhalm vorhanden ist, können Sie Kaugummi kauen wie John oder ein Stück Lakritze.«

John schob seinen Kaugummi von einer Seite im Mund auf die andere. »Jawohl, ich bin ganz milde gestimmt«, scherzte er.

»Kaugummi zu kauen, ist eine sehr wirksame Möglichkeit, die Intensität in den Griff zu bekommen«, fuhr ich fort. »Ich habe sogar schon den Vorschlag gemacht, dass man Kindern mit Prüfungsangst erlaubt, während der Schulaufgaben Kaugummi oder Lakritze zu kauen oder ein hartes Bonbon zu lutschen. Es hilft ihnen, mit ihrer Stressreaktion besser umzugehen, weniger Angst zu haben und konzentrierter zu bleiben. Probieren Sie es aus. Wenn bei Ihnen zu Hause das nächste Mal das Intensitätsniveau zu steigen beginnt, geben Sie jedem einen Kaugummi.«

Phil sah mich vorsichtig an. »Machen Sie Witze?«

Ich hob meine Hände als Zeichen der Unschuld. »Das funktioniert. Wir wissen nicht genau, warum, aber es funktioniert. Gibt es weitere Vorschläge für wiederholte Bewegungen? Der Kiefer muss nicht immer beteiligt sein.«

»Ich habe in der Garage eine Trapezschaukel gebaut«, sagte John.

»Eine Trapezschaukel?«, fragten alle.

»Ja, eine Trapezschaukel. Als Todd etwa acht Jahre alt war, merkte ich, dass er dringend körperliche Bewegung brauchte und das Schaukeln vermisste. Er trieb Sport, aber nicht täglich, daher baute ich ihm in der Garage eine Trapezschaukel. Er ging dann oft in die Garage, bestückte den Gettoblaster mit Beatles-Songs – besonders gern hörte er *A Hard Day's Night* – und schaukelte eine Stunde hin und her. Wenn er dann wieder ins Haus kam, war er wie ausgewechselt. Jetzt weiß ich, warum.«

Schaukeln, Kippen, Gehen, Seilspringen, Tischtennisspielen und einen Tennisball-gegen-eine-Wand-Schlagen sind alles Aktivitäten, die Ihr Kind beruhigen können.

Tiefe Atmung

Setzen Sie sich gerade hin. Legen Sie Ihre Hand auf Ihren Bauchnabel. Atmen Sie tief in den Bauch ein. Spüren Sie, wie sich Ihre Hand auf dem Bauch anhebt, atmen Sie dann langsam aus. Konzentrieren Sie sich auf das Atmen selbst. Es mag sich seltsam anfühlen, da die meisten Erwachsenen flach atmen, aber geben Sie nicht auf. Machen Sie einige Minuten lang weiter. Spüren Sie die Veränderung in Ihrer Nackenmuskulatur? Tiefe Atmung beruhigt uns. Bei zunehmender Intensität neigen wir zum Hyperventilieren oder halten den Atem eher an. Ertappen Sie sich selbst dabei und gehen Sie zu einer tiefen, langsamen Atmung über.

Um Ihrem Kind beizubringen, wie es tief atmet, besorgen Sie eine Flasche Seifenblasen mit Blasring. Ein Seifenblasenbecher ist am besten, da nichts verschüttet wird. Halten Sie den Blasring und lassen Sie Ihr Kind pusten. Kinder wenden beim Seifenblasen dieselbe Atmung an, die Frauen in Geburtsvorbereitungskursen lernen. Wenn Sie keine Seifenblasen haben, strecken Sie einfach drei Finger in die Luft und lassen Sie Ihr Kind jede »Kerze« auf dem »Geburtstagskuchen« ausblasen. Animieren Sie ältere Kinder, die Seifenblasen und Kerzen auf einem Geburtstagskuchen vielleicht nicht cool genug finden, Profi-Basketballspieler an der Freiwurflinie zu beobachten. Mit den Händen auf den Hüften atmen diese tief, bevor sie werfen. Sie wissen, dass ihnen dies dabei hilft, sich zu konzentrieren. Tiefatmung ist im wahrsten Sinn des Wortes eine Rettungsleine für intensive Personen.

Humor

Lachen verändert unsere Sichtweise, unsere Atmung und die Durchblutung unserer Gesichtsmuskulatur. Es hilft uns auch, unsere Intensität in den Griff zu bekommen. Lächeln Sie, erzählen Sie einen Witz, kichern Sie – so bleiben Sie ruhiger.

»Aber was tun Sie, wenn Sie das alles gar nicht zum Lachen finden?«, fragte Sarah.

»Da weiß ich eine Antwort«, meldete sich Maggie zu Wort. »Ich bin auch nicht wirklich von der lustigen Truppe, aber kürzlich waren wir im Restaurant. Die Kinder begannen, ungeduldig zu werden. Ich wusste, dass sich das Glas füllte. Ich war zu müde, um mir eine kreative Lösung auszudenken, daher fragte ich einfach: »Wer kann einen Witz erzählen?« Die Kinder schauten mich an, als hätte ich den Verstand verloren, aber dann gab Brian einen Häschenwitz zum Besten. Kristen wusste auch einen und bevor wir uns versahen, kam unser Essen.«

Ein herzhaftes Gelächter, eine unerwartet alberne Antwort, eine verstellte Stimme, eine lustige Maske oder Puppe – das alles eignet sich, um die Intensität aufzulösen. Es ist okay, als Eltern Spaß zu haben und mit den Kindern zu scherzen. Die Entwicklung eines Sinns für Humor ist eine sehr wichtige Fertigkeit fürs Leben – insbesondere in Familien mit temperamentvollen Mitgliedern.

Den Schauplatz oder die aktuelle Aktivität verändern

Allein schon ins Freie zu gehen, eine Pause einzulegen, ein ruhiges Plätzchen zu finden, die Legosteine herauszuholen, in die Badewanne zu hüpfen, zu kuscheln, ein Musikinstrument zu spielen, den Hund zu streicheln, sich mit seiner Sammlung zu beschäftigen oder ein Buch zu lesen, kann Ihnen und Ihrem Kind helfen, mit der

Intensität fertigzuwerden. Wie Sie sicher bemerkt haben, habe ich nicht aufgeführt, den Fernseher anzustellen. Obwohl ein lustiger Film die Intensität senken kann, funktioniert es langfristig nicht, die Kinder einfach dadurch zu unterhalten, dass der Fernseher eingeschaltet wird. Temperamentvolle Kinder neigen dazu, die Reize des Fernsehens geradezu aufzusaugen, und werden wilder, je länger sie davor sitzen.

Entscheidend für einen Szenenwechsel ist die vorübergehende Ablenkung und Trennung von der Quelle für die Intensität. Es ist ziemlich schwierig, darüber nachzudenken, was einen wütend gemacht hat, wenn man mit dem Bauen mit Legosteinen konzentriert ist.

»Einen Moment«, bat Brent. »Die Kinder stampfen mit dem Fuß und schmollen und ich soll sagen: ›Geh Lego spielen‹? Das ist doch unrealistisch.«

Mir war klar, dass dieser Tipp etwas ungewöhnlich war. Aber dann fragte ich: »Brent, wenn Sie auf Ihren Chef wütend sind, was müssen Sie dann tun?«

Er überlegte einen Moment und grinste. »Wenn ich klug bin, entferne ich mich kurz.«

»Richtig«, erwiderte ich, »um Ihre Intensität herunterzufahren, damit Sie denken können. Genau das machen Sie mit den Kindern. Sie fahren die Intensität herunter. Später, wenn alle ruhig sind, kommen Sie zurück und sprechen mit den Kindern – genau so, wie Sie mit Ihrem Chef sprechen würden.«

»Aber was ist, wenn sie wie Andy sind?«, fragte Diane. »Wenn ich ihm Stifte oder Legosteine gebe, wird er einfach damit nach mir werfen. Was soll ich dann tun?«

»Grenzen zu setzen, ist sehr wichtig«, riet ich. »Wenn er mit Sachen wirft, müssen Sie ihn stoppen und unmissverständlich sagen: ›Du sollst keine Sachen werfen oder kaputt machen.‹ Dann nehmen Sie die Stifte weg. Wenn er nach Ihnen schlägt, halten Sie seine Hände fest und stoppen ihn. Später, wenn Sie beide ruhiger sind, sagen Sie ihm: ›Egal, wie wütend du bist, du darfst nicht mit Sachen werfen.‹ Bringen Sie ihm bei, dass er sagen kann: ›Ich will nichts ausmalen. Ich muss herumrennen.‹ Machen Sie aber sehr unmissverständlich klar, dass Gewalt nicht akzeptabel ist.«

Diane sah unsicher aus. »Ich versuche das«, sagte sie. »Aber wenn er völlig außer sich ist, ist es beinahe unmöglich, ihn zu beruhigen.«

»Das Timing ist wichtig«, stimmte ich zu. »Wenn Sie den Moment erwischen, in dem sich das Glas erst zu füllen beginnt, wird Ausmalen oder Legospielen wahrscheinlich sehr gut funktionieren. Ist das Glas jedoch bereits voll oder quillt über, sind diese Aktivitäten vielleicht kein ausreichendes körperliches Ventil mehr. Sie wissen ja, wenn eine Stressreaktion im Körper erfolgt, gelangen Hormone wie Adrenalin ins Gehirn und sagen ihm, es solle sich für Flucht oder Kampf bereit machen. Bev Boss, ein Experte aus Kalifornien für die frühe Kindheit, rät, das Kind an der Hand zu nehmen und im Zimmer mit ihm herumzugehen, Treppen hinauf- und hinunterzusteigen oder auch nach draußen mit ihm zu gehen, und zwar in möglichst flottem Tempo. Der Gedanke dabei ist, durch Bewegung das Adrenalin zu verteilen. Anschließend können Sie sich mit dem eigentlichen Problem befassen.«

»Moment«, sagte Maggie und hob die Hände. »Das ist es – das richtige Timing. Wenn Brian beginnt, reizbar zu werden, möchte ich nur weg. Dann kann ich nur noch denken: ›Lieber Gott, hilf mir, jetzt geht das wieder los.‹ Ich befasse mich erst damit, wenn das Glas schon übergequollen ist!«

Sarah schlang die Arme um ihren Körper. »Bei mir ist es auch so. Ich merke dann, wie sich mein Oberkörper anspannt und mein Herz hämmert. Ich will nicht, dass es geschieht. Manchmal denke ich, wenn ich gar nichts mache, vergeht es vielleicht. – Aber das ist leider nicht der Fall.«

Ich nickte zustimmend. »Häufig steigt mit der Intensität Ihres Kindes auch Ihre eigene. Die Hinweise müssen Sie nicht erschrecken. Wenn Sie die Hinweise bei Ihrem Kind und bei sich selbst bemerken, können Sie sich sagen: ›Das ist die Intensität. Ich muss keine Panik bekommen. Es muss zu keinem großen Krach kommen. Es gibt Strategien, die ich anwenden kann, um das Glas zu leeren!‹«

Es ist leichter, einen kühlen Kopf zu bewahren, wenn Sie vorbereitet sind.

1. Lesen Sie die folgende Liste beruhigender Aktivitäten durch.
2. Fügen Sie eigene Aktivitäten dazu.
3. Markieren Sie die wirksamsten Strategien für Ihr Kind.
4. Kreuzen Sie die wirksamsten Strategien für sich selbst an.

VORSCHLÄGE FÜR BERUHIGENDE AKTIVITÄTEN

KÖRPERLICHE BETÄTIGUNG

Jüngere Kinder	*Ältere Kinder und Erwachsene*
Krabbeln	Rollerblade fahren
Dreirad fahren	Gewichtheben
Ball fangen	Aerobic
Klettern	Walken
Hindernislauf	Trapezschaukeln
Tanzen	Tanzen
Trommeln	Schlittschuh laufen
Rennen	Rennen
	Jede Art von Sport

WIEDERHOLTE BEWEGUNGEN

Jüngere Kinder	*Ältere Kinder und Erwachsene*
Saugen: Stillen, Flasche trinken, Schnuller, Daumen	Mit Strohhalm trinken

Schaukeln
Kippen
Schaukelpferd
Dreirad fahren
In der Babytrage spazieren-getragen werden

Kaugummi oder Lakritze kauen
Schaukeln
Kippen
Trampolin springen
Spazieren gehen

Fahrradfahren
Sich mit einer Freundin/einem Freund unterhalten

TIEFE ATMUNG

Jüngere Kinder
Seifenblasen pusten
So tun, als würden Geburtstagskerzen ausgepustet

Ältere Kinder und Erwachsene
Bis zehn zählen
Eine Hand auf den Bauch legen und in den Bauch atmen
Drei tiefe Atemzüge nehmen, bevor reagiert wird

HUMOR

Jüngere Kinder
Albern sein
Personen ausdenken
Lustige Stimmen ausprobieren
Alberne Geräusche produzieren
Mit Puppen spielen

Ältere Kinder und Erwachsene
Albern sein
Lustige Kommentare abgeben
Unerwartet reagieren
Witze erzählen
Scherzen

VERÄNDERUNG VON SCHAUPLATZ ODER AKTIVITÄT

Jüngere Kinder
Nach draußen gehen
Kuscheln
Singen
Musik hören
Mit Knetmasse spielen
Tanzen
Baden
Massiert werden
Anderen Hobbys nachgehen

Ältere Kinder und Erwachsene
Nach draußen gehen
Kuscheln
Singen oder pfeifen
Ein Instrument spielen
Lustigen Film anschauen
Tanzen
Baden oder duschen
Sich mit einer Kartensammlung beschäftigen

An einem ruhigen Ort eine Pause einlegen	Eine Pause einlegen
Mit Wasser in der Spüle oder einer Schüssel spielen	Kochen oder backen
Im Sand oder mit einer Schüssel Reiskörner spielen	Mit einer Freundin/einem Freund reden
Eine Decke oder das liebste Kuscheltier nehmen	Putzen
Mit Puppen oder Kuscheltieren spielen	Stricken
Mit Lego oder Duplo-Bausteinen spielen	Mit Holz arbeiten
Lesen	Lesen
Ausmalen oder zeichnen	Zeichnen oder malen
Gehalten werden	Massiert werden
Haustiere streicheln	Haustiere streicheln
Spazieren gehen	Spazieren gehen
	Gartenarbeit machen

Wenn Sie sich wirklich gut vorbereiten wollen, füllen Sie eine Tabelle für Ihre gesamte Familie aus.

1. Den Namen jedes Familienmitglieds eintragen.
2. Die Liste mit beruhigenden Aktivitäten durchgehen.
3. Die wirksamsten Strategien für jedes Familienmitglied auswählen.

Vorab ein Tabellen-Beispiel aus Sarahs Familie:

Name	*Bob*	*Sarah*	*Cara, 10*	*David, 8*	*Sadie, 4*	*Kim, 6 Monate*
WIEDERHOLTE BEWEGUNGEN	Kaugummi kauen Reden	Kaugummi kauen Spazieren gehen	Schaukeln Reden Mit Strohhalm trinken Kaugummi kauen	Kaugummi oder Lakritze kauen Trampolin springen Rad fahren	Am Daumen lutschen Auf dem Schaukelpferd reiten Reden	Schnuller In der Babytrage sein Wiegen

TIEFE ATMUNG	Drei tiefe Atemzüge nehmen	Bis zehn zählen	Drei tiefe Atemzüge nehmen	Drei tiefe Atemzüge nehmen	Seifenblasen pusten	
KÖRPERLICHE BETÄTIGUNG	Laufen Gewichtheben	Spazieren gehen Tanzen Gewichtheben	Sport Tanzen Schlittschuh laufen	Sport Schlittschuh laufen Laufen	Dreirad fahren Tanzen Bodenturnen	Krabbeln
HUMOR	Späße machen	Späße machen	Späße machen	Späße machen Unerwartete Antworten geben	Figuren ausdenken Mit albernen Stimmen reden	Alberne Stimmen hervorbringen Lustige Geräusche machen
VERÄNDERUNG VON SCHAUPLATZ ODER AKTIVITÄT	Etwas am Computer machen Lesen Holz bearbeiten	Klavier spielen Film anschauen Pause einlegen	Mit einer Freundin/einem Freund zusammen sein Zeichnen Projekte verfolgen	Nach draußen gehen Pause einlegen Lesen	Kuscheldecke nehmen Lesen Mit Knetmasse spielen	Massiert werden Gehalten werden Nach draußen gehen

Nun sind Sie dran:

DIE LIEBSTEN BERUHIGENDEN AKTIVITÄTEN MEINER FAMILIE

Name							
WIEDERHOLTE BEWEGUNGEN							
TIEFE ATMUNG							
KÖRPERLICHE BETÄTIGUNG							
HUMOR							
VERÄNDERUNG VON SCHAUPLATZ ODER AKTIVITÄT							

ÜBEN, ÜBEN, ÜBEN

Für temperamentvolle Menschen ist es ebenso wichtig, dass sie »ihr Glas« mit »Wattebällchen« beruhigender Aktivitäten füllen, wie ihren Magen mit Essen zu füllen. Das Leben mit Intensität bedeutet nicht, dass ihr Leben voller Vulkane sein muss, die nur darauf warten auszubrechen. Sie können vorbeugende Maßnahmen ergreifen und sich an der Intensivität der Gefühle erfreuen, ohne ständig deren Gefahren zu erleben.

Ich bat die Gruppe, über die Tageszeiten nachzudenken, wenn die Vulkane in ihren Familien am ehesten ausbrechen, damit wir Erfolgspläne erstellen können.

Lynn meldete sich sofort freiwillig. »In Ordnung, helfen Sie mir dabei, das Üben eines vierhändigen Klavierstücks für ein Konzert hinzubekommen. Aaron und Jenna spielen ein vierhändiges Stück, aber jedes Üben verwandelt sich in einen Krieg. Ich bin schon so weit zu sagen, sie sollen es einfach bleiben lassen.«

Ich stöhnte. Da ich selbst eine erwachsene Klavierschülerin bin, konnte ich mit den Kindern wirklich mitfühlen. Vierhändiges Spielen ist nicht einfach!

»Ich denke, Sie sollten zuerst beruhigende Aktivitäten einplanen und dann erst üben«, riet ich. »Wann üben die Kinder?«

»Nach der Schule«, antwortete Lynn.

»Sind ihre Gläser voll, wenn sie aus der Schule kommen?«, wollte ich wissen.

»Sehr voll. Sie sind beide müde und gereizt. Deswegen möchte ich, dass sie es gleich erledigen.«

»Denken Sie an das, was wir gesagt haben«, erwiderte ich. »Wenn das Glas schon ganz oder beinahe voll ist, müssen wir entweder die Spannung verteilen oder den Überschuss irgendwie loswerden. Wenn sie zu diesem Zeitpunkt versuchen, das Stück zu üben, verstärken sie ihre Intensität noch. So als würden Sie Natron in das Glas mit Essig schütten. Wenn zuerst beruhigende Aktivitäten geplant werden, wird sich die Intensität der Stressreaktion verringern. Überprüfen Sie Ihre Liste und schauen Sie, was diese Ihnen sagt.«

Sie las die Liste sorgfältig durch.

»Körperliche Betätigung«, antwortete sie dann.

»Und wenn die Intensität während des Übens ansteigt?«, fragte ich.

»Dann lasse ich sie ein paar Pausen einlegen«, antwortete sie.

»Wollen Sie Ihrem Plan noch etwas anfügen?«

»Ich denke, ich muss Aaron sagen, dass er Jenna nicht anschreien darf. Er muss sagen, was er tatsächlich meint, nicht: ›Ich hasse dich!‹«

Maggie hatte Fingernägel gekaut, während sie aufmerksam zuhörte. »Das ist prima so – wenn Sie wissen, dass eine Explosion bevorsteht. Aber was machen Sie, wenn es keine Warnzeichen gibt?«

»Haben Sie dafür ein Beispiel?«, fragte ich.

»Ja. Am Sonntag spielte Brian mit einem Freund. Er stand unten auf dem Boden und der Freund war oben in unserem Baumhaus. Der Freund sprang aus dem Baumhaus und landete auf Brian. Keiner von beiden verletzte sich dabei, aber Brian war außer sich vor Wut. Er rastete mindestens zehn Minuten lang aus.«

»Schauen Sie sich die Zusammenfassung beruhigender Aktivitäten an«, sagte ich. »Welche könnten Sie inmitten eines Vulkanausbruchs einsetzen?«

Sie las die Liste durch. Wir warteten.

»Ich glaube, ich hätte sagen können: ›Atme mit mir zusammen.‹«

Ich nickte.

»Oder ich hätte ihn vielleicht bitten können, mit mir spazieren zu gehen, oder ich hätte es mit Humor probieren können.« Sie blickte auf, um zu sehen, dass die Gruppe mit ihr übereinstimmte. »Vielleicht hätte eine Neufokussierung geholfen – ich hätte sagen können: ›Lass uns ein Glas Wasser trinken und ein Pflaster holen.‹ Und wenn ich ihn zu nichts hätte bewegen können, hätte ich das andere Kind mitnehmen können, um Brian Freiraum zu verschaffen«, fügte sie in Vervollständigung ihrer Liste hinzu.

»Und später, wenn er sich beruhigt hat«, sagte ich, »können Sie mit ihm bessere Möglichkeiten besprechen, um mit dem Schrecken umzugehen.«

»Aber was mache ich, wenn ich erfolglos alle Möglichkeiten an Tricks durchprobiert habe?«, fragte Sarah.

»Sie legen eine Pause ein, bitten um Hilfe, finden heraus, wie Sie Ihren eigenen Stress verringern können, und beginnen erneut«, erwiderte ich. »Vergessen Sie nicht: Das einzige Verhalten, das wir wirklich verändern können, ist unser eigenes.«

John hörte aufmerksam zu. Er machte sich einige Notizen auf seinem Blatt, sagte aber nichts. Mir war nicht klar, was er dachte. Ich wollte ihn fragen, wusste aber von der Diskussion der letzten Woche, dass er bevorzugt introvertiert ist. So schwer es mir fiel, entschied ich, seine Privatsphäre und Nachdenkzeit zu respektieren und zu warten.

Denken Sie über die hochintensiven Tageszeiten nach, beispielsweise die Essenszeiten, die Zeit nach der Schule, die Zubettgehzeit, Autofahrten während der Hauptverkehrszeit et cetera.

1. Wählen Sie ein oder zwei hochintensive Zeiten Ihres Tages aus (mit den anderen können Sie sich später befassen).
2. Planen Sie beruhigende Aktivitäten, die Sie *vor* jeder dieser Situationen durchführen können.
3. Planen Sie, welche Schritte Sie unternehmen können, wenn die Intensität zu steigen beginnt und Sie mittendrin erwischt werden.

Hochintensive Zeit	Beruhigende Strategien, die im Vorhinein angewendet werden sollen	Beruhigende Strategien, die angewendet werden können, wenn Ihr Kind bereits außer sich ist

GENIESSEN SIE IHRE ERFOLGE

Eine Woche später schien die Sonne und das Thermometer kletterte erstmals in diesem Jahr auf 21 Grad Celsius. Rosenbrust-Kernknacker waren zu meinem Futterspender zurückgekehrt. Ich merkte, dass ich »Oh Happy Day« summte, als ich beim Zentrum ankam. Auch die anderen genossen offensichtlich den Sonnenschein. Brents Tochter Katie hob ihren Fuß, sodass ich ihre neuen roten Sandalen bewundern konnte. Brian trug ein T-Shirt und ließ die Muskeln spielen, um zu zeigen, dass diese wirklich kräftig waren. Nach der gemeinsamen Interaktionszeit gingen die Kinder nach draußen auf den Spielplatz, während wir in den Besprechungsraum umzogen.

Nachdem jeder seinen Platz gefunden hatte, richtete sich der Fokus auf Lynn. Wir waren alle begierig darauf zu erfahren, wie es mit dem vierhändigen Üben geklappt hatte. Sie strahlte. Es war offensichtlich, dass sie eine Erfolgsstory mit uns zu teilen hatte.

»Es hat funktioniert!«, rief sie. »Ich ging nach Hause und schrieb alles auf: Körperliche Betätigung, häufige Pausen, Aaron beibringen, das zu sagen, was er wirklich meint, anstatt ›Ich hasse dich‹. Diese letzte Notiz war für mich. Ich wollte unter vier Augen mit Aaron über das ›Ich hasse dich‹ sprechen. Ich hatte nicht das Gefühl, Jenna müsse diesen Teil der Diskussion hören. Ich wollte, dass Aaron weiß, dass es nicht in Ordnung ist, zu seiner Schwester zu sagen, dass er sie hasst, wenn er sehr frustriert wegen ihr ist. Das ›Ich hasse dich‹ verletzt Jenna sehr. Es ist für sie wirklich wichtig, was ihr großer Bruder über sie denkt, und ich wollte, dass er das weiß.«

Sie machte eine Pause, um einen Schluck Wasser zu trinken, bevor sie weitersprach. »Als sie nach Hause kamen, sagte ich ihnen, Klavierspielen solle Freude bereiten. Ihre Kämpfe seien für alle Beteiligten schrecklich. Sie begannen sofort, mit dem Finger aufeinander zu zeigen, aber ich unterband das. Ich erklärte, dass ich verstehen könne, dass das Üben sehr schwierig für sie ist. Ich zeigte ihnen den Vulkan. Sie sind elf und neun Jahre alt und dachten, ich sei etwas kindisch, aber mir fiel keine andere Möglichkeit ein, ihnen die zunehmende Intensität zu erklären. Wir machten einen Spaß daraus und sagten uns gegenseitig: ›Ach je, dein Glas füllt sich.‹ Auf jeden Fall sagte ich beiden, sie sollten sich 45 Minuten körperlich bewegen und dann zum Üben kommen. Ich wollte keine Streitereien mehr. Sollten sich ihre Gläser wieder füllen, würden sie eine Pause machen. 45 Minuten später setzten sie sich zum Üben hin. Ich konnte es kaum glauben. Sie stritten sich nicht. Sie legten ein paar Pausen ein, aber Aaron schrie Jenna kein einziges Mal an. Am Sonntag beim Konzert haben sie dann sehr gut gespielt!«

Es gab für Lynn eine Runde High Fives.

Ich wartete, blickte in die Runde. Brent begann, in sich hineinzulachen, dann brach er in Gelächter aus. »Bühne frei für Sie«, forderte ich ihn auf.

»Meine Frau war über Danny verärgert«, sagte er, »wobei er beinahe an seinen Worten erstickte. »Danny kam zu mir gelaufen, weinte und sagte, Mama sei böse mit ihm. Ich sagte ihm, er solle mit mir etwas unternehmen, und erklärte: ›Bei deiner Mama sprudeln gerade die Seifenblasen – warte, bis sie zerplatzt sind.‹ Wir hatten diese Übung mit dem Vulkan gemacht und er wusste, was ich meinte. Später am Abend«, er fing wieder an zu lachen, »fragte mich meine Frau: ›Was ist das für eine Geschichte mit den Seifenblasen?‹ Danny war zu ihr in die Küche zurückgeschlichen und hatte geflüstert: ›Mama, sind deine Seifenblasen jetzt zerplatzt?‹« Brent krümmte sich vor Lachen. »Das hätten Sie erleben müssen«, sagte er und wischte sich eine Lachträne ab.

Ich war begeistert. Das ist das Schöne an den Vulkanen. Sie verschaffen Kindern eine Möglichkeit, über Intensität zu sprechen.

Ich hatte das Gefühl, einen sehr erfolgreichen Tag zu erleben. Ich beschloss, die Chance zu nutzen. »John«, fragte ich, »haben Sie auch irgendetwas zu berichten?«

»Na ja«, sagte er, wobei er einen Zettel herauszog und vor sich damit herumwedelte. »Ich habe gemerkt, dass Sie recht haben. Ich werde meine Intensität nicht los.« Er hob die Augenbrauen. »Sie ist einfach immer präsent bei mir. Daher«, er machte eine Pause, »habe ich angefangen, täglich Sport zu machen. Ich habe auch aufgehört, so viel fernzusehen. Ich hatte immer gedacht, das würde mich entspannen, aber das stimmt nicht. Ich hatte gar nicht gewusst, wie viel Intensität ich dabei aufnahm.

Letzten Samstag habe ich es getestet. Kelly hatte ein Softballspiel. Meine Frau kann Ihnen erzählen, dass diese Spiele für mich immer sehr schwierig sind. Ich sehe Kelly zögern und denke, das hat sie von mir. Ich rege mich auf. Die Leute um mich herum brüllen laut und ...« Er verstummte.

»Kein schöner Anblick?«, fragte Diane.

»Das ist wahrscheinlich untertrieben«, antwortete er und ließ den Kopf hängen. »Ich wollte, dass dieses Spiel anders ist. Ich stand früh auf, um Sport zu machen. Ich kaufte auf dem Heimweg Kaugummi und als ich mir einen Platz suchte, nahm ich einen ganz am Ende, etwas entfernt von den anderen Eltern. Ich wollte genügend Platz haben und konnte ihre Intensität nicht brauchen, die meine noch befeuerte. Ich kann nicht behaupten, dass ich wirklich ruhig war, aber es war deutlich besser.«

Für Johns Geschichte hatte sich das Warten gelohnt. Auch auf dem Heimweg summte ich »Oh Happy Day«.

Nutzen Sie die Gelegenheit, um Ihre Erfolge aufzuschreiben. Welche Situationen von hoher Intensität haben Sie kürzlich vorhergesehen?

____

____

____

Wie haben Sie Ihrem Kind und sich selbst geholfen, mit der Intensität fertigzuwerden?

____

____

____

Was haben Sie heute gemacht, um Ihr Kind zu beruhigen? Und sich selbst?

____

____

____

Die Kernpunkte

Was intensive Kinder immer wieder hören müssen

Aussagen, die ihnen helfen, sich mit ihrer Intensität wohlzufühlen:

- Du hast sehr starke Gefühle.
- Du machst alles voller Eifer.
- Bei Dingen, die für dich wichtig sind, bekommst du leidenschaftliche Gefühle.
- Du kannst deine Intensität umwandeln in Musik, Sport, Kunst und mehr.

Aussagen, die ihnen helfen zu erkennen, wenn ihre Intensität zunimmt:

- Höre auf deinen Körper.
- Brüllt der Löwe in dir?
- Ist der Vulkan in dir zum Ausbruch bereit?
- Fühlst du dich innerlich wild?
- Fühlen sich deine Muskeln verspannt an?

Aussagen, die ihnen helfen, mit ihrer Intensität klarzukommen:

- Solltest du vielleicht etwas Sport machen?
- Atme mit mir zusammen.
- Du kannst eine Pause machen.
- Vergiss nicht, dass ein Lächeln helfen kann, dass du dich besser fühlst.
- Möchtest du einen Kaugummi?

6

Beharrlichkeit

Entscheiden, wann es sich zu kämpfen lohnt

Zur Vorbereitung

- Lesen Sie Kapitel 9 und 10 in *Wie anstrengende Kinder zu großartigen Erwachsenen werden.*

Die Hauptpunkte des Kapitels

- Argumente, warum Beharrlichkeit ein echter Pluspunkt für Ihr Kind ist.
- Die Trigger erkennen, die bei beharrlichen Kindern etwas auslösen.
- Wissen, wann man Nein sagen muss.
- Strategien, wie man beharrliche Kinder dazu bringt, aus einer »festgefahrenen Situation« herauszukommen und Probleme gemeinsam mit Ihnen zu lösen, selbst wenn Sie beide »festgefahren« sind.

Dinge, die es zu beobachten gilt

- Was führt tendenziell dazu, dass Ihr beharrliches Kind sich festfährt?
- Welche Worte oder Aktionen helfen Ihrem Kind aus der festgefahrenen Situation und gestatten ihm, mit Ihnen zu kooperieren?
- Wie fühlen Sie sich, wenn Sie gemeinsam mit Ihrem Kind Probleme lösen?

Es sollte ein vergnüglicher Familienausflug werden, das erste Mal schaute sich die ganze Familie gemeinsam ein professionelles Baseballspiel an. Der Vater hatte die Kinder bereits früher einmal zu einem Spiel mitgenommen, aber die Mutter war noch nie dabei gewesen. Auf dem Weg zu ihren Plätzen holten sie sich Limonade und Hotdogs. Der Vater und das älteste Kind saßen auf einer Seite des Gangs, der achtjährige Seth, zwei Geschwister und die Mutter auf der anderen Seite.

Zwischen zwei Bissen fragte Seth: »Wann gehen wir in den Baseballshop und holen einen Wimpel?«

Die Mutter brachte ihn zum Schweigen, indem sie sagte: »Das Spiel fängt gerade an.«

Seth schaute den Schlagmännern fünf Minuten zu, dann versuchte er es erneut. »Papa geht immer mit uns in den Shop. Wann können wir hingehen, Mama?«

»Hast du dir etwas von deinem Taschengeld mitgenommen?«, fragte die Mutter.

»Nein, Papa bezahlt das immer«, antwortete Seth.

Das kam nicht gut an bei der Mutter und sie brachte Seth wieder zum Schweigen. Aber dieser ließ sich nicht abschrecken. Alle zehn Minuten bettelte er wieder. Der vergnügliche Familienausflug verwandelte sich für die Mutter bald in einen Albtraum ständiger Bettelei. Schließlich sagte sie: »Du musst warten, bis das Spiel vorbei ist, dann besprechen wir das mit Papa.«

Als das Spiel zu Ende war und sie hinausgingen, traf die Mutter Freunde. Seth tänzelte vor ihr herum. »Können wir jetzt in den Baseballshop gehen?«, bettelte er.

»Warte«, sagte die Mutter mit fester Stimme. »Wir müssen erst mit Papa sprechen.« Sie wandte sich wieder ihren Freunden zu.

Seth nahm die Sache nun selbst in die Hand. Er ging zu dem Shop. Zehn Minuten später fand seine inzwischen panische Mutter ihn dort, wie er versuchte, mit dem Verkäufer zu verhandeln.

Es ist nicht einfach, mit einem beharrlichen Kind, diesem »Rohdiamanten«, zu leben. Diese Kinder sind unglaublich stark und entschlossen. Selbst als Säuglinge äußern sie ihre Forderungen laut und unmissverständlich. Sagt man zu beharrlichen Kindern Nein, riskiert man, dass sie zornig werden. Der Rat, sie zu ignorieren, ist nutzlos. Sie sind darauf vorbereitet zu kämpfen, wenn ihre Pläne durchkreuzt oder ihre Wünsche nicht erfüllt werden. Sie geben nicht auf und sie vergessen auch nicht. Zudem verhandeln sie liebend gerne. Wenn Sie ihnen zusätzliche 30 Minuten vor dem Schlafengehen gewähren, drängen sie auf weitere 15 Minuten.

EINE ANDERE SICHTWEISE

Beharrlichkeit ist das Temperamentsmerkmal, das bei Machtkämpfen eine Hauptrolle spielt. Aber wir müssen nicht jeden Tag kämpfen. Wir können unserem beharrlichen Kind beibringen, seine Beharrlichkeit respektvoll in eine bestimmte Richtung zu lenken und mit uns anstatt gegen uns zu arbeiten. Die Herausforderung besteht darin, dass wir unsere Furcht überwinden. Machtkämpfe erschrecken uns. Wir fragen uns sorgenvoll: »Wie wird dieses Kind erst mit 16 Jahren sein?« Wenn wir Angst haben, können wir nicht so gut denken, und das ist für uns ein echter Nachteil gegenüber einem zielorientierten, fokussierten, überzeugten und beharrlichen Kind. Um gelassen zu bleiben, müssen wir eine positive Sichtweise entwickeln. Wir müssen daran glauben, dass beharrliche Kinder nicht einfach nur deshalb auf die Erde gekommen sind, um uns zu ärgern (mir ist klar, dass Sie dies momentan möglicherweise schwer akzeptieren können, aber haben Sie Nachsicht mit mir!).

Beharrlichkeit ist tatsächlich ein wertvolles Merkmal. Forschungsarbeiten von Barbara Keogh von der University of California, Los Angeles, belegen, dass große Beharrlichkeit ein Schlüsselfaktor für den späteren Erfolg eines Kindes in der Wissenschaft ist. Schauen Sie sich einmal um, Sie werden innerhalb Ihres Freundes- und Verwandtenkreises viele Menschen finden, die ihre Beharrlichkeit darauf fokussiert haben, Hindernisse zu überwinden und Ziele zu erreichen – zum Beispiel Menschen wie Bill Gates, den Gründer von Microsoft, über dessen »kleine Idee« sich viele lustig gemacht hatten.

Im Besprechungsraum hob Lynn eine Augenbraue und sah mich misstrauisch an. Während sie sich übers Kinn strich, sagte sie: »Ich finde, es ist ein ziemlicher Sprung von Bill Gates zu beharrlichen Kindern.«

Ich lachte. »Sie haben recht«, gab ich zu. »Gut, ich werde Sie nicht bitten, an etwas Positives zu denken – im Moment zumindest. Lassen Sie uns beschreiben, was Ihre beharrlichen Kinder tun, was Sie verrückt macht. Sie können Ihre Antworten auf Karteikarten schreiben und diese in die Tischmitte werfen. Die Anonymität wird es Ihnen ermöglichen, vollkommen ehrlich zu sein.«

Lynn griff nach einer Karte. »Diese Übung werde ich machen!« Sie lachte.

Die Karten waren schnell beschrieben und häuften sich in der Tischmitte.

Brent zog drei Karten und las sie vor.

»›Bekommt jedes Mal einen Wutanfall, wenn man Nein zu ihr sagt‹, ›Muss unbedingt immer alles nach ihrem Kopf machen‹, ›Hört nicht auf‹ – das ist Danny«, bemerkte er, während er die Karten an Phil weitergab.

»›Hat immer eine Idee‹, ›Spielt verrückt, wenn wir ihm sagen, dass er sich täuscht‹, ›Will über alles verhandeln‹ – ich bin schon fix und fertig, wenn ich nur daran denke«, bemerkte Phil, während er den Stapel an Maggie weiterreichte, die die letzten Karten vorlas.

»›Flippt aus, wenn sie meint, man hört ihr nicht zu‹, ›Gibt nicht auf‹, ›Diskutiert herum‹, ›Piesackt mich‹.« Maggie schüttelte sich, als sie die Karten auf den Tisch legte. »Ich kann die Pubertät kaum erwarten.«

»Danke, Maggie«, rief ich aus. »Sie haben für den perfekten Übergang zum nächsten Teil unserer Übung gesorgt.«

Das Leben mit einem beharrlichen Kind kann sehr anstrengend sein. Daher ist es so wichtig, dass Sie, wenn Ihr beharrliches Kind Sie wieder einmal aufregt, erkennen, dass hinter dieser rohen Beharrlichkeit das Potenzial für eine starke, selbstständige und erfolgreiche Person steckt.

Wichtige Fertigkeiten erkennen

1. Lesen Sie die folgende Liste ärgerlicher, frustrierender, herausfordernder Verhaltensweisen durch, die beharrliche Kinder aufweisen können – die »rohen« Quellen der Beharrlichkeit. Fügen Sie Ihre eigenen an.
2. Lesen Sie Ihre Liste positiver Etiketten aus Kapitel 2 noch einmal durch. Mit etwas Anleitung und Training können die rohen Quellen der Beharrlichkeit echte Pluspunkte werden. Denken Sie über die potenzielle Stärke hinter jedem »rohen« Verhalten nach. Entwickeln Sie ein Etikett, das diese Stärke widerspiegelt.
3. Wann wird diese Stärke im Leben Ihres Kindes ein wichtiges Merkmal sein? Schreiben Sie Ihre Antworten auf.
4. Prüfen Sie die nächste Tabelle der Antworten aus der Gruppe auf potenzielle eigene Antworten.
5. Wenn Sie nicht weiterkommen, bitten Sie eine Freundin/einen Freund, Ihnen zu helfen.

Beispiele Beharrlichkeit	Positives Etikett	Eines Tages wird diese Fähigkeit wichtig sein, wenn mein Kind …
Bekommt einen Wutanfall, wenn ich Nein sage	Verfolgt Ziele engagiert	einen Weg finden muss, um etwas zu schaffen
Muss unbedingt immer alles nach seinem Kopf machen		
Hört nicht auf		
Hat immer eine Idee		
Spielt verrückt, wenn ich ihm sage, dass es sich täuscht		
Will über alles verhandeln		
Gibt nicht auf		
Diskutiert herum		
Piesackt mich		
Brüllt: »Ich will nicht, ich will nicht!«		

Bedenken Sie, dass es keine richtigen oder falschen Antworten gibt. Ihre Antworten können sich von denen der Gruppe stark unterscheiden. Wirklich wichtig ist, den Wert der Beharrlichkeit zu erkennen.

Nachfolgend die Antworten der Gruppe:

Beispiele für Beharrlichkeit	Positives Etikett	Eines Tages wird diese Fähigkeit wichtig sein, wenn mein Kind …
Bekommt einen Wutanfall, wenn ich Nein sage	Verfolgt Ziele engagiert	einen Weg finden muss, um etwas zu schaffen

Muss unbedingt immer alles nach seinem Kopf machen	Ist selbstständig	sich gegenüber einer Gruppe Gleichaltriger behaupten will
Hört nicht auf	Ist fokussiert	einen Abschluss erreichen will
Hat immer eine Idee	Ist kreativ	ein Problem lösen will
Spielt verrückt, wenn ich ihm sage, dass es sich täuscht	Legt Wert auf hohe Standards	sich hohe persönliche Standards und Ziele setzt
Will über alles verhandeln	Kann gut verhandeln	ein Auto kauft
Gibt nicht auf	Ist hartnäckig	ein Instrument spielen oder eine Sportart erlernen will
Diskutiert herum	Ist durchsetzungsfähig	die Verantwortung für ein Geschäft übernehmen will
Piesackt mich	Ist ausdauernd	die Wahrheit finden oder anderen helfen will
Brüllt: »Ich will nicht, ich will nicht!«	Weiß, was es will	seinen Freunden sagt, dass es sich nicht für Drogen interessiert

Es ist nicht ungewöhnlich, wenn Sie mit der Übung zu kämpfen haben. Sie ist nicht einfach und kann sich eine Weile hinziehen, vor allem, wenn Ihr beharrliches Kind Sie erschöpft hat. Wenn Sie jedoch tägliche Kämpfe vermeiden wollen, ist es wichtig, dass Sie das Potenzial sehen und erkennen, dass Ihr Kind, wenn es Nein sagen können soll, seine Ziele erreichen oder Probleme effektiv lösen können soll, dies irgendwie üben muss. Wenn Sie dieses Bedürfnis erkennen, ist es viel einfacher, sich die Zeit zu nehmen und die Geduld aufzubringen, ihm zu helfen, seine Fähigkeiten zu verbessern. Deshalb …

Lesen Sie das Folgende laut: *Ich erziehe ein beharrliches Kind, das einmal dazu in der Lage sein wird ...*

- einen Weg zu finden, um etwas zu schaffen
- sich der Masse entgegenzustellen
- einen Abschluss zu erreichen
- ein Problem zu lösen
- hohe persönliche Standards zu setzen
- ein Instrument oder eine Sportart zu erlernen
- Verantwortung zu tragen
- die Wahrheit herauszufinden
- andere Menschen dazu zu bringen, sich gegenseitig zu helfen
- zu Drogen Nein zu sagen

Wenn Sie nun wieder mit herausfordernden Verhaltensweisen konfrontiert werden, können Sie die wichtigen Fähigkeiten fürs Leben sehen, die Ihr beharrliches Kind übt. Es ist nur der Anfang. Der nächste Schritt besteht darin, Ihrem Kind beizubringen, mit Ihnen auf dem Weg zum »Ja« zu kooperieren.

WIRKSAME STRATEGIEN

Die Verhaltensweisen, mit denen sich beharrliche Kinder Probleme einhandeln, sind ein Spiegel ihrer Trigger. Sie werden aufgebracht, wenn jemand Nein zu ihnen sagt und wenn sie das Gefühl haben, ihre Anliegen würden nicht gehört. Diese Auslöser zu erkennen, ist ein wichtiger Schritt, um ihre Kooperation zu erreichen.

Beharrliche Kinder haben Ziele – Dinge, die sie erreichen wollen. Werden ihre Ziele oder Interessen nicht berücksichtigt, können sie sich leicht in ihrer Position »festfahren« und verweigern die Kooperation mit Ihnen. Ein Schlüssel, um Kämpfe mit Ihrem beharrlichen Kind zu vermeiden, ist, Ihrem Kind eine Zuflucht, ein Ausweg zu sein, keine Mauer. Wenn Sie aufhören, automatisch zu sagen: »Nein, das wirst du nicht«, und stattdessen nach Möglichkeiten suchen, um sagen zu können: »Ja, das kannst du«, bringen Sie Ihrem Kind bei, dass Sie kooperieren können.

Kooperieren bedeutet nicht, nachzugeben. Es verlangt, in Betracht zu ziehen, was für alle Beteiligten wichtig ist, und dann kreative Lösungen zu finden, mit denen *jeder* zufrieden ist.

In *Das Harvard-Konzept*, die unschlagbare Methode für beste Verhandlungsergebnisse (englischer Titel *Getting to Yes*), schreiben Roger Fisher und William Ury über »prinzipientreues Verhandeln«, eine Methode, die sich darauf konzentriert, gemeinsame Interessen und Lösungen zu finden. Diese Methode kann uns helfen, mit unseren Kindern eine Beziehung zu entwickeln, die dem Teamwork förderlich ist: zwei Personen, die kooperieren, sich gegenseitig zuhören und Lösungen finden, die beiden ein Gefühl von Würde und persönlicher Stärke erlauben. Es ist ein Prozess, bei dem jeder gewinnt.

Ury und Fisher schrieben ihr Buch für Manager, aber ich habe ihre Arbeit für die Familie adaptiert. Meine Adaption verwendet das Akronym PIECE – **P**ositionen, **I**nteressen, **E**wartungen/Regeln, **C**onsensus/Konsens, **E**valuierung. Wenn Sie dies anwenden, erreichen Sie PEACE! Es gibt dabei fünf Schritte.

1. Positionen: Was will jeder Einzelne?

Sobald Uneinigkeit besteht, neigen Personen dazu, wie beispielsweise Boxer im Ring, eine Position einzunehmen. Einer sagt: »Ich will nicht.« Der andere sagt: »Du wirst aber.« Ein Beispiel: Sie haben entschieden, es sei das Beste für Ihr Kind, die Hausaufgaben direkt nach der Schule zu erledigen. Ihr Kind weigert sich. Sie sind unerbittlich. Ihr Kind soll seine Hausaufgaben sofort machen. Ihr Kind ist ebenso unbeugsam wie Sie und will nicht. So verharren Sie beide auf Ihren Standpunkten. Standpunkte befeuern einen Konflikt, weil sie die Interessen oder Bedürfnisse anderer nicht berücksichtigen. Standpunkte drängen uns in Streitereien. Die Aufgabe besteht darin, die Position zu verlassen und Lösungen zu finden, die für alle Beteiligten akzeptabel sind – das heißt, sich eher auf die gemeinsamen Interessen als auf den eigenen Standpunkt zu fokussieren.

2. Interessen: Was sind die Gründe für die Wünsche der Beteiligten?

Wenn Sie merken, dass Ihr Kind und Sie auf Ihren jeweiligen Standpunkten beharren, ist es wichtig, dass Sie sich das gemeinsame Interesse oder das gemeinsame Bedürfnis in Erinnerung rufen, dem Sie gerecht werden wollen. Um die Unstimmigkeiten zu lösen und zu kooperieren, müssen die Interessen erst einmal geklärt werden. Dabei können Sie versuchen, mit Sätzen zu arbeiten wie:

»Halt. Ich höre dir zu. Ich versuche, dich zu verstehen.«
»Was brauchst du?«
»Was ist für dich dabei das Wichtigste?«
»Was willst du machen?«

Wenn Ihr Kind mindestens fünf Jahre alt ist, können Sie auch fragen: »Warum ist das wichtig für dich?« Für Kinder unter fünf Jahren ist es oft noch schwierig, »Warum«-Fragen zu beantworten. Ist Ihr Kind noch zu jung, um diese Fragen beantworten zu können, oder kann es seine Interessen nicht mitteilen, raten Sie:

»Brauchst du …?«
»Versuchst du …?«
»Ist das wichtig für dich?«

Weigert sich Ihr Kind beispielsweise, direkt nach der Schule seine Hausaufgaben zu machen, wie Sie das wollen, atmen Sie tief durch, um sich zu beruhigen, und sagen dann: »Ich höre dir zu. Ich versuche, dich zu verstehen. Was willst du direkt nach der Schule machen?« Oder: »Wann willst du deine Hausaufgaben machen?« Oder einfach: »Warum willst du deine Hausaufgaben nicht gleich nach der Schule machen?« Geben Sie sich Mühe herauszufinden, was für Ihr Kind wichtig ist. Vielleicht sind die Hausaufgaben zu schwer und es fürchtet sich, damit anzufangen. Vielleicht hat Ihr Kind nach der Zeit, in der es in der Schule gesessen hat, das Bedürfnis, nach draußen zu gehen. Vielleicht ist es extrovertiert und muss erst neue Energie tanken, bevor es sich wieder hinsetzt, um alleine zu arbeiten. Seine Interessen werden vielleicht überraschend für Sie sein.

Überlegen Sie anschließend, was Ihre eigenen Interessen sind. Diese sind ebenso wichtig wie die Ihres Kindes. Es hat seinen Grund, warum Sie auf Ihrem Standpunkt beharren. Was ist für Sie das Wichtigste? Wollen Sie bereitstehen, um Ihrem Kind eventuell zu helfen, und können dies nur direkt nach der Schule? Wollen Sie, dass Ihr Kind gute Noten bekommt? Haben Sie Sorge, es vergisst sonst, seine Hausaufgaben zu machen?

Das Erkennen der Interessen hilft Ihnen, das Gefühl zu vermeiden, Sie würden nur nachgeben. Wenn Sie genau wissen, was für Sie am wichtigsten ist, können Sie sicherstellen, dass Ihr Interesse bei der abschließenden Lösung berücksichtigt ist.

Das Erkennen der Interessen erlaubt Ihnen auch mehr Kreativität. An unserem Beispiel können Sie sehen, dass die Lösung ganz anders aussehen wird, wenn Ihr Kind sich vor den Hausaufgaben fürchtet und Sie wollen, dass es gute Noten bekommt, als wenn Ihr Kind extrovertiert ist und neue Energie tanken muss und Sie fürchten, es würde seine Hausaufgaben ganz vergessen. Sind die

Interessen erst einmal erkannt worden, nimmt die Anzahl potenzieller Lösungen zu.

3. Erwartungen/Regeln: Welche Regeln oder Erwartungen kommen ins Spiel?

In jeder Familie gibt es Richtlinien oder Regeln, nach denen gelebt wird. Bei der Lösung von Problemen helfen solche Regeln oder Erwartungen bei der Definition der Grenzen, innerhalb derer Sie und Ihr Kind arbeiten müssen. Ein Beispiel: Ihr Kind will an einem Abend während der Schulzeit eine Freundin/einen Freund besuchen, aber Ihre Regel für die Abende unter der Woche und während der Schulzeit lautet, dass sie nur für Hausaufgaben oder Zeit mit der Familie reserviert sind. Also wird diese Regel Sie leiten. Hat der Besuch den Zweck, ein Schulprojekt fertigzustellen, werden Sie offen dafür sein, mit Ihrem Kind zu verhandeln. Will Ihr Kind hingegen nur zum Spaß mit der Freundin/dem Freund einen Film anschauen, wissen Sie, dass es nichts zu verhandeln gibt. (Hat Ihr Kind seine Hausaufgaben erledigt, können Sie seinen Wunsch nach etwas Vergnüglichem berücksichtigen und als Familie etwas Tolles unternehmen und dennoch bei Ihrem Standpunkt bezüglich des Filmanschauens bleiben).

4. Consensus (Konsens): Welche potenziellen Lösungen würden den Interessen aller Beteiligten gerecht?

Beharrliche Kinder haben oft auch beharrliche Eltern. Beide wollen gewinnen! Daher dauert es bei beiden seine Zeit, bis sie ihre Blockade aufgeben und ihre Standpunkte verlassen. Versuchen Sie, Ihrem Kind zu sagen: »Du hast dich da jetzt festgebissen, aber du bist auch kreativ. Du bist ein guter Problemlöser. Wie könnten wir das denn anders lösen?« Lassen Sie Ihr Kind damit beginnen, potenzielle Lösungen anzubieten. Ist Ihr Kind dafür noch zu jung, bieten Sie Lösungen an. Sammeln Sie so lange Ideen, bis Sie Lösungen finden, die die Interessen aller Beteiligten berücksichtigen. Es gibt keinen Verlierer, wenn jeder seine Interessen berücksichtigt sieht. Dann fühlen sich alle wie Sieger.

Beispiel: Ihr Kind will seine Hausaufgaben nicht direkt nach der Schule machen, weil es erst draußen spielen will, während Sie Sorge haben, es könnte die Hausaufgaben dann vergessen. Ein Konsens könnte erreicht werden, wenn Sie Ihrem Kind erlauben, eine Stunde draußen zu spielen und anschließend die Hausaufgaben zu erledigen. So kann Ihr Kind wie gewünscht spielen und Sie können beruhigt sein, dass genügend Zeit für die Hausaufgaben bleibt. Beide haben gewonnen.

5. Evaluierung: Welche Anpassungen sind vorzunehmen?

Abschließend sollten Sie Ihre Lösung beurteilen. Fühlen sich alle damit wohl? Werden alle Interessen berücksichtigt? Funktioniert die Lösung? Werden die Regeln und Erwartungen, die in der Familie gelten, eingehalten? Eine eingeplante Evaluierung nach einer gewissen Zeit ermöglicht es Ihnen, offener und kreativer zu sein, weil alle Beteiligten wissen, dass dann die Gelegenheit besteht, bei Bedarf die Meinung zu ändern.

Beispiel: Sie haben gemeinsam mit Ihrem Kind eine Zeit für die Hausaufgaben festgelegt und vereinbaren, eine Woche später zu beurteilen, wie sich diese Lösung bewährt. Hat es nicht funktioniert, schauen Sie sich die Lösung erneut an, finden Sie heraus, warum es nicht funktioniert hat, und verändern Sie etwas. »Vergisst«

Ihr Kind heimzukommen, braucht es vielleicht eine Armbanduhr mit Weckfunktion, um daran erinnert zu werden, wann die Spielzeit mit Freunden vorüber ist. Vielleicht sind auch die Freunde zu der geplanten Spielzeit nicht verfügbar und der Zeitplan muss angepasst werden. Eine eingeplante Evaluierung ermöglicht es, solche Änderungen vorzunehmen.

ÜBEN, ÜBEN, ÜBEN

Maggie seufzte. »Würden Sie mit uns ein Beispiel durchgehen? Meine Mutter sagt mir immer, ich würde die Kinder verziehen. Ich sei zu nachgiebig und wisse nie, wann ich standhaft bleiben oder nachgeben soll.«

Ich wiederholte: »Kooperieren und zu einem Ja zu kommen, bedeutet *nicht*, nachzugeben. Die Lösungen müssen die Interessen und Bedürfnisse von Kind und Eltern berücksichtigen. Wenn Sie das Gefühl haben, etwas für Sie Wichtiges aufzugeben, haben Sie vielleicht noch nicht die richtige Lösung gefunden.«

Ich schwieg und überlegte mir ein Beispiel. »Ach ja, jetzt weiß ich eines. Eine Mutter und ihr Kind verlassen nach einer Vorstellung den Zuschauerraum. In den Ausgängen herrscht Gedränge und die Mutter will, dass ihr Kind ihr die Hand gibt und neben ihr geht. Das Kind besteht darauf, hinter ihr zu gehen. Mutter und Kind beginnen zu streiten, während Hunderte von Menschen zuschauen.«

Phil stöhnte. »Der Albtraum für Eltern.« Die anderen stimmten zu.

1. Positionen

»Denken Sie zuerst über die Positionen nach«, sagte ich. »Welche Lösung will die Mutter?«

»Das Kind soll an ihrer Hand neben ihr gehen«, antwortete Lynn.

»Und das Kind?«

»Es will hinter ihr gehen.«

Ich erstellte eine Tabelle und trug die Antworten ein.

Szenario	Position des Kindes	Position der Mutter
Stadion	Hinter der Mutter gehen	An der Hand neben ihr gehen

2. Interessen

»Wenn wir auf unseren Positionen beharren«, fuhr ich fort, »haben wir am Ende Gewinner und Verlierer – und große Machtkämpfe. Um weiterzukommen, müssen wir uns die Interessen anschauen. Sie werden jedoch bemerken, dass Kinder uns gegenüber selten ihre wahren Interessen verbal äußern. Sie kommen mit Forderungen, die uns in unsere Positionen drängen können. Unsere Aufgabe besteht darin, ruhig zu bleiben und zu versuchen, unsere Interessen herauszufinden. Was, denken Sie, ist in diesem Beispiel das Interesse des Kindes?«

»Selbstständigkeit«, antwortete Diane.

»Macht«, fügte Brent hinzu.

»Freiheit?«, fragte Phil.

»Das ist schwer zu ergründen«, sagte ich. »Würde ein Erwachsener sich weigern, neben jemand anderem zu gehen, wäre sein Interesse wahrscheinlich Selbstständigkeit oder Macht. Als die Mutter jedoch stehen blieb und zu dem kleinen Jungen sagte: »Was brauchst du denn?«, sagte er, dass die Sonne ihn blendete. Sie beugte sich zu ihm herunter und merkte, dass ihn auf seiner Augenhöhe die Sonne wirklich so stark blendete, dass er praktisch nichts sah. Kinder denken nicht wie Erwachsene. Das dürfen wir nicht vergessen und sollten uns die Zeit nehmen, ihre Interessen zu erkunden.«

Gemurmel und leises Lachen gingen durch den Raum, als wir merkten, wie oft wir wohl schon in die Falle gegangen waren und die Motivationen Erwachsener auf unschuldige Kinder übertragen hatten.

Ich wartete und fügte dann an: »Die Interessen der Mutter sind ebenfalls wichtig. Was denken Sie, war für diese Mutter wichtig?«

»Sicherheit«, antwortete Lynn selbstsicher. Ich trug dies in die Tabelle ein.

Szenario	Interesse des Kindes	Interesse der Mutter
Stadion	Wollte nicht von der Sonne geblendet werden	Sicherheit Wollte das Kind in der Menschenmenge nicht verlieren

Es ist wichtig, dass Sie sich die Zeit nehmen, das Interesse Ihres Kindes zu entdecken und Ihr eigenes zu klären. An diesem Beispiel können Sie sehen, dass das Kind nicht versucht, Schwierigkeiten zu machen. Für sein Verhalten gibt es einen berechtigten Grund. Seine Mutter hat ebenfalls einen berechtigten Grund für ihr Verhalten. Das Verstehen dieser Gründe oder Interessen ist nötig, um eine Win-win-Lösung zu finden – eine Lösung, die es beiden ermöglicht, ihre Bedürfnisse berücksichtigt zu sehen, ohne das Gefühl zu haben, nachzugeben oder zu verlieren.

3. Erwartungen und Regeln

Ein Blick auf die Regeln zeigt uns, ob ein Verhalten zu den Richtlinien der Familie passt oder nicht. In unserem Beispiel ist die Erwartung von Mutter und Kind, so vermute ich, in einer Menschenansammlung zusammenzubleiben. Durch eine Klarstellung der Regeln und Erwartungen erstellen Sie einen Standard für die Beurteilung potenzieller Lösungen. In der gegebenen Situation wäre keine Lösung akzeptabel, bei der das Kind von der Mutter getrennt wird.

Szenario	**Regeln**
Stadion	In einer Menschenmenge zusammenbleiben

4. Consensus (Konsens)

»Nachdem die Interessen erkannt und die Regeln und Erwartungen geklärt wurden, gibt es welche potenziellen Lösungen?«, fragte ich. Fast jeder im Raum hatte eine Antwort parat. Ich beeilte mich mitzuhalten.

Potenzielle Lösungen
Das Kind soll sich hinten an der Jacke der Mutter festhalten.
Die Mutter soll das Kind tragen.
Das Kind auf der anderen Seite der Mutter gehen lassen.
Einen anderen Ausgang suchen.
Falls vorhanden, dem Kind eine Sonnenbrille oder eine Baseball-Cap aufsetzen.
Dem Kind zeigen, wie es sich mit der Hand Schatten machen kann.

»Das erscheint so einfach«, rief Maggie aus, als wir fertig waren.

Ich wandte mich Brent zu. Er schüttelte den Kopf. »Sie hat ihm gesagt, er soll neben ihr gehen. Sie ist der Boss. Er muss es machen.« Zum Schluss deutete er mit dem Stift direkt auf mich.

Ein Teil von mir stimmte Brent zu und das sagte ich auch. »Eltern müssen der Boss sein und es gibt Zeiten, in denen wir darüber nicht verhandeln«, sagte ich. »Aber wir müssen auch entscheiden, wo es sich zu kämpfen lohnt. Wenn wir ständig Nein sagen zu unseren Kindern und uns ihre Interessen nicht anhören, werden sie bald nicht mehr zu uns kommen und stattdessen einen Bogen um uns machen. Die Frage ist, wie wir unsere Autorität festschreiben *und* mit unseren Kindern kooperieren können, um Probleme zu lösen.«

Brent sah mich nachdenklich an.

»Wir wollen dieses Beispiel noch beenden«, schlug ich vor. »Wir können die potenziellen Lösungen für diese Mutter und ihr Kind bewerten und sehen, was Sie darüber denken.«

5. Evaluierung

»Das Interesse der Mutter war die Sicherheit. Berücksichtigen unsere vorgeschlagenen Lösungen ihr Interesse?«, fragte ich.

»Solange sich das Kind an ihr festhält oder neben ihr geht, wenn er eine Sonnenbrille oder die Kappe trägt, ja«, antwortete Brent.

»Das Interesse des Kindes war es, von der Sonne nicht geblendet zu werden. Ist das gegeben?«

Brent nickte.

»Die Erwartung oder Regel war, in einer Menschenmenge zusammenzubleiben. Wurde das erfüllt?«

Er bestätigte auch dies.

»Das ist ein gutes Beispiel für einen lohnenden Kampf«, sagte ich. »Die Mutter hat ihre erste Anweisung leicht abgeändert, indem sie dem Kind eine Kappe aufsetzt oder es sich hinten an ihrer Jacke festhalten lässt, aber sie sorgt weiterhin dafür, dass ihr Kind sicher ist. Das war ihr primäres Interesse. Und was glauben Sie, hat das Kind aus dieser Erfahrung gelernt?«, fuhr ich fort.

»Dass seine Mutter ihm zuhört«, antwortete Maggie.

»Dass es nicht nur eine Lösung gibt«, meinte Phil.

»Dass sie kooperieren können«, fasste es John zusammen.

Ich schaute zu Brent. »Wir bringen dem Kind in diesem Beispiel verschiedene Dinge zu unterschiedlichen Momenten bei. Es ist eine sehr wichtige Lektion, Autorität respektieren zu lernen. Eine Autorität, die wir vermitteln, indem wir unmissverständlich Grenzen setzen und bestätigen. Ebenso bedeutsam ist es zu lernen, dass Interessen und Gefühle wichtig sind, dass es nicht nur eine einzige Lösung für ein Problem gibt und dass Eltern hilfreich sein können. Das sind Lektionen, die wir vermitteln, indem wir zusammen mit dem Kind ein Problem lösen.«

Er hörte sich das an, wobei sich sein Gesichtsausdruck nicht veränderte. Ich konnte nicht einmal erraten, was er dachte. Dann sagte er: »Ich habe ein Beispiel für Sie. Sonja will neuerdings nicht ins Bett gehen. Bisher war es kein Problem, aber jetzt will sie, dass ich noch bei ihr bleibe. Ich setze mich aber nicht an ihr Bett!«

Die Positionen waren klar. »Welche Interessen stehen dahinter?«, fragte ich.

»Ich will, dass sie ins Bett geht«, sagte Brent. »Meine Frau arbeitet abends. Ich muss alle drei Kinder ins Bett bringen.«

»Was glauben Sie, will Sonja?«

»Sie werden vermutlich nicht hören wollen, dass sie einfach ein Quälgeist ist, richtig?«

Ich lächelte. »Sie können sagen, was Sie wollen«, versicherte ich ihm. »Ich will nur ein paar weitere Möglichkeiten anbieten.«

»Nur los, ich höre«, antwortete er.

»Zweijährige erleben eine Phase der Trennungsangst«, sagte ich. »Möglicherweise ist Sonja gerade in dieser Phase und braucht abends etwas Beruhigung. Vielleicht werden Sie feststellen, dass sie sich schnell beruhigt und rasch einschläft, wenn Sie sich ein paar Minuten mit ihr hinlegen.«

Leider war unsere Zeit um und wir mussten den Kurs beenden. Aber während die Gruppe ihre Kinder einsammelte und hinausging, fügte ich eine letzte Bemerkung an. »Wenn Sie es in der kommenden Woche mit Kämpfen zu tun bekommen, versuchen Sie, das Problem mit dem PIECE-Modell zu lösen.«

Jetzt sind Sie dran.

Lesen Sie das folgende aus dem Leben gegriffene Szenario und schauen Sie, ob Sie die Positionen und Interessen erkennen können. Welche Lösungen würden Sie vorschlagen?

Der sechsjährige Tad wollte wissen, was in seinem Sparschwein ist. Er besaß das Schwein seit Babytagen und war sich sicher, es müsse ein wahrer Schatz darin sein. Die einzige Möglichkeit, es herauszufinden, war, es zu schlachten. Als er jedoch seine Mutter fragte, ob er dies tun dürfe, lehnte sie dies rundweg ab. »Aber Mama«, protestierte er. Sie kümmerte sich nicht darum. Sie hatte gerade erst einen neuen Staubsauger gekauft, nachdem der letzte dadurch kaputtgegangen war, dass Kleinteile von Tads Spielzeug in die sich drehenden Bürsten geraten waren. Sie wollte nicht schon wieder den nächsten Staubsauger verlieren und stellte sich vor, wie sich Hunderte Münzen auf dem Boden verteilen würden, wenn Tad sein Sparschwein schlachtete. Die Schweinerei wäre an sich schon groß genug, aber die potenziellen Kosten für einen weiteren Staubsauger waren der Tropfen, der das Fass zum Überlaufen brachte. (Sie werden sich fragen, ob der Staubsauger wirklich kaputtgegangen wäre, aber für die Mutter war es eine echte Sorge. Unsere Sorgen sind nicht immer logisch, müssen aber dennoch berücksichtigt werden.)

Positionen: Was will jede der beteiligten Personen?

____

Interessen:	Warum will die jeweilige Person das? ________________________________
Erwartungen:	Welche Regeln oder Erwartungen könnten ins Spiel kommen? ________________________________
Consensus (Konsens):	Welche möglichen Win-win-Lösungen gibt es? ________________________________
Evaluierung:	Welche Anpassungen sind nötig? ________________________________

Wie ist es Ihnen ergangen? Konnten Sie die Positionen und Interessen erkennen? Sind Ihnen Lösungen eingefallen, die die Bedürfnisse beider Seiten berücksichtigen?

Hier unsere Gedanken dazu:

Tad will sein Sparschwein schlachten. Seine Mutter will nicht, dass er es macht. Man kann die steigende Spannung geradezu spüren, als sie ihre jeweiligen Positionen äußern. Sie fahren sich sofort in ihren Positionen fest.

Deswegen ist es so wichtig, sich die Interessen anzuschauen. Warum will Tad sein Sparschwein öffnen? Warum will seine Mutter dies nicht? Was ist für beide wichtig? Anhand der vorliegenden Informationen will Tad anscheinend einfach nur wissen, was in dem Sparschwein ist. Er ist einfach neugierig. Seine Mutter will keine Schweinerei und sie will entschieden nicht, dass sich die vielen Münzen überall auf dem Boden verteilen und möglicherweise ihren neuen Staubsauger verstopfen.

Welche Regeln kommen ins Spiel? Ich bezweifle, dass irgendeine Familie eine spezielle Regel für das Schlachten eines Sparschweins hat, aber möglicherweise Erwartungen über das Wegräumen/Wegputzen von Schweinereien.

Wie können sie zu einem Konsens kommen? Welche Lösungen können beiden Seiten das Gefühl geben, dass ihre Interessen berücksichtigt werden?

Die Mutter erinnerte sich an das PIECE-Modell, als sie merkte, dass sie und ihr Sohn in ihren Positionen festgefahren waren. Sie überlegte, welche Interessen beide hatten, und als sie erkannte, was für beide von ihnen wichtig war, machte sie den Vorschlag, dass er sein Sparschwein in einem großen Karton schlachtet. So konnte Tad herausfinden, was in seinem Sparschwein war, und sie hatte keine Schweinerei und musste sich keine Sorgen um ihren Staubsauger machen. Diese Win-win-Situation war sogar noch mit unerwarteten Belohnungen verbunden. Tad war so begeistert von seinem mit Münzen gefüllten Karton als neue »Schatztruhe«, dass er den restlichen Nachmittag damit spielte. Die Mutter hatte Ruhe und konnte ihr Bad mit der Schwammtechnik fertig streichen.

Nehmen wir noch ein Beispiel. Dieses werden Sie möglicherweise etwas schwieriger finden.

Der zweieinhalbjährige Sam wachte voller Lebensfreude auf. Er rannte aus seinem Zimmer direkt an den Kühlschrank, öffnete die Tür und fing an, den Senf herauszuholen. »Senfsandwich«, verlangte er. Dann griff er nach der Mayonnaise und dem Kopfsalat. Sam liebte es, alle Gläser und Behälter im Kühlschrank und in den Schränken zu erkunden. Er schraubte die Deckel ab, schnupperte am Inhalt und probierte ihn, mischte einen Löffel vom einen mit einem Löffel des anderen Produkts.

Seine Mutter erinnerte ihn wie jeden Morgen: »Die Regel lautet: Erst kommt das Frühstück, dann wird gespielt.« Mit zusammengekniffenen Augen sah er sie missbilligend an.

»Die Regel ist, zuerst spielen«, gab er zurück und stampfte mit dem Fuß auf. Als seine Mutter versuchte, die Kühlschranktür zu schließen, warf Sam sich auf den Boden und brach in Tränen aus.

Positionen: Was will jede der beteiligten Personen?

____

Interessen:	Warum will die jeweilige Person das? ______
Erwartungen:	Welche Regeln oder Erwartungen könnten ins Spiel kommen? ______
Consensus (Konsens):	Welche möglichen Win-win-Lösungen gibt es? ______
Evaluierung:	Welche Anpassungen sind nötig? ______

Welche Positionen gibt es? Sam will Senf-Sandwiches. Seine Mutter sagt, er solle zuerst frühstücken. Für sie sind Senf-Sandwiches kein Frühstück.

In einigen Familien würde diese Situation nicht zu einem Machtkampf führen. Viele Eltern könnten der Meinung sein, dass Senf auf Brot keinen echten Unterschied zu Toast und Marmelade darstellt. In dieser Familie jedoch war ein Senfbrot für die Mutter als Frühstück nicht akzeptabel und sie musste die Meinungsverschiedenheit ausfechten.

Was ist für die Mutter wichtig? Was ist wichtig für das Kind? Im Umgang mit Zweijährigen muss man oft raten. Sam kann seiner Mutter sagen, dass er ein Senf-Sandwich will (seine Position), aber um das zugrunde liegende Interesse herauszufinden, muss die Mutter etwas Detektivarbeit leisten. Wäre ich die Mutter, würde ich vermuten, dass Sam wieder etwas erkunden möchte. Er wünscht sich vielleicht, selbstständig zu handeln. Möglicherweise will er die Dinge selbst machen. Dies sind zumindest sehr häufige Interessen von Zweijährigen. Oder, wenn er ein unregelmäßiges Temperament hat, fehlt ihm vielleicht der Hunger für ein Frühstück. Da Sam sich nicht weigerte, etwas zu essen, würde ich erst einmal von der Annahme ausgehen, dass es sein Interesse ist, die Dinge selbst zu machen.

Die Mutter schätzt die Routine. Es ist für sie wichtig, dass jedes Familienmitglied ein Frühstück isst. Sie möchte, dass der Tag mit einem nahrhaften Frühstück beginnt.

Die Regeln in dieser Familie waren klar. Die Mutter sagte Sam, die Regel laute: »Zuerst kommt das Frühstück.« Das Problem ist, dass Sam dachte, die Regel solle lauten: »Zuerst wird gespielt.« Die Mutter könnte Sams Gefühle anerkennen, indem sie beispielsweise sagt: »Du hättest gerne, dass die Regel lautet: ›Zuerst wird gespielt‹.« Sie kann sich aber auch wohl damit fühlen, zu wiederholen und zu bekräftigen, dass zuerst das Frühstück kommt. Das Setzen von Grenzen bedeutet nicht, andere Interessen und Gefühle zu ignorieren. Während die Mutter über den Zeitpunkt des Frühstücks unnachgiebig bleiben kann, kann sie sich auch Sams Interessen anschauen, um seine Kooperation zu erreichen.

Konsens bedeutet, dass die Interessen aller Beteiligten berücksichtigt werden. Die Mutter will, dass der Tag mit einem nahrhaften Frühstück beginnt. Sam will alles selbst machen und erkunden. Eine Win-win-Situation könnte sein, Sam dabei helfen zu lassen, die Schüsseln aufzudecken, Müsli und Saft einzufüllen (und dafür einen Henkelkrug in kindgerechter Größe zu verwenden) sowie unter Mamas Aufsicht den Toaster in Betrieb zu nehmen und den fertigen Toast mit Butter zu bestreichen. Eine andere langfristigere Lösung könnte sein, am Vorabend eine Frühstücksbox für Sam vorzubereiten, die er morgens aus dem Kühlschrank holen und sich daraus bedienen kann. Diese Lösung würde zwar beim aktuellen Streit nicht helfen, könnte jedoch künftigen Streitereien vorbeugen.

Beide Lösungen berücksichtigen Sams Interesse, etwas zu erkunden und Dinge selbst zu machen. Sie berücksichtigen auch das Interesse der Mutter, den Morgen mit einem nahrhaften Frühstück zu beginnen.

Es ist besonders wichtig, diese Lösungen auszuprobieren und einzuschätzen, weil die Mutter mit anderen Möglichkeiten experimentieren muss, falls die Vermutung falsch ist, Sams Interesse sei es, die Dinge selbst zu machen.

Lernen, zu einem Ja zu gelangen, ist ein Erziehungshilfsmittel, aber keinesfalls das Einzige. Sie werden nicht jedes Problem zusammen mit Ihrem Kind lösen wollen, aber dies ist eine sehr wichtige Fertigkeit, die Ihr beharrliches Kind entwickeln sollte. In den Kapiteln 9 und 10 finden Sie weitere Tipps dazu, wie Sie Ihr Kind dazu bringen können, mit Ihnen zu kooperieren.

Nach einem Ja streben

Nun wird es Zeit, dass Sie Ihre Fertigkeiten in einer Ihrer eigenen Situationen üben. Versuchen Sie, diese Übung zusammen mit Ihrem Kind durchzuführen.

Erinnern Sie sich an einen Streit, den Sie mit Ihrem Kind hatten. Beschreiben Sie ihn hier:

____

____

____

Positionen: Was will jede der beteiligten Personen?

Mutter/Vater: ____________________________

Kind: ____________________________

Interessen: Warum will die jeweilige Person etwas? Was ist ihr Interesse oder ihre Motivation?

Mutter/Vater: ____________________________

Kind: ____________________________

Erwartungen: Welche Regeln oder Erwartungen bestimmen die Situation?

1. ____________________________________
2. ____________________________________

Konsens: Schreiben Sie drei bis fünf mögliche Lösungen auf.

1. ____________________________________
2. ____________________________________

3. ____

4. ____

5. ____

Evaluierung: Suchen Sie sich eine Lösung aus. Berücksichtigt diese ausgewählte Lösung die Interessen aller Beteiligten? Respektiert sie Ihre Regeln und Erwartungen?

____

____

____

GENIESSEN SIE IHRE ERFOLGE

Als ich in der folgenden Woche fragte, wer über einen Erfolg berichten könne, schossen die Hände in die Höhe. Ich war begeistert, dass auch Maggie sich gemeldet hatte.

»Kristen, meine Achtjährige, wollte Tennis spielen. Sie war unnachgiebig. Draußen war es regnerisch und windig. Ich sagte ihr, im Haus könne sie nicht spielen. Es war ihr egal. Sie sagte, sie würde in der Garage spielen. Ich entgegnete, das Auto stehe in der Garage und es sei dort kalt. Sie sagte, sie würde eine Jacke anziehen und ich könnte das Auto in die Einfahrt stellen. Ich probierte es mit einem anderen Kurs und wies sie darauf hin, dass der Garagenboden mit Kies und Sand bedeckt sei. ›Kein Problem‹, meinte sie, sie würde den Kies ausschaufeln und den Boden fegen. Ich sagte ihr, bis sie damit fertig wäre, würde es 20:30 Uhr und damit Bettgehzeit sein. Sie ließ sich durch nichts abschrecken. Sie wollte an diesem Abend in der Garage Tennis spielen!

Ich merkte, dass wir in unseren Positionen festgefahren waren. Ich konnte innerlich die Stimme meiner Mutter hören: ›Verzieh sie nicht. Knicke nicht ein!‹ Aber eine andere Stimme übertönte sie – ›Interessen. Überlege, welche Interessen ihr habt.‹ Mein Interesse war, dass sie um 20:30 Uhr im Bett sein würde. Ich war mir nicht sicher, was ihr Interesse war, daher fragte ich sie. ›Warum willst du dir diese ganze Arbeit machen?‹

›Weil ich in der Schule und jetzt im Haus eingepfercht war, Mama. Ich will einfach spielen.‹

Sie hatte recht. Wir hatten nicht genügend Bewegung gehabt. Gegen den Widerstand der Stimme meiner Mutter, die ich im Kopf hatte, und um mein Interesse klarzustellen, sagte ich ihr, ich würde den Wecker auf 20 Uhr stellen. Sie stimmte zu. Ich fuhr das Auto aus der Garage. Sie fegte und schaufelte. Als sie damit fertig war, blieben ihr nur noch 20 Minuten zum Spielen. Sie schloss das Garagentor und begann, den Ball dagegen zu schlagen. *Peng, peng, peng*, schöne gleichmäßige Schläge. Als der Wecker um 20 Uhr läutete, rief ich sie ins Haus. ›Okay‹, rief sie und hörte auf.

Sie ging friedlich ins Bett. Wenn ich einfach nur Nein gesagt hätte, hätte sie immer noch gebrüllt.«

»Wie haben Sie sich gefühlt?«, fragte ich.

»Großartig«, antwortete Maggie. »Es war schön. Ich fühlte mich erfolgreich. Mein Ziel war, sie pünktlich ins Bett zu bekommen, und es hatte funktioniert. Ich hatte auch keine Schuldgefühle und nicht den Eindruck, sie zu verziehen. Und Kristen fühlte sich auch gut. Es spielte für sie keine Rolle, dass sie nur 20 Minuten spielen konnte. Sie hatte es einfach tun wollen.«

»Warum hat es funktioniert?«, fragte ich.

»Die Lösung berücksichtigte die Interessen von beiden«, meinte Diane.

»Und die Regel, um 20:30 Uhr ins Bett zu gehen, wurde eingehalten«, bestätigte ich. »Genau das ist eine Problemlösung.«

Die anderen hatten ähnliche Geschichten zu berichten. Sadie hatte ihr Ballerina-Outfit anziehen wollen, kurz bevor sie zu unserem Kurs aufbrechen mussten. Sarah erlaubte es unter der Voraussetzung, dass sie nur fünfmal um den Esstisch tanzte und sich dann schnell wieder umzog. Sie kamen pünktlich und guter Dinge.

Johns 13-jährige Tochter Kelly wollte mit Freunden ins Kino gehen und einen ab 16 Jahren freigegebenen Film anschauen. John sagte ihr, sie könne ihre Freunde treffen, dürfe aber keinen erst ab 16 freigegebenen Film anschauen. Anfangs protestierte sie, als John jedoch darauf hinwies, ihr wirkliches Interesse sei, mit ihren Freunden zusammen zu sein, wogegen er nichts einzuwenden hatte, ging sie wieder ans Telefon und handelte einen anderen Film aus.

Als Brent sich meldete, stellte sich bei mir ein Gefühl von Selbstgefälligkeit ein. Wow! Unwillkürlich dachte ich, dass der Kursabend letzte Woche offenbar wirklich gelungen war! Brent half mir, meinem Ego wieder Grenzen zu setzen.

»Ich habe ausprobiert, was Sie gesagt haben«, berichtete er. Ich glaube, ich wurde einen Zentimeter größer. »Ich habe Sonja ins Bett gebracht und mich ein paar Minuten mit ihr hingelegt.«

»Und?«, fragte ich.

»Sie ist gleich eingeschlafen«, fuhr er fort.

»Wie schön«, beglückwünschte ich ihn. Dann erst bemerkte ich, dass Brent nicht erfreut aussah. Er lächelte auch nicht. Er wirkte tatsächlich eher eingeschnappt.

»Was stimmt dabei nicht?«, fragte ich.

»Es war lächerlich. Ich muss abends eine Menge Dinge erledigen. Da neben ihr zu liegen, war, wie in eine Zwangsjacke gesteckt zu werden. Bis sie dann schlief, war ich nahe dran zu explodieren.«

»Oha«, antwortete ich als Extrovertierte, um das Schweigen zu unterbrechen. Ich wusste nicht, was ich sagen sollte.

Und dann fing Brent an zu grinsen. Auf sich selbst deutend sagte er: »Aber ich hatte inzwischen eine bessere Idee. Ich merkte, dass es Sonjas Interesse war, mich zu sehen. Also habe ich ihr Bett so gestellt, dass sie zur Türe hinausschauen konnte. Dann habe ich einen Stuhl in den Eingang zu meinem Zimmer gegenüber gestellt. Da konnte ich mich hinsetzen, fernsehen, Papiere lesen, Rechnungen überweisen, was auch immer, und sie konnte mich dennoch sehen. Sie schlief ein, ohne dass ich neben ihr liegen musste!«

Ich schluckte, als ich zugab: »Die Idee ist viel besser als meine.« Dann fragte ich die Gruppe: »Warum hat meine Lösung für Brent nicht funktioniert?«

»Sie hat Sonjas Interesse berücksichtigt, aber nicht das Interesse von Brent«, antwortete Lynn.

»Und warum war Brents Idee viel besser?«

»Weil sie die Interessen von beiden berücksichtigt. Sonja konnte ihn sehen, ohne dass er neben ihr liegen musste.«

»Das stimmt, und genau deshalb ist es so wichtig, Lösungen nach einer gewissen Zeit zu evaluieren. Letzte Woche hatten wir nicht mehr viel Zeit und ich habe das vermasselt. Ich hatte nicht geprüft, ob die angebotene Lösung tatsächlich die Interessen beider, die von Brent und Sonja, berücksichtigte. Aber Brent hat das selbst herausgefunden und die nötige Änderung vorgenommen.«

Nun wirkte Brent ziemlich selbstgefällig. Seine Augen funkelten, als er sich zurücklehnte und die Arme selbstsicher vor der Brust verschränkte.

»Super Job!«, bemerkte ich.

Er nahm mein Kompliment mit einem Tippen an seine Kappe zur Kenntnis.

Nun sind Sie an der Reihe, Ihre Erfolge zu genießen.

Genießen Sie Ihre Erfolge

Denken Sie an Situationen, in denen Sie mit der PIECE-Methode ein Problem für sich und Ihr Kind lösen konnten.

____

____

Wie haben Sie sich anschließend gefühlt?

____

____

Wie hat sich Ihr Kind gefühlt?

____

____

Was hat Ihr Kind daraus gelernt?

____

____

Warum hat es funktioniert?

____

____

Falls es nicht so gut funktioniert hat wie erhofft: Was werden Sie nächstes Mal anders machen?

____

____

Die Kernpunkte

Was beharrliche Kinder immer wieder hören müssen
Aussagen, die ihnen helfen, sich mit ihrer Beharrlichkeit wohlzufühlen:

- Du bist ein selbstständiger Denker!
- Du bist kreativ!
- Du bist ein guter Problemlöser!

Aussagen, die ihnen helfen, sich aus einer festgefahrenen Situation zu lösen und ihre Interessen zu erkennen:

- Ich höre dir zu.
- Ich versuche, dich zu verstehen.
- Was ist für dich wichtig dabei?

Aussagen, die ihnen helfen, Lösungen zu finden, die für alle funktionieren:

- Du kannst dich aus einer festgefahrenen Lage befreien.
- Du kannst dir eine andere Lösung ausdenken.
- Was könnten wir sonst machen?

7

Sensibilität

Verstehen, wie sich Ihr Kind fühlt

Zur Vorbereitung

- Lesen Sie Kapitel 11 und 15 in *Wie anstrengende Kinder zu großartigen Erwachsenen werden.*

Die Hauptpunkte des Kapitels

- Ein genauer Blick auf die Auslöser bei sensiblen Personen.
- Reaktionen, die sensiblen Menschen helfen, mit ihrer Sensibilität umzugehen.
- Erfolgreiche Strategien für die schwierigen Momente wie das Anziehen, Ausgehen, Essen und so weiter.

Dinge, die es zu beobachten gilt

- Achten Sie in einem Restaurant, Einkaufszentrum oder an einem Andachtsort darauf, welche Empfindungen Sie stören.
- Achten Sie beim Betreten eines Raums darauf, ob Sie die Emotionen der Anwesenden wahrnehmen.

Der sechsjährige Steven hatte ein Problem. Seine Lehrerin rief zu Hause an, nachdem er sich ständig weigerte, Arbeitsblätter zu bearbeiten, die ihm zugeteilt wurden. Seine Mutter rief mich an, sie brauchte Hilfe. »Das Komische ist«, sagte sie, »dass er einige Blätter bearbeitet, sich bei anderen aber standhaft weigert.«

»Haben Sie ihn gefragt, warum er sie nicht bearbeiten will?«, fragte ich.

»Er sagt es nicht«, antwortete sie. »Er zuckt nur mit den Schultern oder sagt, dass sie blöd sind.«

Mit dem Einverständnis seiner Lehrerin wurde beschlossen, dass seine Mutter und ich an einem Dienstagvormittag seine Klasse besuchen würden. Kurz nachdem wir gekommen waren, bekam jedes Kind einen Stapel Arbeitsblätter ausgeteilt. Steven inspizierte jedes Blatt, dann machte er sich an die Arbeit. Er beendete das erste Blatt, dann das zweite, aber als er sich dem dritten Blatt zuwandte, hörte er auf.

»Dieses mache ich nicht«, sagte er in knurrigem Ton.

»Warum nicht?«, fragte seine Mutter.

»Es ist ein Blatt zum Ausschneiden und Kleben«, antwortete er.

»Ja und?«, fragte seine Mutter.

Steven holte aus seinem Pult eine mit Klebstoff gefüllte Filmdose heraus. Er öffnete sie und hielt sie seiner Mutter unter die Nase.

»Riech mal!«, verlangte er. »Würdest du deinen Finger da reinstecken wollen?«

Steven ist sensibel. Er gehört zu den Menschen, die Emotionen, Anblicke, Geräusche, Beschaffenheiten, Geschmacksrichtungen und Gerüche in einem größeren Ausmaß wahrnehmen als die Durchschnittsmenschen. Genau wie andere sensible Menschen macht er keine Witze, wenn er sagt, er könne das Arbeitsblatt nicht ausfüllen, weil der Klebstoff stinkt. Er meint es todernst, wenn er sagt, er könne ein spezielles Paar Socken oder eine bestimmte Unterwäsche nicht tragen, weil die Nähte ihn verrückt machen. Von dem Spektakel in einem Vergnügungspark bekommt er tatsächlich Kopfschmerzen. Und selbst wenn der Lehrer ihn nicht anschreit, bekommt er Bauchschmerzen, wenn um ihn herum eine konfliktreiche Stimmung herrscht.

Manche Menschen nehmen Anblicke, Geräusche, Gerüche und Beschaffenheiten um sich herum sehr intensiv wahr. Andere nicht. Wir können uns nicht aussuchen, wie sensibel wir sind, aber wir können lernen, mit unseren Reaktionen umzugehen. Es ist unsere Aufgabe als Eltern temperamentvoller Kinder, ihnen zu helfen, ihre sensorischen Auslöser zu erkennen. Ist Ihr Kind besonders empfindlich gegenüber Lärm, Licht, Beschaffenheiten, Gerüchen, Geräuschen, Emotionen? Wenn dies der Fall ist, muss Ihr Kind das wissen und es muss auch wissen, wie es damit umgehen kann.

EINE ANDERE SICHTWEISE

Die Gruppe stand um die Kaffeekanne herum. Maggie gab immer Geschichten über Schnäppchen zum Besten, an diesem Abend informierte sie John, wo es preiswerte Sportartikel gab. Brent und Phil, die beide eine Baseball-Cap mit dem Schirm nach hinten trugen, hörten genau zu. Ich hatte zuvor festgestellt, dass Dannys Kappe genau zu der seines Vaters passte. Diane erfreute Sarah mit irgendeiner Geschichte. Sie gestikulierte mit beiden Händen, während ihre Stimme sich hob und senkte. Ich musste unwillkürlich denken, dass das Leben in ihr sprudelte wie eine Quelle. Es schien kein Abend zu sein, um sich hinzusetzen und sich zu unterhalten.

»Zeit für einen Ausflug!«, verkündete ich der Gruppe.

»Hey, wir lassen die Kinder hier und machen uns davon?«, fragte Phil hoffnungsvoll.

»In die Mall of America – auf zur Shopping-Nacht!«, schlug Lynn vor, denn das Einkaufszentrum war gleich ein Stück weiter an der Straße.

»Nein, so aufregend wird es nicht«, erklärte ich. »Wir gehen nur einmal durch das Gebäude. Heute Abend werden wir Ihre Sensibilität testen. In diesem Test können Sie nicht durchfallen.

Seien Sie einfach Sie selbst. Gehen Sie los und spazieren Sie fünf Minuten durch das Gebäude. Wenn Sie zurück sind, werde ich Sie fragen, was Sie alles bemerkt haben.«

Als sich die Gruppe in Bewegung setzte, rief ich Brent und Diane zu: »Würden Sie beide bitte zusammen gehen?«

Sie sahen mich neugierig an.

»Ich habe den Eindruck, dass Ihre Präferenzen auf der Achse der Sensibilität sehr unterschiedlich sind«, erklärte ich. »Ich hätte gerne, dass Sie dieselben Stellen sehen und erleben.«

»Hmm«, antworteten sie, nicht so recht überzeugt, ob sie das wirklich wollten.

Maggie spürte ihr Unbehagen. »Ist es okay, wenn ich mich Ihnen anschließe?«, fragte sie. Sie stimmten zu und gingen zusammen hinaus.

Ich lade Sie ein, ebenfalls eine Art Rundgang zu unternehmen. Verbringen Sie jetzt gleich, wo auch immer Sie gerade sitzen, einige Augenblicke damit, Ihre Umgebung in sich aufzunehmen. Was bemerken Sie? Wenn andere Menschen bei Ihnen sind, fragen Sie sie, was diese sehen, fühlen, hören, riechen oder schmecken.

Notieren Sie hier Ihre Beobachtungen.

____

____

____

Als die Gruppe zurückkam, fragte ich sie nach ihren Beobachtungen.

Diane eröffnete die Diskussion, während sie geräuschvoll Kartoffelchips kaute, die sie sich aus dem Automaten im Lehrerzimmer geholt hatte.

»Auf der anderen Seite des Gebäudes wird umgebaut«, sagte sie zwischen zwei Bissen. »Ich konnte Sägespäne riechen. Und im Büro am anderen Ende des Flurs haben zwei Frauen gearbeitet. Eine der beiden war sehr frustriert wegen der anderen. Ich habe außerdem bemerkt« – sie pausierte, um sich einen Krümel aus dem Mundwinkel zu wischen –, »dass die Tapete im Westflur aus einer anderen Farbpartie stammen muss als im Ostflur. Die beiden Tapeten sind nicht genau gleich.«

»Wie ist es mit Ihnen, Maggie?«, fragte ich. »Was haben Sie bemerkt?«

»Das Muster in den Gängen. Ich mochte die Farben, auch wenn ich glaube, dass ich etwas andere Grüntöne gewählt hätte.« Sie machte eine Pause und warf einen Blick auf die Kartoffelchips. Diane bot ihr welche an. Sie steckte sich einen Chip in den Mund und fuhr fort. »Das Geräusch der Ventilatoren im Lehrerzimmer würde mich verrückt machen. Und an der Wand hängen einige Bilder schief. Dann habe ich noch bemerkt, dass mittags offenbar jemand ein Thunfischsandwich gegessen hat.«

Ich notierte ihre Antworten in einer Tabelle, die ich an die Tafel gezeichnet hatte.

Gerüche	**Anblicke**	**Geschmack**	**Taktile Empfindungen**	**Geräusche**	**Emotionen**
Bauarbeiten	Bilder			Laufende Ventilatoren	Frustration
Thunfisch	Tapete				
	Wandschmuck				

Brent wandte sich Diane und Maggie zu, seine Augenbrauen erstaunt hochgezogen. »Wir waren nur zwei Minuten in dem Büro«, bemerkte er ungläubig, »woher wissen Sie, dass eine der Frauen wegen der anderen frustriert war?«

Diane lächelte nur. »Ich weiß es eben«, sagte sie und bot ihm von den Chips an.

Brent nahm einen Chip und kaute geräuschvoll. »Ich habe nicht einmal bemerkt, dass eine Tapete an der Wand war, geschweige denn die unterschiedlichen Farbpartien.«

»Was ist mit den Bildern?«, fragte ich ihn.

»Welche Bilder? Ich habe keine gesehen!«

Die anderen in der Gruppe lachten, einige konnten sich ganz leicht mit den Beobachtungen von Maggie und Diane identifizieren, andere fühlten mit Brent. Wir waren wirklich alle sehr unterschiedlich.

»Wir sind alle normal«, bekräftigte ich, »aber einige Menschen sind sensibler als andere. Sie erleben Empfindungen, die uns anderen entgehen. Wichtig ist, dass uns klar wird, dass andere Menschen möglicherweise auf Empfindungen reagieren, die wir nicht einmal wahrnehmen.«

»Denken Sie nun an Ihre Kinder. Welche Emotionen, Gerüche, Geschmacksrichtungen, Anblicke, Geräusche, Berührungen oder Beschaffenheiten stören sie?«

Sarah saß steif auf ihrem Stuhl. »Oh ja, das kenne ich«, sagte sie aufgeregt. »Wenn Cara backt, will sie den Zucker nicht abwiegen. Sie sagt, von dem Geruch müsse sie würgen. Auch Gerüche im Auto stören sie. Himmel hilf, wenn jemand über Nacht eine Essensverpackung im Auto hat liegen lassen. Zuerst einmal wird sie nicht einsteigen wollen und dann nur mit offenem Fenster fahren.«

John nickte zustimmend. »Meine Tochter kann keine Briefmarke ablecken. Das muss jemand von uns erledigen oder sie benutzt ein Schwämmchen.« ›Zum Glück gibt es inzwischen auch selbstklebende Briefmarken‹, dachte ich.

Diane schaltete sich in das Gespräch ein. »Brandon hasst Fleisch. Er beklagt sich immer über die Konsistenz und den Geschmack. Auch Geräusche stören ihn, er jammert schon bei Kleinigkeiten wie einem Pfeifen, Klopfen, wenn jemand Kaugeräusche macht oder sogar wenn ein Messer auf einem Teller schabt.«

Lynn lachte. »Genau, und das Geräusch und das Vibrieren des Staubsaugers. Als Jenna klein war, hat sie gebrüllt, inzwischen beklagt sie sich nur noch, dass sie davon Kopfschmerzen bekommt.«

»Traurige Filme lösen bei Justin etwas aus«, fuhr Diane fort. »Er kann inzwischen *Bambi* anschauen, ohne zu weinen, aber vorher haben seine älteren Cousins auf ihm herumgehackt und ihn als ›Schreibaby‹ bezeichnet, woraufhin er nur noch mehr geweint hat, weil er Hänseleien nicht leiden kann – selbst dann nicht, wenn sie ihn nicht selbst betreffen.«

»Tara wird auch von visuellen Eindrücken gequält«, sagte Phil. »Sie beklagt sich über die Sonne. Wir haben ihr sogar eine Sonnenbrille gekauft – eine teure. Sonst will sie im Sommer nicht Auto fahren oder draußen spielen. Schon als Baby hat sie gebrüllt, bis sie blau anlief, wenn die Sonne ihr in die Augen schien.«

Wir fingen an, über unsere eigenen Lieblingsärgernisse zu sprechen und die Liste wurde lang und länger.

»Ach du liebe Güte, schauen Sie sich das an!«, rief Diane bei einem Blick auf die Tabelle. »Kein Wunder, dass es so schwierig ist. Mir war bisher nicht klar, wie viele Kleinigkeiten bei meinen Kindern – und auch bei mir – etwas auslösen können.«

Temperamentvolle Kinder regen sich häufig über scheinbare Kleinigkeiten auf. Daher ist es so wichtig, dass Sie trainieren, die Trigger für alle Familienmitglieder zu bemerken.

Ich erstellte bei dem Gespräch mit der Gruppe eine Tabelle und fügte jede Antwort ein. Diese Antworten dienen als Beispiele.

Auslöser bei Sensibilität

1. Denken Sie über Ihre Familie nach. Welche Anblicke, Geräusche, Gerüche, Geschmacksrichtungen, taktilen Reize oder Emotionen wirken auf die einzelnen Mitglieder störend?
2. Schauen Sie sich die Tabelle unten an und markieren Sie die Dinge, die bei den Mitgliedern Ihrer Familie etwas auslösen.
3. Fügen Sie Ihre eigenen Trigger an.
4. Sind Ihre Kinder mindestens vier Jahre alt, lassen Sie sich von ihnen beim Ausfüllen der Tabelle helfen. Ermitteln Sie die scheinbar kleinen Dinge – Situationen, Umstände und Empfindungen –, die zu Problemen und Missverständnissen führen können.
5. Kreuzen Sie die an, die für Ihre Familie am wichtigsten sind.

Auslöser bei Sensibilität

Gerüche	Anblicke	Geschmacksrichtungen	Taktile Empfindungen	Geräusche	Emotionen
Parfümiertes Toilettenpapier	Schief hängende Bilder	Fleisch	Nähte in Socken	Weckerklingeln	Traurige Filme
Zucker	Farben, die nicht zusammenpassen	Limabohnen	Etiketten in der Bekleidung	Sirenen	Wenn andere weinen
Essen oder Essensverpackungen, die im Auto liegen geblieben sind	Sich bewegende Dinge	Klebstoff auf Briefmarken	Manschetten und Krägen	Staubsauber	Hänseleien
Zigaretten	Sonne	Vermischung von gekochtem Essen	Spielen im Sand oder mit Fingerfarben	Wenn jemand kaut oder hustet	
Schlechter Atem	Neonröhren	Gewürze	Injektionsspritzen	Pfeifen	

Gerüche	Anblicke	Geschmacks-richtungen	Taktile Emp-findungen	Geräusche	Emotionen
Kaffee	Eintönig-keit/Farblo-sigkeit	Zahnpasta	Wollmüt-zen/Woll-handschuhe	Klopfen	
Parfüm	Stundenlan-ges Fernse-hen	Kleber auf Kuverts	Wachstums-schmerz	Messer, das auf einem Teller schabt	
Farbe		Irgendet-was Grünes zu essen	Temperatur-änderungen	Ver-kehrslärm	
Gerüche im Bad			Haare schneiden	Chaos, wenn viele Menschen sprechen, Musik	
Müll			Steife Jeans	Filme im Kino	

Schlüsselbereiche der Sensibilität in meiner Familie

Sollten Sie es schwierig finden, sich an die spezifischen Auslöser zu erinnern, denken Sie in Kategorien. Welche Sinne werden bei jedem einzelnen Familienmitglied am leichtesten angesprochen?

1. Schreiben Sie den Namen jedes Familienmitglieds in die erste Reihe der folgenden Tabelle.
2. Schauen Sie sich die Tabelle zu Auslösern bei Sensibilität durch.

3. Denken Sie über jedes Familienmitglied nach. In welchen Kategorien sind die einzelnen Personen empfindlich?
4. Füllen Sie die folgende Tabelle aus, um die häufigsten Auslösetypen für jedes Familienmitglied vorhersehen zu können.

Nachfolgend ein Beispiel aus Sarahs Familie.

Name	**Bob**	**Sarah**	**Cara**	**David**	**Sadie**	**Kim**
Schlüsselbereiche der Sensibilität	Anblicke, Geräusche	Gerüche, Geschmack, Emotionen	Gerüche, Beschaffenheiten, Berührung	Emotionen, Anblicke, Geräusche	Anblicke	Anblicke, Berührung

Name						
Schlüsselbereiche der Sensibilität						

Nachdem Sarah ihre Familientabelle ausgefüllt hatte, stieß sie einen tiefen Seufzer aus. »Kein Wunder, dass Cara im Zoo nicht ins Affenhaus gehen wollte! Ich dachte, sie wäre einfach schwierig. Immer beschwert sie sich über den Geruch von Dingen – im Schulbus, über das Parfüm ihrer Lehrerin, den Mundgeruch des Zahnarztes. Das ergibt nun alles einen Sinn und ich war so oft peinlich berührt von ihrem Verhalten. Ich habe ihr tatsächlich nicht richtig zugehört, dabei bin ich selbst sensibel!«

Es ist tatsächlich sehr verbreitet, dass sensible Kinder bei einem Angriff auf ihre Sinne brüllen und protestieren, weil sie nicht erkennen oder nicht verstehen, was genau sie stört. Wenn Ihr Kind das nächste Mal protestiert, dass das Licht seinen Augen wehtut oder es die Erbsen nicht essen kann, weil sie sich mit dem Kartoffelpüree vermengt haben, ist es wichtig, dass Sie erkennen, dass Ihr Kind nicht einfach versucht, sie zu ärgern. Durch das Wissen, in welchen Bereichen es empfindlich ist, können Sie ihm helfen, Möglichkeiten zu finden, damit umzugehen.

Erkenntnisse
Sarah wurde klar, dass Cara vom Temperament her sensibel ist. Sie war nicht einfach nur schwierig, wenn sie sich weigerte, ins Affenhaus mitzugehen. Dieses Bewusstsein verschaffte Sarah eine andere Sichtweise von und ein neues Verständnis für Caras Verhalten. Überlegen Sie einen Moment, welche Erkenntnisse Ihre Tabelle Ihnen bieten kann.

Wenn ich meine Tabelle anschaue, merke ich …

____

____

____

____

WIRKSAME STRATEGIEN

Diane überlegte einen Moment, dann fragte sie: »Okay, aber selbst wenn ich weiß, dass mein Kind sensibel ist, was soll ich dann tun? Wie bei Steven in der Geschichte am Anfang. Selbst wenn der Klebstoff stinkt, muss er seine Arbeitsblätter ja trotzdem ausfüllen.«

»Steven erledigte tatsächlich einige Arbeitsblätter wegen des Geruchs und des taktilen Empfindens des Klebstoffs nicht«, antwortete ich. »Der Grund war nicht, dass er stur oder schwierig sein wollte, sondern der Geruch bereitete ihm wirklich Übelkeit. Nachdem seine Lehrerin das wusste, gab sie ihm einfach einen Klebestift und er machte seine Arbeiten.«

»Interessant«, meinte Lynn.

»Aber was ist mit den anderen Kindern?«, fragte Sarah. »Wollen dann nicht alle Klebestifte? Was macht man, wenn man nicht genügend hat für alle Kinder?«

»Die Lehrerin merkte, dass sie einige Auswahlmöglichkeiten anbieten musste«, sagte ich. »Die meisten Kinder waren mit ihren Klebstoffdosen absolut zufrieden. Nur einige wenige wollten einen Klebestift ausprobieren, daher war es kein Problem. Ich weiß, dass Erwachsene häufig die Sorge haben, wenn sie Kindern Auswahlmöglichkeiten geben, würde jedes Kind jede Option ausprobieren wollen. Das scheint jedoch gar nicht der Fall zu sein. Die Kinder neigen dazu, sich zu nehmen, was sie brauchen, und machen sich gar nicht die Mühe, andere Dinge zu beachten, oder sie probieren ein paarmal die verschiedenen Optionen aus und bleiben dann bei der, die ihnen am besten gefällt. Der wichtigste Faktor war, dass die Lehrerin die Verwendung von Klebstoff oder Klebestift anbieten konnte. Jedes Kind hätte den Klebestift benützen können. Er war nicht nur für Steven gedacht. Jedes Kind hatte diese Option.«

»Also bitte«, meinte Brent. »Warum kann das Kind nicht einfach seine Finger in den Klebstoff stecken und sie anschließend waschen?«

»Weil«, erklärte Maggie sehr entschieden, »ich weiß, dass dies überhaupt nicht einfach wäre, ich bin nämlich auch empfindlich und weiß das. Sie können den Geruch nicht einfach abwaschen. Der bleibt hängen.«

Brent schnaubte. »Genau das würden meine Frau und meine Tochter auch sagen. Sie klagen immer über solche Dinge.« An Maggie gewandt wollte er wissen: »Warum macht ihr das? Warum könnt ihr es nicht einfach ignorieren? Warum muss das so aufgebauscht werden?«

Bevor Maggie antworten konnte, schaltete Lynn sich ein. »Brent, erinnern Sie sich noch? Warum sind Sie Rechtshänder?«

Stille trat ein. Brent schaute Lynn an und wollte etwas sagen, ließ es dann aber. Ihre Bemerkung hatte gesessen.

Ich wartete noch einen Moment, achtete darauf, ob die Stille mit Spannung verbunden war, aber es lag keine Spannung in der Luft. Alle fühlten sich sicher genug, den anderen sehr direkte Fragen zu stellen, und fanden Antworten, die zufriedenstellten – zumindest für den Augenblick. Wir arbeiteten ja weiter zusammen.

»Brent, Sie sprechen einen sehr wichtigen Punkt an«, sagte ich. Er sah mich überrascht an. »Es könnte schwierig sein, mit Stevens Weigerung umzugehen. Und viele von Ihnen haben Bemerkungen darüber gemacht, wie hart es ist, sensibel zu sein. Daher ist es so wichtig, eine positive Sichtweise zu haben. Wir müssen uns selbst fragen: ›Was ist gut daran, sensibel zu sein?‹« Ich sah Diane an. Sie wedelte vor meinem Gesicht mit der Hand.

»Sie wissen ja«, sagte sie, »ich bin die, die erst noch versucht, das herauszufinden.«

Der stille, empathische John kam zu Hilfe. »Sensible Menschen sind fürsorglich«, sagte er. »Und sie sind gut als Vermittler geeignet.«

»Scharfsichtig«, fügte Lynn hinzu. »Man bemerkt Dinge, die anderen entgehen.«

»Wählerisch«, bot Maggie an.

Phil hob die Kappe von seinem Kopf. »Ich hab's!«, rief er. »Ich hörte kürzlich im Radio, dass Soundentwickler sich ausdenken müssen, wo sie für ihre Filme die passenden Geräusche herbekommen. Ein Typ verwendete kochende Tomatensauce für einen ausbrechenden Vulkan!«

Lynn kicherte. »Was hat das mit Sensibilität zu tun?«

»Sensible Menschen könnten einen Job als Soundentwickler bekommen«, erklärte Phil.

Diane johlte: »Meine neue Karriere! Wow! Mir gefallen diese vielen netten Dinge über sensible Menschen. Ich wusste gar nicht, dass ich so etwas Besonderes bin.« Sie umarmte sich selbst. Brent schüttelte den Kopf über Diane und lachte. Mit dem Daumen auf sie zeigend, sagte er: »Meine Frau würde Sie lieben!«

Die Welt braucht Menschen, die weichherzig, wählerisch und scharfsichtig sind. Deshalb ist es so wichtig, dass Sie Ihrem sensiblen Kind helfen, seine Empfindlichkeit, seine Sensibilität zu verstehen und einen guten Umgang damit zu lernen.

Die fünf besten Dinge an der Sensibilität

Denken Sie an sensible Menschen, die Sie kennen. Schreiben Sie dann die fünf besten Dinge auf, die Ihnen zur Sensibilität einfallen.

1. ______________________________
2. ______________________________
3. ______________________________
4. ______________________________
5. ______________________________

Behalten Sie diese Sichtweise bei!

»Sind Sie bereit für spezifischere Strategien?«, fragte ich. Alle nickten.

Die ersten Schritte, um Ihrem sensiblen Kind zum Erfolg zu verhelfen, sind, seine Trigger zu erkennen und ihm zu *glauben*, wenn es Ihnen sagt, wodurch es gequält wird. Der nächste Schritt ist, Ihrem Kind die Strategien beizubringen, die es braucht, um mit seiner Sensibilität umzugehen. Sie müssen ihm helfen:

1. seine Empfindungen zu benennen und seine Gefühle zu bestätigen
2. nach Möglichkeit die Trigger auszuschalten oder zu meiden
3. Trigger, die sich nicht vermeiden lassen, zu reduzieren oder Anpassungen daran vorzunehmen
4. zu wissen, wann es eine Pause einlegen sollte

1. Empfindungen benennen und Gefühle bestätigen

Der Geruch bestimmter Speisen kann bei einem empfindlichen Kind Brechreiz auslösen. Ähnlich können Etiketten in Textilien, kratzige Stoffe, dicke Nähte und enge Halsausschnitte bestimmte Kleidungsstücke untragbar machen. Geschrei, Streit oder das Vorherrschen von Negativität und Sarkasmus können für ein emotional sensibles Kind ein Klassenzimmer unerträglich machen. Kinder verfügen jedoch häufig nicht über das erforderliche Vokabular, um uns zu sagen, was sie tatsächlich quält.

Wenn Ihr Kind eher ruhig ist, könnten Sie möglicherweise beim Autofahren oder Gute-Nacht-Sagen über Sensibilität sprechen. Wenn an einem Tag beispielsweise die Fasern des T-Shirts Ihr Kind gereizt und das Anziehen schwierig gemacht haben, können Sie mit ihm darüber sprechen. Sie könnten sagen: »Ich glaube, durch die Fasern von deinem T-Shirt hat es dich heute *gekribbelt*, das hat dich frustriert. Das nächste Mal kannst du mir sagen, dass etwas kribbelt und du frustriert bist, anstatt zu brüllen.«

Möglicherweise wird es noch ein halbes Jahr dauern, bis Ihr Kind jemals Worte wie *kribbeln* oder *frustrieren* verwendet. Wenn

Sie jedoch immer wieder Worte verwenden, die Gefühle und Empfindungen beschreiben, wird Ihr Kind dies letztlich auch tun.

»Das stimmt«, bestätigte Maggie. »Gestern war ich mit Kristen in einem Fast-Food-Restaurant, das einen Indoor-Spielplatz hatte. Nachdem wir 20 Minuten dort waren, sagte sie: ›Es ist zu laut hier und die Luft in den Tunnels stinkt. Lass uns gehen!‹ Vor einem Jahr hätte sie einfach einen Wutanfall bekommen. Sie bedankte sich sogar bei mir, als wir gegangen sind.«

Wichtig ist auch, Ihr Kind wissen zu lassen, dass andere Menschen ähnliche Empfindungen haben. Wenn es sich über Gerüche beklagt, könnten Sie sagen: »Du bist wie Opa. Er reagiert auch sehr empfindlich auf Gerüche.« Dies ist besonders für emotional sensible Kinder wichtig, die es brauchen, dass ihre Gefühle bestätigt werden, und zu wissen, nicht alleine damit zu sein.

Wenn Sie Gefühle benennen und bestätigen, beschreiben Sie, was Sie sehen und was Ihnen hilft herauszufinden, um welches Gefühl es sich handeln könnte. Bei einem Kleinkind machen Sie alles möglichst einfach. Sieht Ihr Kleinkind beispielsweise ein anderes Kind, das mit einem Puzzle kämpft und es dann auf den Boden wirft, könnten Sie sagen: »Ich habe gesehen, dass dieses Kind versucht hat, das Puzzle zu machen, es ist ihm aber nicht gelungen. Dann hat es das Puzzle auf den Boden geworfen. Ich denke, es war frustriert.«

Ist Ihr Kind im Vorschulalter, könnten Sie sagen: »Dieses Kind muss frustriert sein. Es hat immer wieder versucht, die Teile einzupassen, aber es ging nicht. Da hat es alles auf den Boden geworfen. Kannst du dich erinnern, wie du letzte Woche versucht hast, die Klötze zusammenzusetzen? Da warst du auch frustriert.«

Bei einem Schulkind können Sie sagen: »Dieses Kind hat immer wieder versucht, das Puzzle zu machen, bevor es alles auf den Boden geworfen hat. Es muss sehr frustriert sein. Erinnerst du dich, wie du dein Fahrrad nicht wieder zusammenbekommen hast? Da warst du auch frustriert. Was meinst du, könnte dem Kind helfen? Was könnte es tun, anstatt das Puzzle auf den Boden zu werfen?«

Indem Sie Ihrem Kind helfen, seine Gefühle und Empfindungen zu benennen und zu verstehen, dass diese mit seinen Sinnen zusammenhängen, fangen Sie an, ihm die Kraft zu geben, angemessen zu reagieren. Die Herausforderung dabei ist natürlich, dass Sie Ihrem Kind vertrauen und glauben müssen, wenn es eine Empfindung beschreibt – besonders, wenn Sie selbst nicht sensibel sind und darin keine Erfahrung haben. Tun Sie Ihr Bestes, eher Mitgefühl zu entwickeln als seine Beschwerden zu negieren oder zu ignorieren. Wird ein Kind ignoriert und bekommt gesagt, es solle nicht so empfinden, nimmt seine Intensität zu. Das sensible Kind wird unvermeidlich dafür sorgen, gehört zu werden. Die Frage ist, ob es gehört wird, wenn es die Worte verwendet, die Sie ihm beigebracht haben, oder ob es sein Anliegen in einen Brüllanfall ausweiten muss, bevor sein Anliegen anerkannt wird. Hören Sie Ihrem Kind genau zu und glauben Sie ihm. Dann können Sie beide zusammen daran arbeiten herauszufinden, wie mit diesem Reiz umgegangen werden kann.

Empfindungen benennen und Gefühle bestätigen

Schauen Sie sich die folgenden Situationen an. Schreiben Sie Ihre Antworten in den dafür vorgesehenen Platz:

1. Beschreiben Sie, was Sie sehen und was Ihnen herauszufinden hilft, um welche Art von Gefühlen es sich handeln könnte.
2. Wählen Sie Worte, um das Gefühl oder die Empfindung zu benennen.
3. Bestätigen Sie das Gefühl mit Beispielen aus der eigenen Erfahrung des Kindes oder aus der Erfahrung anderer.
4. Vergleichen Sie Ihre Antworten mit denen der Gruppe.

Ihr Kind schaut sich *Bambi* an. Plötzlich fängt es an zu weinen.

Beschreiben Sie, was Sie sehen:

___

Benennen Sie das Gefühl oder die Empfindung:

___

Bestätigen Sie das Gefühl:

___

Das Telefon läutet. Ihr Vater ruft an, um Ihnen zu sagen, dass Ihre Mutter sehr krank ist. Sie fangen an zu weinen.

Beschreiben Sie, was Sie sehen:

___

Benennen Sie das Gefühl oder die Empfindung:

___

Bestätigen Sie das Gefühl:

___

Sie sind in einem Einkaufszentrum. Sie riechen auf der rechten Seite den Coffeeshop, auf der linken Seite Popcorn. In der Nähe ist ein Laden, der Räucherstäbchen verkauft. Es ist voll. Ihr Kind fängt an zu quengeln. Es klagt über Kopf- und Bauchweh.

Beschreiben Sie, was Sie sehen:

___

Benennen Sie das Gefühl oder die Empfindung:

___

Bestätigen Sie das Gefühl:

___

Nachfolgend die Antworten der Gruppe – einige von vielen.

Ihr Kind schaut sich *Bambi* an. Plötzlich fängt es an zu weinen.

Beschreiben Sie, was Sie sehen:
Ich sehe dicke Tränen über seine Wangen rollen und höre es weinen. Bambi findet seine Mutter nicht.

Benennen Sie das Gefühl oder die Empfindung:
Ich glaube, der Film macht dich sehr traurig.

Bestätigen Sie das Gefühl:
Mich machen manche Filme auch sehr traurig.

Das Telefon läutet. Ihr Vater ruft an, um Ihnen zu sagen, dass Ihre Mutter sehr krank ist. Sie fangen an zu weinen.

Beschreiben Sie, was Sie sehen:
Ja, Mama weint. Opa hat Mama gerade erzählt, dass Oma sehr krank ist

Benennen Sie das Gefühl oder die Empfindung:
Mama ist traurig und verschreckt. Du bist sehr sensibel. Wenn Mama beunruhigt ist, machst du dir Sorgen.

Bestätigen Sie das Gefühl:
Jetzt sind wir beide besorgt.

Sie sind in einem Einkaufszentrum. Sie riechen auf der rechten Seite den Coffeeshop, auf der linken Seite Popcorn. In der Nähe ist ein Laden, der Räucherstäbchen verkauft. Es ist voll. Ihr Kind fängt an zu quengeln. Es klagt über Kopf- und Bauchweh.

Beschreiben Sie, was Sie sehen:
Es ist wirklich voll in dem Einkaufszentrum. Die Lichter sind hell, es ist laut. Es herrscht ein Gedränge. Ich rieche Kaffee, Popcorn und Räucherstäbchen.

Benennen Sie das Gefühl oder die Empfindung:
Ich überlege, ob vielleicht die hellen Lichter deinen Augen wehtun und dir Kopfschmerzen bereiten. Durch die vielen Gerüche ist dir vielleicht übel.

Bestätigen Sie das Gefühl:
Zu viele Empfindungen gleichzeitig stören auch deinen Papa.

Ist Ihr Kind erst einmal in der Lage, die Trigger zu benennen, können Sie ihm helfen, eine Möglichkeit des Umgangs damit zu finden.

2. Nach Möglichkeit die Trigger ausschalten oder meiden

Die wichtigste Frage, wenn man es mit einem Trigger zu tun hat, ist: Kann er ausgeschaltet oder vermieden werden? Sind beispielsweise kratzige Pullover für Ihr Kind ein Auslöser, ziehen Sie ihm stattdessen ein Baumwoll-Sweatshirt oder einen Baumwoll-Pullover an. So ist es auch warm gekleidet, wird aber nicht durch die Textur gestört. Wird es durch Verkehrslärm unruhig, denken Sie daran, dass es beim Autofahren Kopfhörer dabeihat. Überlegen Sie, welche sensorischen Übeltäter es für Ihr Kind gibt.

Maggie fing an zu lachen. »Kristen würde mich umbringen, wenn sie wüsste, dass ich Ihnen das erzähle. Als sie vier war, rief sie immer noch ›Mama, putz mich ab‹, weil sie den Geruch des Toilettenpapiers nicht leiden konnte. Ich bekam sie endlich dazu, es selbst zu machen, indem ich unparfümiertes Toilettenpapier kaufte!«

Wenn es Dinge gibt, die Ihr sensibles Kind verrückt machen, und Sie diese Dinge einfach ausschalten oder vermeiden können, dann tun Sie dies auf jeden Fall!

Brent sah mich wieder schief an.

»Okay«, sagte ich. »Warum sollten Sie sich darum bemühen?«

»Weil es ein gutes Gefühl ist, wenn einem geglaubt wird und man respektvoll behandelt wird«, erklärte Diane mit Überzeugung.

»Weil es beim Anziehen keine Auseinandersetzungen gibt, wenn die Etiketten entfernt wurden, und ich nicht versuche, mein Kind in steife Jeans zu stecken«, antwortete Maggie.

»Ich glaube, es fällt in die Kategorie zu entscheiden, wo sich Kämpfen lohnt«, steuerte John bei. »Es gibt so viele Dinge, um die man kämpfen muss, warum also auch noch wegen vermeidbarer Dinge kämpfen?«

Ich nickte dankbar für ihre Einsichten. »Es stimmt, sobald man sich der Trigger bewusst ist, hat man die Wahl. Sie können beschließen, sie zu ignorieren und Ihr sensibles Kind zu zwingen, sich zu beruhigen, oder Sie können die Reaktion des sensiblen Kindes respektieren und eine Möglichkeit suchen, mit ihm zu kooperieren. Bedenken Sie immer, dass eine sensible Person sich seine Empfindlichkeit nicht ausgesucht hat. Das Entscheidende ist, dass es eine sehr unangenehme Empfindung erlebt, deren Bewältigung sehr anstrengend sein kann. Sobald dafür Verständnis herrscht, ist es eigentlich recht einfach, Trigger zu berücksichtigen und dennoch die Bedürfnisse jedes Einzelnen in der Familie zu erfüllen.

Brent legte sich die Arme über den Kopf, als wolle er sich vor den anderen schützen. »Hab verstanden, hab verstanden«, scherzte er mit leiser hoher Stimme. Diane warf die leere Chipstüte nach ihm. Sie verfehlte ihr Ziel.

Trigger ausschalten und vermeiden

1. Lesen Sie die Tabelle der Sensibilitätstrigger auf den Seiten 197f. durch.
2. Streichen Sie die aus, die Sie problemlos ausschalten oder vermeiden können. Notieren Sie, wie Sie das machen.
3. Gleichen Sie Ihre Ideen mit denen der Gruppe ab.

Hier folgen die Antworten der Gruppe. Aber bedenken Sie, dass es nicht die einzigen Antwortmöglichkeiten sind. Sie können durchaus an viele andere Dinge gedacht haben, die wir vergessen haben, und das ist toll!

Auslöser bei Sensibilität

	Trigger/Auslöser	So können sie ausgeschaltet oder vermieden werden
GERÜCHE	Parfümiertes Toilettenpapier Zucker abmessen Essen oder Essensverpackungen, die im Auto liegen geblieben sind Zigaretten Parfüm Kaffee	Unparfümiertes Toilettenpapier kaufen Jemand anderen den Zucker abmessen lassen Kein Essen und keine Essensverpackungen im Auto liegen lassen Mit dem Rauchen aufhören In Gesellschaft der empfindlichen Person kein Parfüm benützen Kaffeekochen, wenn die Kinder nicht dabei sind
ANBLICKE	Schief hängende Bilder Farben, die nicht zusammenpassen Neonröhren	Dafür sorgen, dass die Bilder gerade hängen Zusammenpassende Farben verwenden Lampen und andere Lichtquellen verwenden
GESCHMACK	Fleisch oder Limabohnen Briefmarken ablecken Vermischung von gekochtem Essen Kuverts ablecken	Andere Speisen servieren Selbstklebende Briefmarken verwenden oder Schwämmchen benützen Unterteilte Teller verwenden Selbstklebende Kuverts verwenden oder Schwämmchen benützen
TAKTILE EMPFINDUNGEN	Nähte in Socken Etiketten in der Bekleidung Spielen im Sand Enge Manschetten und Krägen Mützen Steife Jeans	Nahtlose Socken kaufen Etiketten herausschneiden Möglichst nicht im Sand spielen Kurzärmelige T-Shirts ohne Kragen tragen Kapuzen tragen Andere Hosen wählen

	Trigger/Auslöser	**So können sie ausgeschaltet oder vermieden werden**
GERÄUSCHE	Weckerklingeln Stundenlanges Fernsehen Staubsauger Pfeifen oder Klopfen Filme im Kino	Wecker verwenden, die mit Musik wecken Fernseher ausschalten Staubsaugen, wenn das Kind nicht dabei ist Nicht pfeifen oder klopfen, wenn die empfindliche Person dabei ist Videos ausleihen
EMOTIONEN	Traurige Filme	Traurige Filme meiden

Wie ist es Ihnen ergangen? Waren Sie überrascht, wie naheliegend einige Antworten waren? Ist es nicht schön zu wissen, dass Sie bereits eine Menge davon anwenden? Ich bin immer wieder erstaunt darüber, wie offensichtlich einige Antworten werden, sobald man sich der Auslöser bewusst ist.

Ebenfalls gut zu wissen, ist, dass es umso wichtiger ist, störende Auslöser einfach auszuschalten, je jünger das Kind ist oder je gestresster, hungriger oder müder die Person ist. Stress reduziert die Fähigkeiten, mit etwas zurechtzukommen. Dinge, von denen man normalerweise nicht gestört wird, können unter Stress plötzlich überfordern.

3. Auslöser, die sich nicht meiden lassen, reduzieren oder Veränderungen daran vornehmen

Natürlich gibt es Trigger, die sich nicht völlig ausschließen lassen. Für eine sensible Person ist es beispielsweise oft sehr schwierig, in ein Lebensmittelgeschäft zu gehen. Die Wahrscheinlichkeit für einen erfolgreichen Einkauf lässt sich beispielsweise erhöhen, indem

- Mitte der Woche oder zu einer Tageszeit eingekauft wird, in der wenig los ist
- eine Einkaufsliste geschrieben wird, sodass man genau weiß, wonach man suchen muss
- die Zeit im Geschäft verkürzt wird, vielleicht durch häufigere kleinere Einkäufe
- eingekauft wird, wenn alle erholt und satt sind

Durch solche und ähnliche Veränderungen helfen Sie der sensiblen Person, mit weniger Frustration durch den Laden zu kommen – und Sie bekommen Ihre Lebensmittel.

Sensible Säuglinge sind besonders anfällig für eine Überbeanspruchung der Sinne. Überbelastete Babys neigen dazu, sich mehr aufzuregen, mehr zu spucken, häufiger Stuhlgang zu haben und sich von dem Erwachsenen wegzukrümmen, der sie hält. Dr. T. Berry Brazelton gibt zu bedenken, dass gleichzeitiges Berühren und Ansprechen für sensible Säuglinge zu viel sein kann. Er empfiehlt, dass Sie alles langsamer machen, leise sprechen und die Reize in der Umgebung Ihres Kindes reduzieren.

Studien haben auch gezeigt, dass Babys, die vor dem Bauch getragen werden, tendenziell weniger Theater machen und mehr schlafen. Der schützende Tragesack und die körperliche Nähe reduzieren das Stimulationsniveau für das Baby.

Werden Sie angesichts sensorischer Trigger, die sich nicht eliminieren lassen, kreativ. Wie lassen sie sich reduzieren? Welche Veränderungen können Sie vornehmen?

Diane schüttelte es. »Ich will nicht einmal mehr daran denken«, sagte sie. »Letztes Jahr im Herbst kam Brandon in den Kindergarten. Nach dem ersten Tag weigerte er sich, in den Bus zu steigen. Es war der totale Wahnsinn, da ging absolut nichts! Ich konnte ihn nicht jeden Tag fahren. Er musste mit dem Bus fahren. Es war schrecklich.«

»Was haben Sie gemacht?«, fragte Maggie

»Zuerst stellte ich fest, dass er den Geruch nicht leiden konnte – es war nicht das erste Mal, dass er sich über Gerüche beklagte, und ich erinnere mich selbst auch noch an den Geruch des Schulbusses. Auf jeden Fall habe ich einen kleinen Spritzer vom Aftershave seines Papas auf ihm verteilt. Das half und ich sagte ihm noch, er solle durch den Mund atmen. So haben wir das Jahr überstanden.«

Diane war kreativ. Nun sind Sie an der Reihe.

Veränderungen an Triggern vornehmen, die sich nicht ausschalten lassen

1. Lesen Sie die Tabelle der Sensibilitätstrigger auf den Seiten 197f. durch (die Aufgabe ist einfacher geworden, da Sie bereits alles durchgestrichen haben, was ausgeschaltet werden konnte).
2. Streichen Sie dieses Mal die Dinge aus, die Sie reduzieren oder an denen Sie Veränderungen vornehmen könnten. Notieren Sie, wie Sie das machen wollen.
3. Gleichen Sie Ihre Ideen mit denen der Gruppe ab.

AUSLÖSER BEI SENSIBILITÄT

	Auslöser	**So können sie ausgeschlossen oder vermieden werden**
GERÜCHE	Farbe	Bei offenem Fenster streichen oder wenn die empfindliche Person nicht in der Nähe ist
	Toilettengerüche	Ein Raumspray verwenden
	Müll	Täglich hinausbringen
ANBLICKE	Bewegung	Das Kind in der Mitte der Rückbank sitzen lassen, damit es zur Windschutzscheibe hinausschauen kann

	Auslöser	So können sie ausgeschlossen oder vermieden werden
	Sonne	Sonnenbrille aufsetzen, Blendschutz verwenden
	Eintönigkeit – immer dieselben Farben	Spiele für die Autofahrt mitnehmen, zu Hause verschiedene Farben und Texturen verwenden
GESCHMACK	Zahnpasta	Verschiedene Zahnpastamarken ausprobieren
	Gewürze	Sparsam mit Gewürzen umgehen; jede Speise gesondert würzen
TAKTILE EMPFINDUNGEN	Injektionsspritzen	Beim Spritzen nicht zuschauen, Seifenblasen oder tiefe Atmung einsetzen
	Wollmütze/Wollhandschuhe	Wildleder oder Fleece kaufen, keine Wolle; Hände in die Taschen stecken
	Wachstumsschmerzen	Eis, Wärme oder ein Schmerzmittel verwenden
	Temperaturveränderungen	Im Zwiebellook anziehen
	Haare schneiden	Tiefe Atmung einsetzen, dem Kind erlauben, kurz »Stopp« zu sagen, wenn es zu sehr kitzelt
GERÄUSCHE	Sirenen	Dem Kind beibringen, sich die Ohren zuzuhalten
	Messer, das auf einem Teller schabt	Sorgfältig schneiden
	Verkehrslärm	Dem Kind Kopfhörer erlauben

Bei den Triggern, die nun noch übrig bleiben, kann durch Benennen, Ausschalten oder Reduzieren keine Abhilfe geschaffen werden. Nachdem die Liste nun aber sehr viel kürzer geworden ist, sollte sie nicht mehr so überfordernd erscheinen. Das letzte Hilfsmittel, das ich Ihnen anbieten will, ist, eine Pause einzulegen.

4. Eine Pause einlegen

Wenn Sie ein sensibles Kind haben oder selbst sensibel sind, ist es sehr wichtig, dass Sie Ihrem Kind und sich selbst erlauben, bei Bedarf eine Pause einzulegen!

Es gibt Situationen, über die Sie keine Kontrolle haben, an denen Sie teilnehmen müssen – beispielsweise an Geburtstagsfeiern oder Feiertagsessen bei jemandem daheim. In solchen Situationen ist es eine der wirksamsten Fähigkeiten, die Sie Ihrem Kind beibringen können, eine Pause einzulegen, *bevor* der Reizpegel unerträglich wird. Ist Ihr Kind höchstens drei Jahre alt, werden Sie die Situationen kontrollieren und wissen müssen, wann Sie mit Ihrem Kind am besten auf die Toilette oder nach draußen gehen, ein Stück mit dem Auto fahren oder den Heimweg antreten. Ist Ihr Kind mindestens vier Jahre alt, muss es allmählich diese Aufgabe selbst übernehmen. Bringen Sie ihm bei, zu Ihnen zu kommen und zu sagen, dass es eine Pause braucht. Planen Sie im Voraus, was Sie dann tun können, damit es weiß, womit es rechnen kann.

Wenn sich Ihr Kind das nächste Mal über die Zwiebeln beschwert, die Sie schneiden, über die Gewürze, mit denen Sie kochen, oder verkündet, dass es die neue Brotsorte oder das neue Waschmittel nicht mag, das Sie gekauft haben, bedenken Sie, dass Sie ein sensibles Kind haben. Bringen Sie ihm kreatives Denken bei. Gibt es irgendeine Möglichkeit, die störende Reizquelle auszuschalten? Gibt es irgendeine Möglichkeit, sie abzumildern? Falls nicht, wie kann Ihr Kind eine Pause einlegen?

Helfen Sie Ihrem Kind, mit Triggern umzugehen

1. Um mögliche Lösungen organisieren zu können, erstellen Sie ein Bild der Sensibilität Ihres Kindes. Tragen Sie in der Tabelle unten die signifikantesten Empfindungen ein, die bei Ihrem Kind als Auslöser wirken.

2. Welche Strategien könnte Ihr Kind anwenden, um sich zu helfen?

Nachfolgend Sarahs Tabelle für Cara:

Art der Empfindung	Schlüsseltrigger	Strategien
GERÜCHE	Schwitzende Menschen	Umarmungen nach dem Sport vermeiden Durch den Mund atmen
TAKTILE EMPFINDUNGEN	Bestimmte Lotionen	Verschiedene Lotionen ausprobieren Die Lotion vor dem Ankleiden erst in die Haut einziehen lassen
	Irgendetwas im Haar	Bänder, Schleifen, Haarspangen vermeiden Das Haar kurz schneiden

Hier nun Ihre Liste:

Art der Empfindung	Schlüsseltrigger	Strategien

ÜBEN, ÜBEN, ÜBEN

Wenn Sie sich einmal die Zeit nehmen, gründlich über die Anblicke, Geräusche, Gerüche, Geschmacksrichtungen, Beschaffenheiten und Emotionen nachzudenken, die als Trigger bei den Mitgliedern Ihrer Familie wirken, lernen Sie auch, Hinweise aufzugreifen. Diese Information hilft Ihnen, potenzielle Konflikte zu vermeiden oder diesen vorzubeugen. Sobald Sie solche Hinweise erkennen, haben Sie es leichter, erfolgreiche Strategien zu entwickeln.

Das Problem jedoch ist, dass die Kämpfe manchmal nicht nur mit der Sensibilität zu tun haben. Es können weitere Probleme und Bedürfnisse mitspielen. Um für Harmonie innerhalb der Familie zu sorgen, müssen auch solche Interessen erkannt werden.

»Wer hat ein Problem mit der Sensibilität, bei dem Sie gerne Hilfe hätten?«, fragte ich die Gruppe.

»Ich habe eines«, antwortete Sarah. »Der Bruder meines Mannes heiratet nächsten Monat. Es ist eine konventionelle Hochzeit und mein Mann möchte, dass Cara ein Kleid anzieht. Cara hasst Kleider. Dieses Problem entwickelt sich zu einem harten Kampf. Mein Mann sagt, sie muss ein Kleid anziehen, sonst darf sie nicht mit. Cara schwankt zwischen Tränen und Zorn. Wir wollen gerne alle zu der Hochzeit gehen und Bob möchte auch, dass Cara mitkommt, aber es sieht ganz so aus, als wären wir in einer Sackgasse.«

»Sarah«, fragte ich, »was sagt und macht jeder in dieser Situation?«

»Bob sagt, sie muss ein Kleid anziehen. Punkt. Fall erledigt. Cara sagt, sie kann kein Kleid anziehen. Sie hasst es, dass ihre Beine zu sehen sind, und sagt, Kleider seien zu kratzig. Sie mag auch nicht, wie sie in einem Kleid aussieht.«

»Was antwortet Bob Cara daraufhin?«, fragte ich.

»Er sagt, das sei lächerlich. Luft würde sie nicht umbringen. Kleider seien nicht kratzig, sonst würde keine Frau ein Kleid tra-

gen, und woher sie wissen wolle, nicht gut auszusehen in einem Kleid, wenn sie seit Jahren keines angehabt hätte. Dann fängt Cara an zu weinen. Zuerst quengelt sie: ›Ich kann das nicht.‹ Aber wenn sie sich dann richtig aufregt und brüllt: ›Ich hasse dich!‹, schreit Bob zurück, weil sie so mit ihm spricht.«
Während Sarah erzählte, erstellte ich unsere Tabelle.

Bob	**Cara**
will, dass Cara ein Kleid anzieht	hasst die Luft an ihren Beinen
sagt, Luft an den Beinen würde sie nicht umbringen	sagt, dass Kleider kratzen
sagt, dass Kleider nicht kratzen	fühlt sich in einem Kleid nicht wohl
glaubt nicht, dass Cara ein Kleid anprobiert hat	will einfach kein Kleid anziehen

»Schauen Sie sich jetzt die Tabelle mit den Schlüsseltriggern in Ihrer Familie an«, wies ich Sarah an.

Name	**Bob**	**Sarah**	**Cara**	**David**	**Sadie**	**Kim**
Schlüsseltrigger	Anblicke	Gerüche	Gerüche	Emotionen		Anblicke
Schlüsseltrigger	Geräusche	Geschmacksrichtungen	Berührung	Anblicke		Berührung
Schlüsseltrigger		Emotionen			Geräusche	

»Was stellen Sie fest, wenn Sie sich die Tabelle anschauen?«, fragte ich.

Sarah seufzte. »Dass Bob und Cara sehr verschieden sind. Er ist für taktile Dinge nicht empfindlich, sie schon.«

»Es kann gut sein, dass Cara Empfindungen erlebt, die Bob nicht kennt, wie bei Brents und Maggies Erfahrung auf unserem Rundgang«, sagte ich.

Als Eltern sollten wir uns klar darüber werden, inwiefern wir ähnlich wie unsere Kinder sind und inwiefern wir uns von ihnen unterscheiden. Wenn wir merken, dass wir anders sind, hilft uns dies zu bedenken, dass wir möglicherweise nicht dieselben Empfindungen haben.

Vielen Menschen reicht dieses einfache Bewusstsein aus, um den Gesichtspunkt Ihres Kindes besser zu verstehen und eine für beide akzeptable Lösung zu finden.

Ich bezweifelte jedoch, dass diese Information für Bob ausreichen würde. Ich vermutete, dass er ein für ihn sehr wichtiges Interesse hatte, das wenig mit dem Bewusstsein für die Sensibilität zu tun hatte.

Zur Gruppe gewandt sagte ich: »Erinnern Sie sich daran, wie wir über Beharrlichkeit gesprochen haben und darüber, wie wichtig es ist, die verschiedenen Interessen zu berücksichtigen?«

Sie nickten.

»Was für ein Interesse, glauben Sie, hat Bob? Was ist für ihn das wirklich Wichtige?«

»Ich glaube, er will, dass Cara hübsch aussieht«, antwortete Sarah.

Ich schrieb diese Aussage an die Tafel.

»Noch andere Ideen?«, fragte ich.

»Vielleicht sollen die anderen sehen, dass er es sich leisten kann, seinen Kindern festliche Kleidung zu kaufen«, meinte John.

Ich schrieb dies auf und wartete auf weitere Vorschläge.

»Vielleicht soll sie es nur deshalb tun, weil er es gesagt hat!«, meinte Brent.

Ich trug auch diesen Gedanken in die Liste ein.

Da Bob nicht anwesend war, konnten wir nur raten, was ihm wichtig war. Dann spekulierten wir über die Interessen von Cara.

»Ich glaube, sie will einfach bequem gekleidet sein und sich wohlfühlen. Seit sie drei Jahre alt ist, hat sie kein Kleid mehr angehabt«, sagte Sarah. »Als sie 15 Monate alt war, hat sie sich Haarbänder aus dem Haar gezogen oder versucht, Rüschen abzureißen, wenn ich ihr ein Kleid angezogen habe. Sie ist aber nicht nachlässig mit ihrer Kleidung. Es ist ihr schon wichtig, gut auszusehen. Sie mag nur einfach keine Kleider. Und meistens macht sie das, was Bob sagt. Ich glaube nicht, dass sie sich ihm nur widersetzen will.«

Um funktionierende Lösungen zu finden, ist es entscheidend, unsere individuellen Interessen zu erkennen. Wenn Bob einfach nur daran interessiert ist, dass Cara hübsch aussieht, oder wenn er demonstrieren will, dass er sich für seine Kinder festliche Kleidung leisten kann, gibt es viele Lösungsmöglichkeiten, die nicht unbedingt ein Kleid beinhalten. Hat er hingegen beschlossen, dies sei eine Situation, in der er seine väterliche Autorität durchsetzen will, ist ein Kleid ein Muss. Die Interessen bestimmen die wirksamste Lösung.

»Die besten Lösungen beruhen auf Gegenseitigkeit«, sagte ich, »mit Geben und Nehmen. Dabei werden die Interessen aller Beteiligten berücksichtigt. Wenn wir uns die Interessen anschauen, welche potenziellen Lösungen gibt es dann?«

»Ich mag auch keine Kleider«, erklärte Lynn. »Ich kann Cara wirklich verstehen und wenn Bob nur möchte, dass sie hübsch aussieht oder schick gekleidet ist, gibt es wunderschön fließende Outfits mit Hosen aus seidigem Material. Sie wären für Cara bequem und würden auch Bobs Interesse befriedigen.«

»Als Kristen Erstkommunion hatte, wollte sie keines dieser herausgeputzten Kleider tragen, daher habe ich ihr ein Seidenoutfit mit Hose genäht und sie hatte Blumen im Haar«, berichtete Maggie. »Sie sah bezaubernd aus. Sie trug auch Weiß und war herausgeputzt.«

»Es gibt Hosenröcke, die wie ein Kleid wirken«, sagte John. »Meine Frau trägt so etwas immer mit Strumpfhose.«

Innerhalb von Minuten hatten wir drei mögliche Lösungen gefunden.

»Was ist nun aber, wenn es Bobs Interesse ist, seine Autorität zu demonstrieren?«, fragte ich.

»Es gibt lange Kleider und seidenweiche Kleider«, sagte Maggie. »Vielleicht könnte Cara etwas finden, worin sie sich wohlfühlt.«

»Lassen Sie Cara doch einfach für eine kurze Zeit ein Kleid anziehen«, meinte Phil. »Sie soll es erst ganz kurz vor der Hochzeit anziehen und sich dann so bald wie möglich umziehen dürfen.«

»Das fühlt sich für mich nicht richtig an«, antwortete Lynn. »Sollte Cara nicht wirklich etwas aussuchen dürfen, worin sie sich wohlfühlt, solange es den gesellschaftlichen Standards entspricht?«

Es entstand eine lange Pause.

John sprach zuerst wieder. »Ich überlege«, sagte er, »ob das wirklich ein Fall ist, in dem Bob unbedingt ein Machtwort sprechen muss. Es scheint wirklich praktikable Alternativen zu geben, die für beide zufriedenstellend sein könnten. Warum müssen sie wegen so etwas kämpfen?«

Die anderen schauten Brent an. Er zuckte mit den Schultern. »Ich mag keine Krawatten«, murmelte er. »Vielleicht sollte er sie so eine fließende Hose anziehen lassen.«

Lynn klopfte ihm auf den Rücken. »Sehr gut, Brent!«, sagte sie beifällig. Er lächelte.

Wir konnten das Problem für Bob und Cara nicht lösen. Das konnten sie nur selbst. Wir fragten Sarah, ob sie unsere Ideen nach Hause mitnehmen wollte. Sie zögerte.

»Sie sind beide so wütend«, sagte sie. »Ich weiß einfach nicht, ob es etwas bringen wird.«

»Sie kennen Ihre Familie am besten«, erinnerte ich sie. »Sie können entscheiden, ob Sie es mit diesen Ideen probieren wollen oder ob Sie sie hier lassen.«

Sie nickte. Später schrieb sie sich die Antworten ab und nahm sie mit.

Es ist nicht einfach, neue Wege auszuprobieren. Wir müssen es uns zugestehen, Lernende zu sein, über die Lektionen nachzudenken, sie zu testen, zu analysieren, was funktioniert hat und was nicht, und es erneut probieren. Jeder macht das, sobald er bereit dazu ist.

Nun sind Sie an der Reihe – wenn Sie bereit dazu sind.

1. Wählen Sie ein häufiges Problem oder Thema aus, von dem Sie glauben, dass es mit der Sensibilität zusammenhängt.

Das Problem: ____________________

2. Schreiben Sie ein X in jede Spalte, in der die betroffenen Personen sehr sensibel sind.

Name						
Anblicke						
Geräusche						
Gerüche						

Geschmacks-richtungen						
Berührungen						
Emotionen						

3. Sind es ähnliche Bereiche, in denen die Familienmitglieder empfindlich sind, oder sind diese unterschiedlich? Eine Antwort markieren:
   ❐ ähnlich ❐ verschieden

4. Welche Strategien könnten Sie anwenden, um mit dem Problem klarzukommen?
   Wie könnten Sie das Problem bezeichnen?
   ____

   Könnten Sie es ausschalten?
   ____

   Kann es reduziert oder verändert werden? Falls ja, wie?
   ____

   Könnten Sie eine Pause einlegen?
   ____

5. Wählen Sie die Lösungen, die den Bedürfnissen der Betroffenen am besten gerecht wird/werden.
   ____

6. Schätzen Sie ein, wie gut die Strategie wirkt. Falls sie unwirksam zu sein scheint, überlegen Sie, welche anderen Temperamentsmerkmale wir noch besprochen haben. Müssen Sie die Intensität möglicherweise herunterbringen? Sind die Betroffenen festgefahren? Nehmen Sie nach Bedarf Veränderungen vor.

GENIESSEN SIE IHRE ERFOLGE

Ich dachte über Sarah nach, als ich eine Woche später zum Kurs fuhr. Ich fragte mich, ob sie wohl eine der Ideen nützlich gefunden hatte, aber ich wusste auch, dass ich ihre Privatsphäre respektieren musste. Zum Glück kam sie zur nächsten Gruppenstunde als Erste. Sie jonglierte Kim auf ihrer Hüfte und eine Windeltasche über der Schulter, während sie Cara, David und Sadie hereinführte. Sadie zeigte mir ihre neue Kette, die aus gelben Glasperlen aufgefädelt war.

Als Sarah einen Blick in den leeren Raum geworfen hatte, blieb sie plötzlich stehen. »Ist heute der richtige Abend?«, fragte sie.

»Ja«, bestätigte ich. »Sie sind nur einfach die Erste.«

»Das ist erstaunlich«, bemerkte sie. »Ich war wahrscheinlich begierig darauf, hierherzukommen. Ich habe eine Erfolgsstory zu erzählen!«

Ich spürte, wie sich mein Puls beschleunigte. »Hurra!«, freute ich mich.

Als sich später die gesamte Gruppe im Besprechungsraum versammelt hatte, war sie bereit, ihre Geschichte zu erzählen.

»Ich hatte Angst, mit Bob zu sprechen«, begann sie. »Er war wegen dieser ganzen Geschichte so wütend. Daher wartete ich, bis die Kinder im Bett waren.«

»Klug«, warf Phil ein. »Erst die Intensität herunterfahren.« Ich lächelte erfreut, weil er die Strategie erkannt hatte.

Sarah legte eine Pause ein, auch sie wusste seinen Kommentar zu schätzen. »Ich zeigte ihm die Listen, die ich abgeschrieben hatte, und sprach über die Interessen. Anfangs war er böse, dass ich das Thema im Kurs angesprochen hatte. Als ich ihm jedoch erzählte, dass wir nicht über ihn geurteilt hatten, dass wir keine Lösung an seiner Stelle ausgesucht hatten, sondern nur über Interessen und Optionen diskutiert hatten, beruhigte er sich – insbesondere, als er Brents Annahme las: ›Du machst es, weil ich es gesagt habe!‹«

Brent streckte beide Daumen nach oben.

»Aber«, fuhr sie fort, »er stellte auch fest, dass John und Lynn wahrscheinlich recht mit der Bemerkung hatten, es sei kein Thema, bei dem es sich lohne, einen Kampf daraus zu machen. Als er anfing, darüber nachzudenken, merkte er, dass er sich als das älteste Kind in seiner Familie immer unter dem Druck fühlt, die Standards setzen zu müssen. Schließlich setzten wir uns gemeinsam mit Cara hin und erklärten ihr, dass es für ihren Papa sehr wichtig sei, dass auch sie gewisse Kleidungsstandards erfülle. Wir fragten sie noch einmal, warum sie kein Kleid anziehen wollte, und sie wiederholte, sie könne es einfach nicht. Es fühle sich nicht gut an. Dieses Mal hörte Bob ihr wirklich zu. Aufgrund der Tabelle merkte er, dass sie nicht versuchte, Schwierigkeiten zu machen. Sie war schon immer empfindlich, was ihre Kleidung anging. Er willigte ein, dass sie eine Hose anziehen dürfe, wenn diese wirklich schick sei!

Cara und ich gingen am nächsten Tag zum Einkaufen. Ich überlegte, ob ich Bob bitten sollte mitzukommen, aber dann dachte ich, das würde die Sache erschweren. Er hasst Shopping. Wir fanden eine glänzend grüne Tunika mit einer fließenden Hose. Cara fühlt sich schön darin. Bob konnte zwar nur zustimmend nicken, aber mir war klar, dass er ebenfalls findet, dass sie großartig aussieht. Später scherzte er mit ihr, was in letzter Zeit selten vorgekommen war.«

Wir applaudierten. Sarahs Augen strahlten.

Nun sind Sie an der Reihe.

Schreiben Sie Ihre Erfolge auf

Welche sensorischen Trigger haben Sie festgestellt?

Wie haben Sie Ihrem Kind dabei geholfen, störende Empfindungen zu benennen, auszuschalten oder zu reduzieren?

Die Kernpunkte

Was sensible Kinder immer wieder hören müssen

Aussagen, die ihnen helfen, sich mit ihrer Sensibilität wohlzufühlen:

- Du bist sehr fürsorglich.
- Du bist wählerisch.
- Du bist weichherzig.
- Ich weiß zu schätzen, wie scharfsichtig du bist.
- Du wirst eines Tages ein toller Schiedsrichter werden.

Aussagen, die ihnen helfen, ihre Trigger zu erkennen:

- Gerüche scheinen dich wirklich zu stören.
- Die Beleuchtung ist für dich sehr wichtig.

- Du nimmst Emotionen in deiner Umgebung sehr genau wahr.
- Lärm kann auf dich sehr störend wirken.
- Du bist sehr empfindlich, was Texturen und Temperaturen angeht.
- Geschmack ist für dich sehr wichtig.

Aussagen, die ihnen helfen, mit ihrer Sensibilität gut umzugehen:

- Du kannst diese Empfindung oder dieses Gefühl benennen und dann entscheiden, was zu tun ist.
- Du kannst dich dafür entscheiden, diese Empfindung zu vermeiden oder auszuschalten.
- Du kannst herausfinden, was du verändern kannst, damit dich diese Empfindung weniger stört.
- Es ist in Ordnung, eine Pause einzulegen.

8

Hohe Wahrnehmungsfähigkeit

So helfen Sie Ihrem Kind, Anweisungen zu hören und fokussiert zu bleiben

Zur Vorbereitung

- Lesen Sie Kapitel 12 in *Wie anstrengende Kinder zu großartigen Erwachsenen werden.*
- *Suchen Sie sich einen Partner für das Zeichnen.*

Die Hauptpunkte des Kapitels

- Eine neue Wertschätzung sehr wahrnehmungsfähiger Kinder.
- Information über die Unterschiede und die Gemeinsamkeiten zwischen hoher Wahrnehmungsfähigkeit und ADS.
- Strategien, die Ihrem Kind helfen, Sie zu hören und bei einer Aufgabe zu bleiben.
- Übung, um die Kooperation Ihres Kindes zu erreichen.

Dinge, die es zu beobachten gilt

- Was bemerkt Ihr hoch wahrnehmungsfähiges Kind, was anderen häufig entgeht?
- Hört Ihr Kind Sie, wenn Sie Anweisungen geben?
- Hört Ihr Kind besser, wenn Ihre Anweisungen sowohl visuelle Bilder als auch Worte enthalten?

Unser Thema für diesen Abend waren sehr wahrnehmungsfähige Kinder. Ich hatte gerade *Die Perle* von John Steinbeck gelesen und war fasziniert von seinen scharfsinnigen Beschreibungen. Ich war total begeistert von dem Reichtum, den sehr wahrnehmungsfähige Menschen unserem Leben verleihen, und erzählte der Gruppe von Elizabeth, einem sehr wahrnehmungsfähigen Kind, das ich kürzlich kennengelernt hatte.

»Elizabeth ist drei«, begann ich. »In 20 Jahren möchte ich sie gerne engagieren. Elizabeth sieht Dinge, die andere nicht sehen. Sie bemerkt Feinheiten, die anderen verborgen bleiben. Sie hat die Fähigkeit, etwas wahrzunehmen, was nicht offensichtlich ist. Woher weiß ich das? In dem Kinderbetreuungszentrum, das Elizabeth besucht und das von mehr als 100 Kindern besucht wird, kann sie die Decke jedes einzelnen Kindes erkennen. Wird auf dem Spielplatz einmal eine Kappe gefunden, fragen die Betreuer Elizabeth, wem sie gehört – sie weiß es immer. Sogar Schnuller fallen in Elizabeths Bereich. Sie weiß, dass der Schnuller von Rob hinten einen roten Punkt hat und an dem von Bailey ein Stück Schnur hängt. Sie erkennt die Eltern aller Kinder, kann einem Besucher zeigen, wo die Kaffeebecher stehen, und findet bei einem Ausflug über die Frühlingswiesen die ersten Würmer. Elizabeth hat eine hohe Wahrnehmungsfähigkeit.«

Mein Gesicht rötete sich, ich kam richtig in Fahrt. »Menschen mit hoher Wahrnehmungsfähigkeit sehen Dinge, die andere wahrscheinlich nicht beobachten. Während sensible Menschen Empfindungen sehr tief empfinden, erleben sehr wahrnehmungsfähige Menschen Empfindungen sehr weit gestreut und nehmen Reize weit gefächert wahr. Das Ergebnis ist, dass sehr wahrnehmungsfähige Kinder häufig ein Verständnis und ein Bewusstsein für das Leben erlangen, mit denen sie ihrem Alter weit voraus sind. Eine scharfsinnige Wahrnehmung bildet auch die Grundlage für einen ausgeprägten Sinn für Humor und einen kreativen Geist.« Ich machte eine Pause, um Luft zu holen.

Bevor ich jedoch die Vorzüge sehr wahrnehmungsfähiger Kinder weiter loben konnte, verschränkte Lynn die Arme vor der Brust und bemerkte tonlos: »Das ist ja schön und gut, aber wissen Sie auch, wie es sich anfühlt, Elizabeths Mutter zu sein? Muss ich Ihnen erzählen, dass es 20 Minuten dauert, sie aus dem Haus zum Auto zu bringen, weil sie jeden Käfer und jedes Blatt betrachten muss?« Ihre Stimme wurde lauter. »Und dass sie diese Käfer auch einsammeln und ins Auto mitnehmen will?!«

»Das stimmt«, schaltete Brent sich ein. »Wir sollten hier auch über das Kind sprechen, das alles verliert – Handschuhe, Spielzeug, Schuhe –, was es nicht festgebunden am Körper trägt.«

Ich spürte starke Emotionen in der Gruppe, als Lynn auf den Tisch schlug und hinzufügte: »Ja, es ist das Kind, das Sie in sein Zimmer schicken, damit es sich anzieht. Sie glauben, dass es dies auch tut, aber tatsächlich ist es bei der Katze stehen geblieben, um sie zu streicheln. Wenn der Schulbus kommt, hat es sich noch nicht einmal gekämmt.«

Maggies Stimme klang beinahe entschuldigend. »Könnten wir über Kinder sprechen, die so voller Ideen stecken, dass sie wie ein Wasserfall reden und vergessen, sich anzuziehen?«

Ich hob meine Arme und tat so, als wolle ich meinen Kopf schützen, wie es Brent in der Woche zuvor getan hatte. »Okay, okay, ich gebe auf. Ich sehe, dass Sie nicht mit den positiven Aspekten der hohen Wahrnehmungsfähigkeit beginnen wollen. Und ich muss zustimmen, ein sehr wahrnehmungsfähiges Kind wird Anweisungen manchmal nicht hören, weil sie sich mit der Flut von Reizen aus seiner Umgebung vermischen. Es hat damit zu kämpfen, die wichtigste Botschaft herauszufiltern oder zu entscheiden, worauf es sich konzentrieren sollte. Folglich bekommt es häufig

Schwierigkeiten, weil es nicht zuhört oder nicht bei einer Aufgabe bleibt. Also beginnen wir mit den Herausforderungen, die das Leben mit sehr wahrnehmungsfähigen Menschen stellt. Was möchten Sie noch dazu sagen?«

Lynn war bereit. »Sie sind langsam und passen nicht auf. Sie unterbrechen einen, um einem einen Vogel zu zeigen oder dessen Gezwitscher zuzuhören. Sie lassen sich leicht ablenken und sind vergesslich.«

Diane schnaubte, während sie sich Lynn zuwandte. »Sie glauben, es sei schwer, mit einer sehr wahrnehmungsfähigen Person zu leben, Sie sollten einmal die sehr wahrnehmungsfähige Person *sein*! Mir kann es passieren, dass ich meine Kinder vergesse!«

John nickte zustimmend bei Dianes Bemerkung. »Es ist schwer, eine hohe Wahrnehmungsfähigkeit zu haben. Sich in einem Raum zu konzentrieren, der voller Menschen ist, mit Deko an Wänden und Decke, ist wirklich hart. Wie können Sie jemandem zuhören, wenn Sie die Spinne sehen, die hinter dieser Person an der Wand hinaufläuft oder den Frosch, der im Aquarium schwimmt?«

Lynn riss die Augen auf. »Ich überlege gerade, ob Aaron die Schule deshalb so erschöpft. Er sagt, dass es so schwierig sei aufzupassen. Ich dachte, er wäre einfach faul.«

Schweigen breitete sich aus. Die Intensität, die unsere Diskussion anfänglich befeuert hatte, hatte nachgelassen. Vorsichtig blickte ich in die Runde. Brent ergriff schließlich das Wort und sagte: »Sie werden uns nun wieder die positiven Seiten zeigen, nicht wahr?« Ich grinste nur.

EINE ANDERE SICHTWEISE

Es stimmt. Das Leben mit einem sehr wahrnehmungsfähigen Kind kann anstrengend sein. Sie müssen ihm die Fertigkeit beibringen, die wichtigsten Botschaften zu hören und bei einer Aufgabe zu bleiben. Eine positive Sichtweise wird Ihnen helfen, die erforderliche Geduld aufzubringen, um Ihrem sehr wahrnehmungsfähigen Kind diese wichtige Lebensfertigkeit beizubringen.

Seien auch Sie bitte ganz ehrlich.

1. Gehen Sie die Liste der störenden und frustrierenden Verhaltensweisen in Zusammenhang mit hoher Wahrnehmungsfähigkeit durch – die »rohen« Ressourcen.
2. Fügen Sie Ihre eigenen an.
3. Fragen Sie sich anschließend: Welche potenzielle Stärke steckt hinter diesem Verhalten?
4. Wie könnte Ihr Kind diese Stärke künftig nutzen?
5. Gehen Sie die folgende Liste auf mögliche Antworten durch.

Herausforderungen des Lebens bei hoher Wahrnehmungsfähigkeit	Positive Aspekte einer hohen Wahrnehmungsfähigkeit, heute und in der Zukunft
Muss jeden Käfer und jedes Blatt betrachten	
Verliert alles	
Bleibt stehen, um die Katze zu streicheln	
Steckt voller Ideen	
Ist langsam	
Bemerkt Menschen und Dekorationen, unterbricht seine Tätigkeit	
Wird erschöpft, wenn es in der Schule aufpassen muss	

Nachfolgend einige Antwortmöglichkeiten:

Herausforderungen des Lebens bei hoher Wahrnehmungsfähigkeit	**Positive Aspekte einer hohen Wahrnehmungsfähigkeit, heute und in der Zukunft**
Muss jeden Käfer und jedes Blatt betrachten	Gute Beobachtungsgabe – künftiger Wissenschaftler
Verliert alles	Einfallsreich, kann sich vorstellen, wie etwas funktionieren könnte – künftiger Manager
Bleibt stehen, um die Katze zu streicheln	Bemerkt und erfreut sich an den kleinen Dingen des Lebens – künftiger Fotograf
Steckt voller Ideen	Überschäumend und erfinderisch – künftiger Unternehmer oder Schriftsteller
Ist langsam	Methodisch, beobachtend – künftiger Privatdetektiv oder Wissenschaftler
Bemerkt Menschen und Dekorationen, unterbricht seine Tätigkeit	Sehr bewusst – künftiger Reporter
Wird erschöpft, wenn es in der Schule aufpassen muss	Sich eines Reizpegels sehr bewusst – künftiger Mediator, Polizeibeamter, Offizier der Streitkräfte

Es ist wichtig, sich zu vergegenwärtigen, dass der Ingenieur, der den Klettverschluss erfand, diesen nach einem Waldspaziergang entwickelte, bei dem er festgestellt hatte, wie Kletten an seiner Kleidung hängen blieben. Er hatte eine hohe Wahrnehmungsfähigkeit und ihm ist es zu verdanken, dass Jackenärmel mit Klettverschluss bequemer sitzen, dass Kinderschuhe mit Klettverschluss leichter anzuziehen sind und vieles mehr. Achten Sie auf sehr wahrnehmungsfähige Menschen in Ihrer Umgebung. Erkennen Sie, wie sehr diese Ihr Leben bereichern. Behalten Sie diese positive Sichtweise bei.

»Aber woher weiß man, ob ein Kind sehr wahrnehmungsfähig ist oder ob es eine Aufmerksamkeitsdefizitstörung hat?«, fragte Maggie.

Viele Menschen fragen mich, was der Unterschied zwischen hoher Wahrnehmungsfähigkeit und einer Aufmerksamkeitsstörung mit Hyperaktivität (ADHS) ist. Diese Frage ist nicht leicht zu beantworten. Kinder, die vom Temperament her eine höhere Wahrnehmungsfähigkeit und Energie haben, können Strategien erlernen, um konzentriert zu bleiben und die nötige Leistung zu bringen. Bei einem Kind mit ADHS reicht diese Strategie alleine nicht aus und an einem gewissen Punkt ist das Kind nicht in der Lage, die altersgerechten Erwartungen, Verantwortungen und Leistungsanforderungen zu erfüllen. Schließlich wirkt sich das ADHS auf die schulischen Leistungen, sportliche Aktivitäten und alltägliche Routineaktivitäten aus. Sollte dies auf Ihr Kind zutreffen, wird es Zeit, nicht nur das Temperament zu berücksichtigen, sondern zusätzliche medizinische Belange zu betrachten. Nicht jede ADHS ist gleich – einige Kinder sind überwiegend unaufmerksam, andere überwiegend hyperaktiv und impulsiv und wieder andere sowohl unaufmerksam als auch hyperaktiv und impulsiv. Symptome, die der ADHS zugeordnet werden, können auch auf Lernbehinderungen, Hörprobleme oder sogar Angst oder Depressionen hinweisen.

Um bestimmen zu können, ob ein Kind ADHS hat, ist eine gründliche Analyse erforderlich. Sollten Sie wegen Ihres Kindes besorgt sein, nehmen Sie Kontakt mit einer Klinik auf, die sich auf ADHS spezialisiert hat *und* die Temperamente berücksichtigt. Im Idealfall umfasst die Diagnose eine vollständige körperliche Untersuchung, Beobachtungen zu Hause und in der Schule oder der Kita, Tests durch einen Psychologen oder Psychiater und Konsultationen mit Ihnen. Fragen Sie sich durch und tragen Sie Informationen zusammen, bis Sie angemessene Antworten finden. Ihr Kind braucht Sie als seinen Anwalt.

In ihrem Buch *Beyond Ritalin* erklären die Autoren Stephen und Marianne Garber, dass bei einem Kind mit Aufmerksamkeitsproblemen, Hyperaktivität und/oder Impulsivität die Behandlung niemals nur durch eine Medikamentengabe beginnen oder enden sollte. Daher gilt, egal, ob Ihr Kind wahrnehmungsfähiger ist und/oder ADHS hat: Es wird Hilfe brauchen, um zu lernen, die wichtigsten Botschaften herauszufiltern. Gehen wir es an.

WIRKSAME STRATEGIEN

Um unserem sehr wahrnehmungsfähigen Kind zu helfen, uns zu hören und bei einer Aufgabe zu bleiben, müssen wir dafür sorgen, unmissverständliche Anweisungen zu geben.

»Suchen Sie sich einen Partner«, sagte ich zu der Gruppe. »Wir werden zusammenarbeiten.«

»Ist das nicht etwas zu viel verlangt?«, meinte Brent neckisch. Ich lächelte über seinen Scherz und begann, die Anweisungen laut vorzulesen, die ich zuvor an die Tafel geschrieben hatte. Sie können diese Übung zu Hause ebenfalls mit einem Partner machen.

1. Nehmen Sie ein Blatt Papier und einen Stift zur Hand.
2. Suchen Sie sich einen Partner.

3. Setzen Sie sich mit Ihrem Partner Rücken an Rücken, sodass Sie in entgegengesetzte Richtungen schauen.
4. Zeichnen Sie mit fünf Linien eine Figur. Lassen Sie Ihren Partner nicht sehen, was Sie gezeichnet haben.
5. Beschreiben Sie Ihrem Partner die gezeichnete Figur, sodass er dieselbe Figur nachzeichnen kann.
6. Vergleichen Sie die Figuren.

Wie hat es geklappt? Konnten Sie die Figur Ihres Partners nachzeichnen oder unterschied sich Ihre erheblich?
Tauschen Sie die Rollen und wiederholen Sie die Übung.

Alle griffen nach den Clipboards, die auf dem Tisch lagen. John stand auf und drehte seinen Stuhl Rücken an Rücken zu dem Stuhl von Phil. Diane blieb sitzen und rutschte mit ihrem Stuhl Rücken an Rücken zu Brent. Sarah und Maggie bildeten ein Team, sodass Lynn und ich zusammenarbeiteten. Es wurde laut im Raum. Worte mischten sich mit Gelächter und frustriertem Stöhnen. Ich hörte Diane rufen: »Sie wissen schon, dass ich in Geometrie immer schlechte Noten hatte?!« Plötzlich erregte ein Aufschrei von ihr die Aufmerksamkeit aller. Kichernd beugte sie sich vor und verglich die Figur auf ihrem Clipboard mit Brents Figur. »Sie kommen nicht einmal annähernd an meine Figur heran«, informierte sie ihn.

»Sie haben aber auch keine sehr genauen Angaben gemacht«, meinte er.

John blieb still. Phil hielt beide Clipboards in die Luft, um eine perfekte Übereinstimmung zu zeigen. Lynn und ich waren nahe dran. Lynns Figur war viel größer als meine, hatte aber dieselbe Form. Sarah und Maggie lagen wie Brent und Diane völlig daneben.

»Was hat Ihnen geholfen, erfolgreich zu sein?«, fragte ich.

Phil deutete auf John. »Er hat gute Anweisungen gegeben.«

»Was sind gute Anweisungen?«, fragte ich.

»Er sagte mir, es sei ein fünfzackiger Stern, der nach Norden zeigt.«

»Damit hat er ein bekanntes Bild beschrieben.«

»Ja, und er sagte noch, dass die Figur etwa 2,5 Zentimeter groß ist.«

»Das war unmissverständlich und einfach«, meinte ich. »Was machte es schwierig, die Aufgabe zu erfüllen?«

Brent zog seine Baseballkappe nach unten. »Sie hat mir nicht zugehört«, murmelte er.

Diane stupste ihn an. »Habe ich wohl. Woher sollte ich wissen, wie das Seitenruder eines Flugzeugs aussieht?«

»Er hat also Begriffe verwendet, die Sie nicht ganz verstanden haben?«, fragte ich.

»Ja, ich weiß zwar, dass Flugzeuge Seitenruder haben, aber ich kann keines zeichnen«, gab sie zurück und starrte ihn finster an. »Und er gab zu schnell zu viele Anweisungen. Ich konnte keine Zwischenfrage stellen. Ich konnte nichts vor meinem inneren Auge sehen. Alle haben gesprochen. Ich konnte nichts hören. Es war nicht mein Fehler. Ich habe schon versucht zuzuhören!« Sie warf sich in ihrem Stuhl zurück. Ich musste innerlich lächeln. Ich liebe temperamentvolle Eltern.

Die Frustration, die Diane empfand, erleben sehr wahrnehmungsfähige Menschen häufig. Wichtig ist, nicht zu vergessen, dass sehr wahrnehmungsfähige Kinder wirklich versuchen zuzuhören – das Problem ist, dass sie allem zuhören. Unsere Aufgabe ist, das Tempo herunterzufahren und ihnen zu helfen, die wichtigsten Botschaften herauszufiltern.

Sehr wahrnehmungsfähige Kinder können uns besser hören und bei einer Aufgabe bleiben, wenn wir …

1. Das Setting verändern

Kinder mit hoher Wahrnehmungsfähigkeit werden weniger abgelenkt, wenn nichts ihre Aufmerksamkeit von ihrer eigentlichen Aufgabe ablenkt. Es fällt ihnen auch leichter, die wichtigsten Botschaften herauszufiltern, wenn sie nicht mit irrelevanten Reizen bombardiert werden, wie dies bei Diane während der Zeichenübung der Fall war. Schauen Sie sich um. Was können Sie tun, um äußere Reize zu reduzieren? Können Sie den Fernseher ausschalten, die Jalousien herunterlassen oder irrelevante Spielsachen, Kleidungsstücke, Bücher oder Haustiere in ein anderes Zimmer verfrachten? Und können Sie in der Schule Ihres Kindes darum bitten, dass es ganz vorne sitzen darf, damit die Bewegungen der anderen Kinder hinter ihm geschehen?

»Das macht wirklich etwas aus«, kommentierte John meine Vorschläge. Dann fragte er mich: »Können Sie sich daran erinnern, wie meine Frau Sie wegen unseres Sohnes Todd angerufen hat?«

Es war mir unangenehm, zugeben zu müssen, dass ich mich nicht erinnerte.

»Das war vor vier Jahren«, sagte er. Daraufhin fühlte ich mich wieder besser. »Er war in der dritten Klasse und hatte echte Probleme in Mathe. Wir waren verwirrt, weil Mathe eigentlich immer sein Lieblingsfach gewesen und er sehr gut darin war. Aber plötzlich kam er nicht mehr mit und mochte es nicht mehr. Meine Frau rief bei Ihnen an und bat um Hilfe. Sie sagten ihr, sie solle die Lehrerin fragen, ob sie einmal in die Klasse kommen und Todd beobachten dürfe. Die Lehrerin war einverstanden. Als meine Frau in die Klasse kam, gab ihr die Lehrerin einen Stapel Prüfungsaufgaben zum Korrigieren. Die Kinder dachten, sie würde einfach hinten sitzen und arbeiten, tatsächlich beobachtete sie jedoch Todd.«

»Kluge Lehrerin«, sagte ich.

»Ja, sie war gut«, stimmte John zu. »Meine Frau stellte fest, dass Todd an einem Tisch mit anderen Kindern saß, die ihn ablenkten. Sie unterhielten sich und arbeiteten nichts und Todd wurde da hineingezogen. Er hörte nicht zu und verstand die Aufgaben folglich nicht.«

»Wo war dieser Tisch?«, fragte Maggie.

»Hinten im Klassenzimmer«, antwortete John. »Meine Frau sprach daher mit der Lehrerin. Sie setzten ihn von diesem Tisch an einen einzelnen Arbeitsplatz in der Mitte des Klassenzimmers. Ich hatte Angst, er würde das nicht mögen, aber er liebte diesen Platz. Einen Monat später wurde er, zusammen mit anderen Kindern, an einen Tisch ganz vorne im Klassenzimmer gesetzt. Seine Noten wurden besser und er liebte Mathe nun wieder. Inzwischen ist er in der siebten Klasse und wird ins beschleunigte Matheprogramm für die Universität aufgenommen.«

»Wow«, sagte ich. »Was für eine tolle Geschichte. Ich kann nicht garantieren, dass es ein Kind, das an einen Tisch vorne im Klassenzimmer gesetzt wird, immer ins beschleunigte Matheprogramm schafft, aber es hilft ihm mit Sicherheit, konzentriert zu bleiben. Hat sonst noch jemand ein Beispiel?«

Maggie meldete sich. »Ich glaube schon«, sagte sie. »In der Kita, in der ich arbeite, hatten wir einen kleinen Jungen, der beim Stuhlkreis immer von den Lastwagen und Autos abgelenkt wurde, die vor dem Fenster vorbeifuhren. Er sorgte immer wieder für Unterbrechungen. Es war sehr frustrierend, aber anstatt mit ihm zu schimpfen, stellte die Erzieherin den Stuhlkreis anders auf, sodass sie vor einer leeren Wand saß und nicht vor dem Fenster. Nun war hinter ihr nichts mehr zu sehen, was den Jungen ablenken konnte, und er war daraufhin viel konzentrierter und stiller.«

»Tolles Beispiel«, bestätigte ich. »Und wie ist es zu Hause?«

»Ich spiele mit Tara Butler«, begann Phil. »Morgens legen wir alle Kleidungsstücke aufs Bett, die sie anziehen wird. Der springende Punkt ist, dass sie nun alles – T-Shirt, Hose, Unterwäsche, Socken und Schuhe – an einem Fleck vor sich hat. Sie kann mit mir reden, aber sie bleibt am Ball und zieht sich an. Früher lief sie hin und her zu ihren Schubladen, holte eine Sache, dann eine andere. Sie wurde abgelenkt und fing an zu trödeln.«

»Das Minimieren der Wege ist eine wichtige Strategie«, bestätigte ich. »Je mehr Aktivitäten Sie auf einen Raum oder einen Fleck zusammenfassen können, desto geringer ist die Gefahr, dass Ihr Kind abgelenkt wird und anfängt, zu spielen oder sonst etwas zu tun. Sie können auch versuchen, Schulranzen, Anoraks und Schuhe neben der Türe zu positionieren. Dann muss Ihr Kind nicht herumrennen, um seine Sachen zusammenzusuchen, wenn es zum Schulbus losgehen soll.«

Lynn hatte aufmerksam zugehört. Plötzlich seufzte sie tief. »Ich habe mit Aaron schon viel darüber gestritten, wo er seine Hausaufgaben macht. Er will sie immer in meinem Büro machen und ich will, dass er in seinem Zimmer lernt. Er sagte mir, in seinem Zimmer wären zu viele Sachen, mit denen er spielen wolle, und das Büro sei besser, weil es da langweilig ist.« Ihre Stimme wurde leise. »Ich glaube, er weiß besser als ich, was er braucht.«

John wurde bei Lynns Worten munter. »Kinder wissen wirklich, was sie brauchen, stimmt's?«

»Oft wissen sie das«, stimmte ich zu. »Haben Sie ein Beispiel?«

»Ja«, sagte er. »Meine Frau braucht Ruhe, um sich zu konzentrieren, aber Kelly lässt immer eine CD mit Instrumentalmusik laufen, wenn sie lernt. Meine Frau hat versucht, Kelly dazu zu bringen, die CD auszuschalten, weil sie dachte, die Musik würde Kelly ablenken. Kelly wiederum sagte meiner Frau, sie brauche diese Musik, weil sie ablenkende andere Geräusche ausschalte und ihr helfe, sich zu konzentrieren. Schließlich kamen wir überein, Kellys Zeugnis abzuwarten, um zu sehen, wer recht hat. Als sie mit lauter Einsern nach Hause kam, hörten wir auf, sie zu bedrängen.«

Lynn lächelte. »Sagen Sie Ihrer Frau ›Danke‹ von mir«, sagte sie. »Jetzt weiß ich endlich, dass auch jemand anders diese Kämpfe kennt.«

Eine Veränderung der Umgebung, um ablenkende Reize auszuschalten oder zu reduzieren, kann Ihrem sehr wahrnehmungsfähigen Kind helfen, konzentriert zu bleiben und besser zuzuhören. Schauen Sie sich um. Was können Sie entfernen, ausschalten oder wegpacken, um Ihrem Kind zu helfen, auf die wichtigste Information konzentriert zu bleiben? Und vergessen Sie nicht, dass Ihr Kind durchaus in der Lage sein kann, Ihnen genau zu sagen, was es braucht – wenn Sie ihm zuhören.

2. Stellen Sie Augenkontakt her

Eines Abends war ich dabei, zu einem Kurs aufzubrechen, als ich sah, dass in der Küche neben der Spüle noch ein schmutziges Keks-Backblech, ein Krug und eine Schüssel herumstanden. Mein Sohn stand mit dem Rücken zu mir auf der anderen Seite des Zimmers. Als ich an ihm vorbeiging, bat ich ihn, das Geschirr zu spülen, bevor er später zu seinem Spiel gehen würde. Als ich nach Hause kam, stand alles noch immer neben der Spüle – schmutzig. Ich war nicht erfreut! Als mein Sohn zur Tür hereinkam, schnappte ich ihn mir. »Das ist nicht okay!«, sagte ich. »Ich hatte dich gebeten, die Sachen zu spülen, und du bist gegangen, ohne das zu machen.«

Er stotterte: »Wovon sprichst du? Ich habe das Geschirr doch gespült!«

Ich zeigte auf das Keksblech, den Krug und die Schüssel, die noch dastanden. »Nennst du das gespült?«

Er drehte sich um und schaute zur Arbeitsplatte. »Du hast gesagt, ich soll das Geschirr abwaschen. Ich dachte, du sprichst von meinen Tellern. Nachdem ich gegessen hatte, habe ich sie gespült und in den Geschirrspüler gestellt. Ich dachte, das hättest du gemeint.«

Ich hatte dieses Gespräch in der Annahme begonnen, mein Sohn sei im Unrecht. Stattdessen stellte ich nun fest, dass ich die Regel Nummer eins wirksamer Anweisungen missachtet hatte: Augenkontakt herzustellen (um ihm dann auch zu zeigen, was mit Geschirr gemeint ist). Sorgen Sie dafür, dass Ihr Kind Sie sieht und anschaut, wenn Sie ihm Anweisungen erteilen – sehr wahrnehmungsfähige Kinder hören am besten, wenn sie auch sehen, was sie hören. Sie können Ihr Kind sogar bitten, die Anweisung zu wiederholen, um zu wissen, dass es alles genau gehört und verstanden hat.

Brent prustete. »Das ist Danny – was er nicht sieht, hört er nicht. Wenn er im Wohnzimmer ist und ich in der Küche bin, könnte ich ebenso gut mit dem Mond reden. Er hört nichts.«

Ich stimmte zu. »Wenn Sie wollen, dass Ihr sehr wahrnehmungsfähiges Kind Ihnen zuhört, können Sie sich sehr viel Frustration ersparen, indem Sie einfach in dasselbe Zimmer gehen und Augenkontakt herstellen. Sie können Ihr Kind auch berühren, um dafür zu sorgen, dass es Sie hört.«

3. Halten Sie Anweisungen möglichst einfach

Sehr wahrnehmungsfähige Kinder können von einer »großen« Aufgabe überfordert sein. Anstatt Ihrem Kind zu sagen, es solle seinen Schulranzen, das Lunchpaket, seine Jacke, seine Mütze und seine Schuhe holen, vereinfachen Sie die Sache und sagen nur, es solle seinen Schulranzen holen. Ist das erledigt, kann es seine

Mütze holen, anschließend seine Jacke und so weiter. Begrenzen Sie die Anzahl von Anweisungen auf jeweils zwei oder drei Schritte. Zu viele Anweisungen auf einmal können Ihr sehr wahrnehmungsfähiges Kind überfordern.

Sie sollten auch die Anzahl der verwendeten Wörter begrenzen. Tatsächlich wird Ihr sehr wahrnehmungsfähiges Kind Sie besser hören, wenn Sie weniger sagen.

Maggie lachte. »Das stimmt. Heute Morgen habe ich zu Brian gesagt: ›Geh bitte hinunter und putz dir die Zähne.‹ Er ging Richtung Bad, aber fünf Minuten später lag er zu meinen Füßen auf dem Boden und spielte mit dem Hund. Ich fragte ihn: ›Brian, hast du Zähne geputzt?‹ Er sah mich nur an. Ich wusste, dass er es nicht gemacht hatte. Dieses Mal sagte ich nur: ›Brian, Zähne – *jetzt sofort.*‹ Er stand auf und machte es.«

»Sehen Sie«, sagte ich zu der Gruppe, »als Maggie von Brian eine spezifische Aufgabe erfüllt haben wollte, fügte sie ihrer Botschaft kein *bitte* oder *okay?* an. Wenn Sie zu Ihrem beharrlichen und sehr wahrnehmungsfähigen Kind sagen: ›Brian, würdest du bitte gehen und Zähne putzen!‹, sind Sie dafür verantwortlich, wenn Sie ein entschiedenes ›Nein‹ zur Antwort bekommen.«

Die besten Anweisungen sind einfach, bringen es auf den Punkt und werden mit Worten formuliert, die leicht verständlich sind. Wir wollen einmal Botschaften üben, die einfach und unmissverständlich sind.

1. Gehen Sie die folgende Liste mit Anweisungen durch.
2. Formulieren Sie jede auf maximal zwei Worte um.
3. Überprüfen Sie die gewählten Worte. Würde ein Kind diese leicht verstehen?

Komplizierte Anweisungen	Einfache, unmissverständliche Anweisungen
Brian, es ist 20 Uhr, du musst dich zum Schlafen fertig machen.	
Cara, wenn du deine Schwester noch einmal schlägst, bekommst du Ärger.	
Jenna, räum deine Schuhe, deinen Schulranzen, deine Jacke und deine Mütze auf.	
Bitte komm zum Essen rein, okay?	
Würdest du bitte still sein?	
Mach das nicht noch einmal.	

Komplizierte Anweisungen	Einfache, unmissverständliche Anweisungen
Brian, es ist 20 Uhr, du musst dich zum Schlafen fertig machen.	Brian, Bett.
Cara, wenn du deine Schwester noch einmal schlägst, bekommst du Ärger.	Cara, stopp.
Jenna, räum deine Schuhe, deinen Schulranzen, deine Jacke und deine Mütze auf.	Jenna, Schuhe, Schulranzen. Jenna, Jacke, Mütze.
Bitte komm zum Essen rein, okay?	Essen kommen (wenn sich Ihr Kind langsam anpasst, werden Sie es vorgewarnt haben müssen, siehe nächstes Kapitel).
Würdest du bitte still sein?	Ruhe.
Mach das nicht noch einmal.	Stopp.

4. Sagen Sie Ihrem Kind, was es tun *kann*

Ich bin auf einem Bauernhof mit Molkereibetrieb aufgewachsen. Als ich zehn war, beschlossen meine beiden Schwestern – 12 und 17 – und ich, dass wir ein Pferd haben wollten. In Anbetracht unseres Wohnortes war das kein ausgefallener Wunsch. Mein Vater sagte, er würde uns *kein* Pferd kaufen. Nach einigen Diskussionen entschieden meine Schwestern und ich, unser Papa hätte lediglich gesagt, er würde uns kein Pferd kaufen, er hatte nicht gesagt, wir dürften keines haben. Wir legten unser Geld zusammen und kauften ein 15 Monate altes Quarter Horse. Als wir es nach Hause brachten, schimpfte unser Vater: ›Ihr verflixten Idioten! Dieses Tier wird noch wachsen.‹ (Seine Worte waren in Wirklichkeit etwas drastischer, aber dies hier ist ja ein Familienbuch.) Er hatte recht. Das Pferd erreichte noch 30 Zentimeter mehr an Schulterhöhe. Es war so groß, dass wir es unten an den Hügel stellen und selbst oberhalb von ihm stehen mussten, um einen Fuß in den Steigbügel zu bekommen, aber wir konnten das Pferd behalten.

Wenn Sie sehr wahrnehmungsfähigen (und auch beharrlichen) Kindern Anweisungen geben, sagen Sie ihnen, was sie tun dürfen – nicht, was sie nicht tun dürfen. Für diese Strategie gibt es drei Hauptgründe.

1. Sind diese Kinder so geartet wie meine Schwestern und ich, werden sie überlegen, welche Möglichkeiten Sie ihnen nicht verboten haben, und diese dann tun. (Beispiel: Sie haben gesagt, die Kinder dürften nicht im See spielen, haben jedoch nichts vom Bach gesagt.)
2. Kinder sind sehr viel empfänglicher für Dinge, die sie tun dürfen, als für Dinge, die ihnen verboten werden. Sie haben ihre Aufmerksamkeit nur für wenige Sekunden, fokussieren Sie sich also auf das Wichtigste, was Sie von den Kindern erwarten – spüle den Krug, das Keksblech und die Schüssel – anstatt zu sagen: »Geh nicht weg, ohne abzuwaschen.«

Probieren wir einige Beispiele aus.

1. Lesen Sie die folgenden Anweisungen durch.
2. Verändern Sie die Aussage in der Weise, dass Sie dem Kind sagen, was es tun kann.

Verbote	Anweisungen, was das Kind tun kann
Leg deine Füße nicht auf den Stuhl.	
Geh nicht auf die Straße.	
Sei nicht frech.	
Sei nicht so laut.	
Vorsicht!	
Sei nicht unausstehlich.	
Komm nicht zu spät.	
Hinterlasse keine Schweinerei.	

Verbote	Anweisungen, was das Kind tun kann
Leg deine Füße nicht auf den Stuhl.	Die Füße bleiben auf dem Boden.
Geh nicht auf die Straße.	Bleib im Hof.
Sei nicht frech.	Draußen kannst du rennen, drinnen gehen.
Sei nicht so laut.	Benütze deine Flüsterstimme.
Vorsicht!	Bleib hier bei der Tür stehen.
Sei nicht unausstehlich.	Höre auf Oma.
Komm nicht zu spät.	Um 22 Uhr bist du zu Hause, um 20 Uhr rufst du an.
Hinterlasse keine Schweinerei.	Stell die Bücher ins Regal.

5. Verwenden Sie für die Kommunikation Ihrer Botschaften nicht nur Worte, sondern auch Bilder und Handlungen

Während der gemeinsamen Eltern-Kind-Zeit war Maggies Sohn Brian ganz vertieft in den Bau einer Autorennstrecke. »Würden Sie ihn mit mir zusammen beobachten?«, bat Maggie.

»Natürlich«, antwortete ich. »Worüber machen Sie sich Gedanken?«

»Er hört mir einfach nicht zu«, klagte sie. »Es ist, als würde er mich gar nicht hören, aber ich habe sein Gehör testen lassen, da ist alles in Ordnung.«

Während wir miteinander sprachen, kündete die Betreuerin für die Kleinkinder an, dass nun aufgeräumt würde. Brian spielte weiter. Er blickte nicht einmal auf. Die Betreuerin ging zu ihm, berührte ihn an der Schulter und sagte ihm erneut, dass es nun Zeit zum Aufräumen sei. Brian reagierte darauf mit dem Verbauen weiterer Teile an seiner Strecke. Erst als die Betreuerin an den Lichtschalter ging, die Beleuchtung aus- und einschaltete und erneut verkündete, es sei nun Zeit zum Aufräumen, stand Brian auf, schaute zu seiner Mutter und rief: »Zeit zum Aufräumen!«

Ich merkte, dass er die Anweisung erst gehört hatte, als das blinkende Licht seine Aufmerksamkeit erregt und ihm geholfen hatte, die Worte zu hören.

»Kommen Sie«, sagte ich zu Maggie. Ich ging zu Brian, hielt ihm drei Finger vors Gesicht und sagte: »Brian, du kannst noch drei Teile anfügen, dann müssen wir es für den Stuhlkreis wegräumen.« Ich vermutete, dass er ein Bild von der fertigen Strecke im Kopf hatte, daher versicherte ich ihm, er könne daran weitermachen, wenn der Stuhlkreis beendet sei und die Eltern in den Besprechungsraum gehen würden. Er wählte drei Teile aus. Dann zählte ich jedes mit ihm, während er die Teile einbaute. Als er fertig war, stand er auf, klopfte seine Hose ab und fragte: »Wo können wir es sicher hinstellen?«

Ich deutete auf den roten Stuhl in der Ecke. »Wir stellen es neben den roten Stuhl, dort ist es sicher.« Gemeinsam brachten wir es dort hin.

»Wie haben Sie das gemacht?«, fragte Maggie. »Er hört auf niemanden, vor allem nicht auf Menschen, die er nicht gut kennt.«

»Das war keine Zauberei«, antwortete ich. »Ich vermute, Ihr Sohn hat eine hohe Wahrnehmungsfähigkeit.«

»Die hat er tatsächlich«, stimmte Maggie zu.

»Sehr wahrnehmungsfähige Kinder sind häufig visuelle Lerner«, fuhr ich fort. »Ich habe einfach drei Finger gehoben, um drei weitere Klötze anzuzeigen, und deutete dann auf den roten Stuhl, sodass er ein Bild davon hatte, wo sein Bauwerk stehen würde. Als ich meine verbalen Anweisungen durch visuelle Hinweise ergänzt habe, hörte er mich besser.«

Firmen geben jedes Jahr mehrere Millionen Dollar aus, um Bilder zu entwerfen, die uns helfen, ihre Botschaft zu »hören«. Umfangreiche Marktstudien haben gezeigt, dass einige Menschen am besten reagieren, wenn sie eine Botschaft hören, während andere sie auch sehen oder fühlen müssen, um sie im Gedächtnis zu behalten. Die Firmen haben auch gelernt, dass es nicht ausreicht, eine Botschaft einmal zu verbreiten, wenn die Kunden darauf reagieren sollen. Daher singen Sie uns ihre Botschaften vor, zeigen die entsprechenden Bilder im Fernsehen und in Zeitschriften und drucken sie auf Busse und T-Shirts. Sie senden uns ihre Botschaft auf vielerlei Wegen. Wir werden damit überschwemmt, bis wir sie »gehört« haben. Überlegen Sie einmal: Wenn Sie die Werbemelodie von Coca-Cola hören, entsteht dann in Ihrem Kopf auch ein Bild von glücklichen Menschen? So will die Firma das. Sie wollen, dass Sie Coke hören, Coke denken und sich *gut* dabei fühlen, sodass Sie sich für ihr Produkt entscheiden.

Beobachten Sie Ihr Kind. Ist es so wie Brian? Braucht es einen visuellen Hinweis wie die blinkende Beleuchtung, um Ihre Botschaft zu »hören«? Reagiert es auf Worte allein? Was passiert, wenn Sie Ihre Botschaft singen oder flüstern? Experimentieren Sie, bis Sie herausgefunden haben, wie Ihr Kind am besten »hört«.

»Welche Techniken helfen Ihrem Kind, Sie zu hören?«, fragte ich die Gruppe.

»Ich habe Listen geschrieben«, antwortete Diane. »Das hilft meinen Kindern und mir.«

»Wie haben Sie das gemacht?«, wollte Maggie wissen.

»Ich habe einfach eine Liste aller Dinge erstellt, die die Kinder morgens erledigen müssen. Für die Kleinen habe ich Bilder gemalt. Dann habe ich für jeden Wochentag eine Zeile vorgesehen und habe einen Stift an die Tabelle gehängt. Die Kinder kreuzen an, sobald sie etwas erledigt haben. Wir verwenden für jeden Tag eine andere Farbe, um nichts zu verwechseln. Das sieht dann so aus ...«

Sie stand auf und zeichnete es an die Tafel.

Aufgabe	Mo	Di	Mi	Do	Fr	Sa	So
Auf die Toilette gehen		X					X
Anziehen			X				X
Haare kämmen							X
Frühstücken							X
Schuhe anziehen							X
Schulranzen holen	X						

»Was können Sie sonst noch tun?«

»Wir arbeiten mit einem Wecker«, antwortete Phil. »Wir haben festgestellt, dass Tara etwa 15 Minuten braucht, um sich anzuziehen. Wir stellen den Wecker und wenn er klingelt, weiß sie, dass es Zeit ist, zum Frühstück zu kommen.«

Wir sammelten weiter Ideen. Brent ließ seine Kinder die Treppe hinaufhüpfen oder den Flur entlanghopsen. Durch die Verbindung seiner Anweisungen mit körperlichen Aktionen erreichte er, dass seine Kinder besser auf ihn hörten. Phil deutet auf den Gegenstand, den seine Kinder aufheben oder anziehen sollen. Wenn sie den Gegenstand sahen und seine Worte hörten, erreichte er ihre Kooperation. John hat seinen Kindern beigebracht, die Augen zu schließen und sich im Kopf vorzustellen, welche Aufgaben zu erledigen sind. Und wenn die Kinder alt genug sind, um zu lesen, können Sie ihnen natürlich ebenso gut einen Zettel schreiben und die Botschaft sagen.

Durch wechselnde Methoden können Sie Ihre Botschaft ebenfalls wiederholen, ohne dass es monoton wirkt.

Sehr wahrnehmungsfähige Kinder nehmen jede Art von Reiz in ihrer Umgebung wahr. Sie können ihnen helfen, die wichtigsten Botschaften herauszufiltern. Durch eine Reduzierung ablenkender Reize, das Herstellen von Augenkontakt, einfache Anweisungen, was die Kinder tun sollen, sowie visuelle und körperliche Hinweise neben den verbalen Anweisungen ist es für die Kinder viel einfacher, Sie zu hören.

ÜBEN, ÜBEN, ÜBEN

»In Ordnung«, sagte Lynn. »Ich bin bereit. Helfen Sie mir herauszufinden, was ich mit einem Kind tun soll, das stehen bleibt, um die Katze zu streicheln, dabei vergisst, sich anzuziehen und den Bus verpasst.«

Ich schrieb die fünf wirksamen Strategien für sehr wahrnehmungsfähige Kinder an die Tafel.

1. Die Umgebung verändern.
2. Augenkontakt herstellen.
3. Anweisungen einfach halten.
4. Sagen, was es tun *kann*.
5. Bilder und Aktionen ebenso verwenden wie Worte, um die Botschaft zu kommunizieren.

»Schauen Sie sich die Liste an«, sagte ich zu Lynn. »Welche dieser Strategien könnten Sie verwenden?«

»Wir könnten auf jeden Fall etwas an der Umgebung verändern«, sagte sie. »Momentan läuft Brian zehnmal die Treppe rauf und runter. Ich könnte dafür sorgen, dass er angezogen ist und sich gekämmt hat, bevor er nach unten zum Frühstück kommt. Ich könnte auch die Katze in meinem Zimmer einsperren, damit er nicht anfängt, mit ihr zu spielen. Ich kann versuchen, daran zu denken, Augenkontakt mit ihm herzustellen. Häufig rufe ich von einem Zimmer zum anderen, weil ich mich auch anziehe. Ich könnte wohl auch weniger reden. Ich weiß, dass ich ständig frage: ›Wo sind deine Bücher, hast du dich gekämmt ...?‹ Vielleicht könnte ich es mit einzelnen Wörtern probieren – *kämmen, Bücher*. Und ich denke, er könnte damit einverstanden sein, eine Checkliste zu erstellen, um am Abend vorher sicherzustellen, dass er alles hat, was er am Morgen braucht.«

Während sie sprach, schrieb ich ihre Vorschläge an die Tafel.

Sie lehnte sich auf ihrem Stuhl zurück und las die Liste durch. »Ich denke, das könnte helfen«, sagte sie und schrieb es sich ab.

»Aber was ist, wenn Sie das alles versuchen und die Kinder dennoch nicht auf Sie hören?«, fragte Sarah, während sie unruhig auf ihrem Stuhl hin- und herrutschte. »Im Lebensmittelladen sage ich Sadie, sie soll bei mir bleiben, aber sie saust ständig davon, um etwas von dem Tisch mit den Kostproben zu probieren, oder sie bleibt hinter mir zurück.«

John war aufgestanden, um sich einen Kaffee zu holen, hörte jedoch aufmerksam zu, während er hinten an der Wand lehnte und Sahne in seinen Kaffee rührte. »Als meine Kinder klein waren, habe ich ihnen gesagt, sie müssten sich entweder am Einkaufswagen festhalten oder meine Hand nehmen. Als sie etwas älter waren, mussten sie im Umkreis von einem Meter bleiben oder mich fragen, ob es in Ordnung sei, wenn sie da und da hingehen.«

»Haben sie sich daran gehalten?«, wollte Sarah wissen. »Meine würden es nicht. Während ich das Baby aus seinem Kindersitz hole, saust Sadie über den Parkplatz. Es ist so schwer, ihr klarzumachen, wie gefährlich das ist.«

Maggie legte ihre Hand auf Sarahs Arm. »Kristen lief auch davon. Als sie weglief, holte ich sie zurück. Ich sagte ihr, dass es *nicht okay* ist wegzulaufen. Sie müsse folgen. Dann erzählte ich ihr, wir würden das üben. Ich würde das Baby wieder in den Kindersitz setzen und den ganzen Vorgang wiederholen. Ich sagte: ›Mama holt jetzt das Baby heraus, hilf mir mit den Gurten.‹ Dann: ›Nimm meine Hand, wenn wir über den Parkplatz gehen.‹ Es dauerte nur ein paarmal, bis sie es verstanden hatte.«

Um alle wirksamen Methoden hervorzuheben, die Maggie eingesetzt hatte, fragte ich: »Was hat sie gemacht?«

»Sie hat ihrer Tochter gesagt, was sie tun kann, und hat die Worte mit Aktionen verbunden«, antwortete Phil. Ich nickte.

Maggie schien plötzlich gedankenverloren, während sie ihr Haar um einen Finger wickelte. »Ich habe gerade gemerkt, dass ich weiß, wie diese Strategien zu nutzen sind, aber in letzter Zeit habe ich sie nicht angewendet«, sagte sie. »Kein Wunder, dass Brian nicht auf mich hört. Ich glaube, ich war so gestresst durch die

Scheidung und alles. Ich habe einfach nicht daran gedacht. Aber genau das kann ich machen!«

Sarah stieß den Atem aus. »Ich kann es auch. Ich war wohl nicht eindeutig genug. Ich habe nur gesagt: ›Bleib stehen!‹« Sie legte eine Pause ein und überlegte. »Ich bin nicht einmal sicher, ob sie das gehört hat. Ich glaube nicht, dass ich sie dabei angeschaut habe. Normalerweise beeile ich mich, die Türe aufzumachen und das Baby herauszuholen, bevor sie davonläuft.« Wieder machte sie eine Pause, dann hob sie ihr Kinn. »Ich vermute, es gibt noch ein paar andere Dinge, die ich ausprobieren könnte.« In ihren Augen blitzte Entschlossenheit auf.

Nun sind Sie an der Reihe.

1. Beschreiben Sie eine Situation, in der Ihr sehr wahrnehmungsfähiges Kind Schwierigkeiten damit hatte, die wichtigste Information herauszufiltern.
2. Gehen Sie die fünf Strategien durch, erstellen Sie einen Plan, der Ihrem Kind helfen wird, Ihre Anweisungen zu »hören« und konzentriert zu bleiben.

Strategie	**Aktionsschritte**
Die Umgebung verändern	
Augenkontakt herstellen	
Anweisungen einfach halten	
Sagen, was das Kind tun kann	
Verwendung von Worten der Botschaft, ebenso wie Bilder und Aktionen der Kommunikation	

GENIESSEN SIE IHRE ERFOLGE

Vor dem nächsten Kursabend hatte es geregnet, ein kalter Nieselregen, der uns daran erinnerte, dass der Winter noch nicht aufgegeben hatte. Am Dienstag, als wir uns trafen, herrschte jedoch strahlender Sonnenschein. Die Funkien hatten sich von eng zusammengerollten Punkten, die aus der Erde auftauchten, zu breiten Blättern entwickelt, die das Licht einfingen. Osterglocken und Tulpen blühten. Vielleicht würde der Frühling jetzt bleiben. Der Sonnenschein schien sich in der Stimmung aller Teilnehmer widerzuspiegeln – nur bei Diane nicht. Ihr Schritt hatte keine frühlingshafte Leichtigkeit. Sie blickte finster, massierte sich den Nacken und drehte den Kopf, um die Spannung zu lösen, die sich in diesem Bereich angesammelt hatte.

Sie seufzte. »Ich glaube, ich habe mehr Fehler als Erfolge zu berichten. Ich bringe Andy einfach nicht dazu, auf mich zu hören. Ich habe versucht, meine Anweisungen visueller zu gestalten. Ich habe sichergestellt, Augenkontakt zu haben, aber« – ihre Stimme wurde leiser – »er hat wieder nicht gehört. Ich musste duschen. Er war in der Küche. Ich habe ihm ein Ausmalbuch und Stifte gegeben. Ich habe es für ihn aufgeschlagen und habe ihm gesagt, ich würde nach oben zum Duschen gehen. Ich sagte ihm, er solle diese und diese und diese Seite ausmalen. Ich blätterte die Seiten um und zeigte sie ihm. Ich dachte, er würde dafür eine halbe Stunde brauchen.«

Ich warf einen Blick auf meine Liste, um zu schauen, wie alt Andy ist (er ist drei) – eine sehr wichtige Information.

»Ich ging nach oben, aber dann läutete das Telefon. Als das Gespräch beendet war, waren fünf oder zehn Minuten vergangen, daher dachte ich, es wäre besser, nach ihm zu sehen. Er war weg! Ich rannte durchs Haus und rief nach ihm. Kein Andy. Ich schaute aus dem Fenster. Da stand er barfuß und ohne Jacke im Regen.

Ich zog ihn ins Haus und verhängte eine Auszeit, aber als ich zu ihm sagte: ›Weißt du nicht, wie gefährlich das ist, das erschreckt Mami‹, lächelte er mich nur an!«

»Wer von Ihnen könnte duschen und sein dreijähriges Kind unterdessen unbeaufsichtigt lassen?«, fragte ich die Gruppe. Keine Hand hob sich. »Wer könnte duschen und sein vierjähriges Kind unterdessen unbeaufsichtigt lassen?« Vier Teilnehmer meldeten sich.

»Sie müssen einfach noch ein Jahr warten«, sagte ich zu Diane. Sie stöhnte. »Ernsthaft«, fuhr ich fort. »Andy kann sich mit seinen drei Jahren die Gefahr noch nicht vorstellen. Er ist sehr wahrnehmungsfähig, energiegeladen und beharrlich. Ich vermute, er hat draußen irgendetwas gesehen. Sein Wunsch herauszufinden, was es ist und was er damit tun könnte, war sehr viel stärker und verlockender, als im Haus zu bleiben und Bilder auszumalen.«

»Die neue Schaukel«, räumte Diane ein. »Wir haben sie erst am Samstag aufgestellt. Er liebt sie und wegen des Regens waren wir morgens nicht draußen gewesen.«

»Sie haben visuelle Anweisungen gegeben, aber Andy hat nicht verstanden, warum diese wichtig sind. Sie können Andy nicht außer Sichtweite lassen – noch nicht. Bald, aber jetzt noch nicht. Das ist zu unsicher«, sagte ich.

Sie ließ den Kopf hängen. Ich zuckte innerlich zusammen. Ich wollte sie nicht verlieren.

»Sehen Sie es doch einmal so«, sagte ich. »Sie haben Augenkontakt hergestellt. Sie haben visuelle Anweisungen gegeben. Sie haben Andy gesagt, was er tun konnte. Sie haben das alles wirklich gut gemacht. Sie müssen einfach nur noch warten, bis er etwas älter geworden ist, damit diese Anweisung auch wirksam ist.«

»Das ist so schwierig!«, rief sie.

»Ja. Deshalb lesen Sie Bücher und besuchen Kurse. Es gibt viel zu lernen, und genau das tun Sie.«

Sie wand sich auf ihrem Stuhl. »Okay! Okay! Ich werde es weiter versuchen, aber ich brauche dazu etwas Hilfe.«

Ich wandte mich wieder der gesamten Gruppe zu. »Wie kann man duschen, wenn man ein dreijähriges Kind hat?«

»Sie stehen vor ihm auf«, antwortete Maggie. »Das ist mit einem aktiven, sehr wahrnehmungsfähigen und beharrlichen Kind die einzige Möglichkeit, ein paar Minuten für sich zu haben.«

Diane protestierte. »Ich schlafe auch gerne aus.«

»Ist es das wert?«, fragte Lynn.

Diane murrte. »Vielleicht nicht. Die anderen habe ich einfach ins Bad mitgenommen. Ich habe ihnen etwas zum Spielen gegeben und geduscht. Aber Andy sieht alles und muss alles ausprobieren. Er nimmt das Badezimmer auseinander. Ich könnte wohl früher aufstehen, aber ich war so müde.«

Maggie tätschelte ihren Arm und versicherte ihr, es würde bald einfacher werden. Diane seufzte tief. Maggie wartete einen Moment, um sicherzugehen, dass es Diane gut ging, dann verkündete sie, sie habe eine Erfolgsstory zu erzählen.

»Was hat funktioniert?«, fragte ich sie.

»Brian bettfertig zu bekommen, ist immer ein Problem. Also habe ich angefangen, die Umgebung zu verändern. Eine Stunde vor dem Zubettgehen habe ich den Fernseher ausgeschaltet. Dann ließ ich ihn dabei helfen, die Lichter unten im Haus auszuschalten und wir gingen zum Umziehen nach oben. Ich habe ihm drei Anweisungen gegeben. Meinen Zeigefinger hielt ich hoch, damit er sich den Schlafanzug anzieht, den Mittelfinger fürs Zähneputzen und den Ringfinger, damit er sich ein Buch aussucht. Diese Strategie schien in meinen Augen etwas zu verändern. Es war keine Wunderkur«, versicherte sie uns, »aber ich hatte zumindest das Gefühl, dass er mir zuhört.«

»Das braucht alles seine Zeit«, erinnerte ich sie. »Behalten Sie die besprochenen Strategien bei und beobachten Sie alles genau.

Sollten Sie merken, dass er trotz aller Bemühungen nicht in der Lage ist, Anweisungen zu befolgen oder Aufgaben zu erfüllen, die andere Kinder seines Alters bewältigen, oder wenn Sie merken, dass Ihre Frustration zunimmt und Sie sich dabei erwischen, dass Sie ihn häufiger anschreien, können Sie immer noch entscheiden, ihn auf ADHS testen zu lassen.«

Maggie bildete mit ihren Händen eine Pyramide unter ihrem Kinn, während sie nachdachte. »Ich werde daran denken«, sagte sie, dann wandte sie sich Sarah zu und forderte sie auf: »Erzählen Sie Ihre Geschichte.«

Sarah lachte. »Na ja, ich hatte so eine Art Erfolg. Die Kinder und ich fuhren im Auto. David saß hinten. Er hatte ein langes Schilfrohr in der Hand und klopfte damit ständig auf meinen Kopf. Ich brüllte, er solle das bleiben lassen. Er machte weiter. Da drehte sich Cara, meine Zehnjährige, um und sagte mit ihrer strengsten Stimme: ›David, leg das Schilfrohr auf den Sitz!‹ Er machte es. Ich fing an zu lachen. Ich merkte sofort, dass sie eine unmissverständliche physische Anweisung gegeben hatte. Meine war wirklich undeutlich gewesen.«

»Sarah, das ist ein Fortschritt«, erklärte ich sofort. »Sie haben eine wirksame Methode erkannt, als Sie das hörten.«

»Ja, das stimmt«, räumte sie ein, ihre Augen funkelten. »Und Sadie ist im Lebensmittelladen bei mir geblieben!«

Als Sarah an diesem Abend ging, blieb sie noch einmal bei mir stehen, um mir zu sagen, dass sie wirklich versuchte, positiver zu sein. »Es scheint wirklich einen Unterschied auszumachen«, flüsterte sie, als Sadie in ihre Arme gelaufen kam.

Wie läuft es bei Ihnen?

Genießen Sie Ihre Erfolge – und Ihre Fehler

Denken Sie über Ihre Erfolge und auch über Ihre Fehler nach – Ihre Versuche können verborgene Mini-Erfolge enthalten, insbesondere dann, wenn Sie sich danach oder mittendrin selbst ertappen.

Schreiben Sie Anweisungen auf, die Sie Ihrem Kind in den letzten 24 Stunden gegeben haben.

1. ______________________________
2. ______________________________
3. ______________________________
4. ______________________________
5. ______________________________

Welche waren am wirksamsten?

1. ______________________________
2. ______________________________
3. ______________________________

Warum waren sie wirksam? Haben Sie ablenkende Reize in der Umgebung reduziert? Haben Sie Augenkontakt hergestellt? Haben Sie einfache Anweisungen gegeben und Ihrem Kind gesagt, was es tun könnte? Haben Sie die Anweisung durch visuelle oder körperliche Hinweise ergänzt?

____

____

____

Falls Ihre Anweisungen nicht so gut wie erhofft funktioniert haben, was werden Sie das nächste Mal anders machen?

____

____

____

Es braucht Zeit, um neue Fertigkeiten zu erlernen. Wichtig ist, dass Sie diesen Prozess genießen!

Die Kernpunkte

Was Kinder mit hoher Wahrnehmungsfähigkeit immer wieder hören müssen

Aussagen, die ihnen helfen, sich mit ihrer hohen Wahrnehmungsfähigkeit wohlzufühlen:

- Du bist ein guter Beobachter!
- Du könntest einmal Wissenschaftler oder Ermittler werden!
- Du bist dir der Dinge sehr bewusst!

Aussagen, die ihnen helfen, ihre Auslöser zu erkennen:

- Zu viele Anweisungen auf einmal können dich verwirren.
- Für dich ist es einfacher, etwas zu »hören«, wenn du die Botschaft auch »sehen« kannst.
- Bei zu viel Lärm wird es für dich schwierig, dich zu konzentrieren.

Aussagen, die ihnen helfen, mit ihrer hohen Wahrnehmungsfähigkeit umzugehen:

- Achte darauf, dass du die Person, die mit dir spricht, anschaust.
- Du kannst den Fernseher und andere Dinge ausschalten, die dich ablenken.
- Du kannst darum bitten, vorne sitzen zu dürfen.
- Du kannst dir im Kopf bildlich vorstellen, was du tun sollst.
- Du kannst deine Finger benutzen, um dir zu merken, wie viele Dinge du tun sollst.
- Du kannst eine Tabelle oder Liste schreiben.

9

Langsame Anpassungsfähigkeit

Die kleinen Dinge erkennen, die einen Tag zum Erfolg oder zum Fiasko werden lassen können

Zur Vorbereitung

- Lesen Sie Kapitel 13 in *Wie anstrengende Kinder zu großartigen Erwachsenen werden.*
- Halten Sie einen Textmarker bereit.

Die Hauptpunkte des Kapitels

- Ein klares Bild der Übergänge, dieser scheinbar kleinen Veränderungen oder Überraschungen, die einen Tag zum Erfolg oder Fiasko werden lassen können.
- Strategien, die langsam anpassungsfähigen Kindern helfen, von einer Sache auf eine andere umzuschalten.
- Üben, die schwierigsten Übergänge abzumildern, wie beispielsweise das Zubettgehen, das Aufräumen und das Weggehen.

Dinge, die es zu beobachten gilt

- Welche Übergänge, Veränderungen oder Überraschungen sind Auslöser bei Ihrem Kind?
- Was hilft Ihrem Kind, Übergänge erfolgreich zu bewältigen?

Auf die Tafel schrieb ich:

> **Nächste Woche:**
> **Dienstagabend-Gruppe »Wie anstrengende Kinder zu großartigen Erwachsenen werden« abgesagt**
> **Neuer Termin: Mittwoch 15:00-16:30 Uhr**

Dann wartete ich darauf, dass die Eltern hereinkamen. Lynn und Maggie, in ein Gespräch vertieft, warfen einen Blick auf die Ankündigung an der Tafel. Während sie zu ihren selbst gewählten Plätzen am Tisch gingen, holten sie ihre Kalender heraus und notierten den neuen Termin, ohne ihr Gespräch zu unterbrechen. John blieb an der Tür stehen, die Worte an der Tafel hatten seine Aufmerksamkeit sofort auf sich gezogen. Seine Schultern spannten sich, aber er sagte nichts. Brent folgte ihm. Er blieb abrupt stehen, als er die Ankündigung las. Er schob seine Baseballkappe hoch, wandte sich mir zu und fragte: »Was soll das mit dem Termin?«

Ich sagte es ihm. Er schob seine Kappe erst nach oben und zog sie dann tief über die Augen. Er ließ sich auf seinen Stuhl fallen und verschränkte die Arme vor der Brust. Wenn Blicke töten könnten, wäre ich tot umgefallen.

Genau wie Maggie und Lynn notierte Phil die Änderung einfach. Sarah murrte, aber Diane verkündete: »Das können Sie nicht machen!«

Ich griff nach einem Tafelwischer und entfernte die Ankündigung. »Ich bitte um Entschuldigung«, sagte ich. »Der Kurs für nächste Woche ist nicht abgesagt. Wir treffen uns wie geplant am Dienstagabend. Ich wollte nur in unser heutiges Thema einführen – die Anpassungsfähigkeit an Veränderungen. Ich gebe zu, dass es meine Absicht war, bei Ihnen etwas auszulösen, weil ich demonstrieren wollte, wie wir dies bei unseren Kindern unabsichtlich ständig tun.«

John lachte. »Sie haben recht. Wir überraschen Kinder auf diese Weise ständig.«

Ich schaute zu Brent und Diane. Sie waren noch nicht bereit, mir zu verzeihen.

Lynn zuckte mit den Schultern. »Ich habe mich gewundert. Noch nie wurde ein Kurs in dieser Form verlegt.«

Brent schob seine Kappe wieder nach oben. Er lächelte beinahe, als er zugab: »Ich war bereits entschlossen, nicht zu kommen.«

Unsere Reaktion auf eine Veränderung wird durch unsere Anpassungsfähigkeit beeinflusst.

»Wer«, fragte ich, »hat nach dem Lesen der Ankündigung gedacht: ›In Ordnung, entweder komme ich nächsten Mittwoch oder ich muss es ausfallen lassen, wenn es nicht geht?‹« Maggie, Lynn und Phil hoben die Hand. »Wer merkte, dass seine Intensität zunimmt?« Sarah, Brent, Diane und John hoben dieses Mal die Hand.

»Das liegt an einer unterschiedlichen Anpassungsfähigkeit«, erklärte ich. »Wenn Sie sich nur langsam anpassen können, löst jede Veränderung oder Überraschung eine Stressreaktion aus. Sie sind aufgeregt und irritiert. Sie mögen so etwas nicht! Dasselbe trifft auf Kinder mit langsamer Anpassungsfähigkeit zu.«

Jim Cameron (Ph. D.), ein Forscher von An Ounce of Prevention, einer gemeinnützigen präventiv arbeitenden Organisation für geistige Gesundheit in Berkeley, Kalifornien, unterteilt Übergänge in vier Kategorien:

- Störung (Beispiel: Ein Baby hochheben, um ihm die Windeln zu wechseln)
- Übergänge von einer Aktivität oder einem geografischen Ort zu einem anderen (Beispiel: ins Auto steigen)
- Veränderungen an Routineabläufen (Beispiel: Schlafen im Hotel anstatt zu Hause)

- Erwartungen, die nicht erfüllt oder verändert werden (Beispiel: Sie geben Ihrem Kind einen blauen Becher anstelle seines gelben Lieblingsbechers)

All dies sind Übergänge, heimtückische kleine Verschiebungen, Veränderungen und Überraschungen, die sich anschleichen und zuschlagen wie ein Wespenstich an einem sonnigen Tag. Sie können sich nicht aussuchen, wie anpassungsfähig Sie sind, ebenso wenig wie Ihr Kind, aber Sie beide können lernen, mit Übergängen fertigzuwerden. Übergänge zu erkennen und die Reaktionen Ihres Kindes darauf zu verstehen, ist entscheidend, um seine Kooperation zu gewinnen.

EINE ANDERE SICHTWEISE

Um Ihrem Kind helfen zu können, sich leichter anzupassen, müssen Sie die häufigsten Übergänge erkennen, mit denen es tagtäglich zu tun hat. Sie können natürlich nicht alle vorhersehen, aber je mehr Sie erkennen, desto einfacher wird das Leben werden.

»Denken Sie an die letzten 24 Stunden«, bat ich die Gruppe. »Das Anziehen, Schlafengehen und Zum-Essen-Kommen sind offensichtlich große Übergänge, mit denen Ihr Kind jeden Tag klarkommen muss. Diese werden wir berücksichtigen, aber ich möchte, dass Sie auch über kleine Übergänge nachdenken, die Ihr Kind und Sie triggern können. Beginnen wir mit den jüngeren Kindern. Was für Übergänge können sie aus der Fassung bringen?«

»Das Windelwechseln«, begann Maggie.

»Wenn sie von verschiedenen Leuten auf dem Arm gehalten werden«, fügte Sarah hinzu. »Ich erinnere mich an die Zeit, als Cara geboren war. Sie war das erste Enkelkind und jeder wollte sie auf dem Arm haben. Die Verwandten reichten sie von einem zum anderen, das machte sie verrückt. Die Leute beklagten sich, ich sei überbeschützend, wenn ich sie ihnen wegnahm. Es ging mir nicht darum, dass ich nicht wollte, dass sie von jemand anderem gehalten wird, ich wollte nur nicht, dass sie von einem zum anderen gereicht wird.«

Diane stürzte sich mit einer ganzen Liste in die Unterhaltung. »Von einem Zimmer in ein anderes gehen. Eine Jacke anziehen. Ein anderer Schnuller oder eine andere Flasche. Abgelegt werden. Würden Sie sagen, dass ich langsam anpassungsfähige Kinder habe?«

»Ja«, stimmte ich zu, »aber ich stelle auch fest, dass Sie die Trigger gut erkennen.«

Sie grinste und stieß Phil an. »Auch welche?«, fragte sie.

»Die Toilettenspülung betätigen«, sagte er. »T. J. regt sich schrecklich auf, wenn jemand die Spülung betätigt, wenn er das hatte tun wollen, oder wenn jemand den Badewannenabfluss öffnet, wenn er das tun wollte. Deshalb geht er in die Luft, wenn jemand die Tür aufmacht, das Licht ausschaltet, den Toast falsch schneidet.«

Die anderen lachten, denn sie erkannten Situationen, mit denen auch sie zu kämpfen hatten. Wir fügten noch einige an:

Hände waschen
In den Kindersitz im Auto gesetzt werden
Besorgungen machen
Pizza-Anlieferung
In einen Aufzug einsteigen oder aus ihm aussteigen
Von einem Schläfchen aufgeweckt werden

»Wie sieht es bei den Vorschulkindern aus?«, fragte ich.

»Von der Kita abgeholt werden.« Phil stöhnte. »Tara läuft weg oder will ihre Jacke nicht anziehen. Manchmal wird sie fuchsteufelswild, weil ich sie abhole anstatt meine Frau. Kürzlich kam ich etwas früher. Ich dachte, sie würde sich freuen, mich zu sehen, aber sie wollte nicht gehen. Als ich versuchte, sie zum Mitkommen zu bewegen, rannte sie weg und kletterte unter das Klettergerüst. Ich bekam sie nicht zu fassen. Wütend stand ich da wie ein Idiot, bis sie endlich herauskam.«

»Das Weggehen kann besonders schwierig sein«, bemerkte ich. »Die Kinder wollen nicht gehen, die Eltern sind normalerweise in Eile und häufig schauen andere Leute zu.«

Phil nickte zustimmend.

»Was gibt es sonst noch?«, fragte ich weiter.

»Besuche beim anderen Elternteil«, murmelte Maggie mit angespannter und intensiver Stimme. »Meine beiden Kinder haben vor und nach diesen Besuchen eine schlimme Phase. Ich weiß, dass der Sonntagabend und Montagfrüh schrecklich werden, wenn sie am Wochenende beim Papa waren.« Plötzlich bemerkte sie Phil und Brent neben sich und sagte: »Das heißt nicht, dass er ein schlechter Papa ist, es liegt nur an der Veränderung.«

»Von einem Zuhause in ein anderes zu wechseln, ist für Kinder häufig mit Stress verbunden«, bestätigte ich. »Selbst wenn sie nicht diejenigen sind, die die Wohnung wechseln müssen, kann das Kommen und Gehen von Stiefgeschwistern für langsam anpassungsfähige Kinder sehr schwierig sein.«

Brent hörte aufmerksam zu und fragte: »Könnte das der Grund dafür sein, dass Katie letztes Wochenende so schlecht drauf war? Samstagabend sind wir mit den Kindern zum Essen gegangen. Sie wollte nicht gehen. Wir sagten, wir würden in eines ihrer Lieblingsrestaurants gehen. Sie stieg ins Auto. Dann überlegten wir jedoch, nach dem Essen noch in ein Einkaufszentrum zu gehen, und entschieden uns daher für ein anderes Restaurant.«

Ich wusste sofort, dass er von einem großen Übergang und einer Enttäuschung sprach. Es überraschte mich nicht, als er sagte: »Sie bekam einen Wutanfall. Nach dem Essen gingen wir in das Einkaufszentrum. Aber sie beklagte sich darüber, dass wir an der falschen Stelle parkten und beim falschen Eingang hineingingen. Es stimmte, normalerweise parkten wir auf der anderen Seite, aber was soll's? Um sie etwas zu beruhigen, kauften wir ihr schließlich etwas zu trinken, aber der Becher war anders als der, den sie beim letzten Mal bekommen hatte, und es waren Eiswürfel in dem Getränk und sie wollte kein Eis. Sie hat sich so aufgeregt, dass sie letztlich das ganze Glas ausgeschüttet hat!«

»Denken Sie über jede dieser Situationen nach. Welche Gemeinsamkeit haben sie?«, fragte ich.

»Veränderungen?«, meinte Brent fragend.

Ich nickte. »Es sind die kleinen Dinge, die einen Ausgehabend ruinieren können.«

»Aber Sonja und Danny haben sich nicht so verhalten«, sagte Brent.

»Sind sie langsam anpassungsfähig?«, fragte ich.

»Nein«, antwortete er.

»Ist Katie langsam anpassungsfähig?«

»Ja.«

»Das ist der Grund«, antwortete ich.

»Aber sie ist wirklich komplett ausgerastet«, gab er zurück.

»Brent, wie haben Sie sich bei meiner Ankündigung gefühlt, den Termin zu verschieben?«, fragte ich.

»Das ist etwas anderes«, sagte er. »Ich hätte Mittwoch nicht kommen können. Was haben Sie erwartet?«

»Hat Katie damit gerechnet, dass sie Samstagabend auswärts essen würde?«, fragte ich.

»Nein«, gab er zurück. »Wir hatten nichts mehr zu essen im Haus und dachten, es würde allen Spaß machen.«

»Hat sie mit einem anderen Restaurant gerechnet als mit dem, in dem sie schließlich gelandet ist?«

»Ja.«

»War es ein anderes Glas?«

»Ja, aber …« Dann verstummte er, lehnte sich zurück und überlegte.

Ich wechselte das Thema, ich wollte seine Privatsphäre respektieren und die Aufmerksamkeit erst einmal von ihm ablenken.

»Wie sieht es mit älteren Kindern und Erwachsenen aus?«, fragte ich.

»Ich habe ein Beispiel«, sagte Maggie. »Im Januar hat Kristens Lehrerin, Frau Kelly, ihre Arbeitszeit auf halbtags reduziert und Frau Davis übernahm die Nachmittage. Kristens erste Reaktion war: ›Das wird auf keinen Fall klappen.‹ Es dauerte zwei Wochen, bis sie entschied, Frau Davis sei auch nett. Jetzt, zwei Monate später, verabschiedet sich Frau Kelly ganz und obwohl Frau Davis alle Stunden übernimmt und Kristen sie kennt, war sie völlig aufgelöst. Als sie es mir erzählte, jammerte sie: ›Frau Kelly geht für immer weg – für immer.‹ Als ich versuchte, mit ihr darüber zu sprechen, war das Einzige, was sie sagen konnte: ›Ich habe Frau Kelly wichtige Dinge erzählt und Frau Davis weiß diese nicht und wie soll ich sie ihr erzählen?‹ Sie war heute Morgen so verzweifelt, dass ich sie fast nicht in die Schule bekommen hätte.«

»Ein Lehrerwechsel unter dem Schuljahr kann für langsam anpassungsfähige Kinder sehr stressig sein«, stimmte ich zu. »Sie wird von Ihnen mehr Unterstützung und Geduld brauchen.«

Maggie seufzte: »Ich weiß.«

Als wir fertig waren, sah unsere Liste wie ein Minenfeld für langsam anpassungsfähige Kinder aus.

Übergänge, die bei langsam anpassungsfähigen Kindern als Trigger wirken können

Jüngere Kinder	Ältere Kinder und Erwachsene
Windelwechsel	Beim Spielen verlieren
Verschiedene Menschen, die das Kind auf dem Arm halten	Mit dem Spielen aufhören, um Hausaufgaben zu machen
Von einem Zimmer in ein anderes gehen	Lehrerwechsel unter dem Schuljahr
Eine Jacke anziehen	Stiefel anziehen müssen
Verschiedene Schnuller oder Flaschen	Nicht wie erwartet spielen können
Abgelegt werden	Ausflüge
Eine Veränderung in der Kita	Zahnarzt- und Arztbesuche
Toilettenspülung betätigen	Überraschungspartys
Aus einem Schläfchen aufgeweckt werden	Unangekündigter Test
Den Abfluss öffnen	Fernseher ausschalten
Licht einschalten	Jemand wird plötzlich krank
Gelber Becher anstelle des roten	Abgesagter Ausflug
Falsch geschnittener Toast	Einen Termin nicht bekommen
Hände waschen	Ins Auto steigen und feststellen, dass der Tank leer ist
In den Kindersitz im Auto gesetzt werden	Kinder, die plötzlich ausrasten
Erledigungen machen	Abgesagte oder verlegte Termine

Jüngere Kinder	Ältere Kinder und Erwachsene
Pizza-Lieferservice	Notfall in der Arbeit
Ein- und Aussteigen in einen/aus einem Aufzug	Krank gewordene Kinderbetreuer/in, Babysitter
Von der Kita abgeholt werden	Verwandte, die plötzlich vor der Tür stehen
Besuch beim anderen Elternteil	Montagmorgen
Telefonläuten	Erster Tag nach den Ferien/dem Urlaub
Andere Bekleidung bei anderer Jahreszeit	Morgens fertig werden
Zeitumstellung	Anderes Restaurant als erwartet
Elternteil, der von einer Reise zurückkommt	Gebeten werden, aufzuhören und etwas anderes zu machen
Anderer Parkplatz	Von draußen ins Haus kommen
Schlafenszeit	Zu spät heimkommen
Zum Essen kommen	Fernseher ausschalten

Sieht man sich die Liste der Übergänge an, wird schnell klar, wie schwierig es ist, jüngeren Kindern mit langsamer Anpassungsfähigkeit bei der Bewältigung zu helfen. Alleine schon das Läuten des Telefons oder der Pizza-Lieferservice, der klingelt, kann als Trigger wirken. Ohne gute sprachliche Fertigkeiten, um ihre Frustration zu kommunizieren, sind sie anfällig für Wutausbrüche.

Ältere Kinder haben bereits Fertigkeiten erworben, die ihnen helfen, mit den kleinen Dingen klarzukommen – wenn der Pizza-Lieferservice kommt, bringt sie das nicht mehr aus dem Konzept. Wenn sie erst einmal die Uhrzeit lesen können, kann es deutlich einfacher werden, den Ort zu wechseln oder von einer Aktivität auf eine andere umzuschalten. Aber das Verlieren beim

Spiel, die Absage eines Events oder das unerwartete Abschalten der Lieblingsshow im Fernsehen kann sehr schwer zu bewältigen sein.

Werden Ihnen die Übergänge im Leben Ihres Kindes bewusst, können Sie ihm besser helfen, erfolgreich damit umzugehen. Je weniger Überraschungen es gibt, desto besser wird ihr Kind kooperieren.

Nun sind Sie an der Reihe.

1. Gehen Sie die Liste der Übergänge durch. Markieren Sie mit dem Textmarker diejenigen, die für Ihre Familienmitglieder als Trigger wirken.
2. Denken Sie über die Übergänge an einem normalen Familientag nach. Welche Störungen, Verschiebungen, Veränderungen der Routine oder der Erwartungen können die Mitglieder Ihrer Familie triggern? Fügen Sie diese der Liste hinzu.
3. Füllen Sie die Tabelle unten aus, um ein vollständiges Bild von den Übergangstriggern Ihrer Familie zu bekommen.

Als Beispiel hier Sarahs Tabelle:

ÜBERGÄNGE ALS TRIGGER

Bob	**Sarah**	**Cara**	**David**	**Sadie**	**Kim**
Kinder flippen unerwartet aus	Telefon läutet, während sie das Essen zubereitet	In einem Spiel verlieren	Aufstehen	In den Kindersitz im Auto gesetzt werden	Windelwechsel
Kinder weigern sich, aus dem Haus zu gehen	Bob kommt zu spät nach Hause		Besorgungen	Aus der Vorschule heimgehen	

Bob	**Sarah**	**Cara**	**David**	**Sadie**	**Kim**
	Montag-morgen		Von Freunden weggehen	Kleidungs-wechsel	
			Einen anderen Sitzplatz zugewie-sen be-kommen	Anderes Schüssel-chen als erwartet	
			Gebeten werden, etwas zu tun		
			Anderer Film als erwartet		

Hier nun Ihre Liste:

Übergänge als Trigger in den letzten 24 Stunden

Name:					

Bringen Sie Ihrem Kind bei, die Aufgabe selbst zu übernehmen

Sobald Ihnen die Übergänge in Ihrem Alltag bewusst geworden sind, sprechen Sie mit Ihrem Kind darüber. Bringen Sie ihm bei, solche Überraschungen, Störungen und Veränderungen zu erkennen, die wahrscheinlich als Trigger bei ihm wirken. Sie können Sätze sagen wie: »Bereite dich vor – es kommt ein Übergang – die Schlafenszeit.« Oder rufen Sie: »Übergangswarnung! Ich habe gerade das Garagentor gehört, Daddy kommt heim.« Ja, es wird Jahre dauern, bis Ihr Kind das herausfindet, und Sie werden sich vielleicht etwas albern vorkommen, einem zweijährigen Kind gegenüber Begriffe wie *Übergang* zu verwenden, aber schneller als Sie glauben, wird Ihr Kind das selbst erkennen. Dieses Wissen wird ihm helfen, solchen Übergängen die größte Härte zu nehmen.

Ich erinnere mich an einen Tag, als bei meiner damals 13-jährigen Tochter ein Draht der Zahnspange riss. Sie bat mich, einen Termin für die Reparatur zu vereinbaren, was ich auch tat. Der einzige Termin, den der Kieferorthopäde frei hatte, war direkt nach der Schule. Ich gebe zu, dass ich es versäumte, in der Schule anzurufen, um sie vorzuwarnen. Als sie nach Hause kam, war sie nicht vorbereitet. Ich sagte: »Nimm dir schnell etwas zu essen. Dein Termin ist in 15 Minuten, wir müssen gleich los.« Sie blieb stehen, biss die Zähne zusammen und sagte mit in die Hüften gestemmten Armen: »Mutter, du hast mich nicht vorgewarnt!«

Kris erkennt das Gefühl eines Übergangs und zum Glück für uns beide half ihr das, mit der Änderung des Routineablaufs klarzukommen. Wäre sie nicht so geübt gewesen, hätte meine Anweisung möglicherweise als Trigger gewirkt. Hätte sie sich aufgeregt und hätte ich nichts über Übergänge gewusst, hätte ich mich gewundert, warum sie sich aufregt.

Hier kommt die Gelegenheit für Sie, Ihre Fertigkeiten zu testen. Lesen Sie das folgende Szenario durch und versuchen Sie, die Übergänge zu erkennen. Markieren Sie diese mit dem Textmarker.

Im Zimmer war es dunkler als sonst um diese Uhrzeit, die aufgehende Sonne wurde von dunklen Wolken verdeckt. Die dreifache Mutter Jeanne kuschelte sich tiefer unter ihre Bettdecke. Sie wollte noch nicht aufstehen. Am Vorabend war alles sehr hektisch verlaufen. Sie hatte nichts richtig fertig bekommen. Dann war nachts auch noch das Baby zweimal aufgewacht. Nun ging ihr die To-do-Liste durch den Kopf: Sie musste Lunchpakete für die Kinder machen, ihre Schulranzen packen und um 7:30 Uhr das Haus verlassen. Warum musste sie ausgerechnet heute so früh einen Termin haben? Bei dem Gedanken zog sie eine Grimasse.

Am anderen Ende des Korridors wachte der fünfjährige Michael auf. Er krabbelte ans Bettende, zog die Jalousie hoch und legte sich wieder hin. Wie jeden Morgen dachte er an den bevorstehenden Tag. Später würde er zu seiner Mama hinübergehen und im Bett mit ihr kuscheln. Er war der Frühaufsteher der Familie und es gelang ihm immer, seine Mama morgens ein paar Minuten für sich alleine zu haben, bevor seine Schwestern aufwachten.

Aber jetzt wollte er noch an sein neues Fahrrad denken. Am Abend zuvor war er zum ersten Mal damit gefahren, ganz alleine! Er lächelte bei dem Gedanken an dieses gute Gefühl. Heute wollte er den ganzen Tag mit dem Fahrrad fahren. Ein Gedanke durchzuckte ihn und bereitete ihm Panik. War heute ein Kita-Tag oder nicht? Er versuchte, sich zu erinnern, aber es gelang ihm nicht. Er schaute an die Türklinke seines Zimmers, wo seine Mama an Kita-Tagen immer seinen kleinen Rucksack aufhing. Er war nicht da. Erleichterung machte sich in ihm breit.

Er krabbelte aus dem Bett und zog seine Lieblingsdecke hinter sich her. Daumen und Zeigefinger, die er durch die Löcher in der Ecke gesteckt hatte, rieben an der Stickerei, genau so, wie er es gerne hatte. Er liebte es, mit seiner Mama zu kuscheln, und heute konnte er es kaum erwarten, ihr von seinen Plänen zu erzählen, Fahrrad zu fahren. Vielleicht würde sie sogar mitfahren.

Als er den Korridor entlangging, riss ihn das Rauschen der Dusche aus seinen Träumereien. Als er in das Zimmer seiner Mutter kam, war ihr Bett leer, die Türe zum Bad war geschlossen und seine Schwester stand dort. Die Enttäuschung traf ihn hart.

Sein Geheul überfiel Jeanne. Lang und schrill drang es durch die Wand des Badezimmers. Automatisch schreckte sie vor dem »Monster« vor der Tür zurück.

Welche Übergänge erlebte Michael? Nachfolgend meine Gedanken dazu.

- Er wachte auf. (Übergang)
- Er wusste nicht, ob heute ein Kita-Tag ist oder nicht. (Veränderung der Routine)
- Er plante, mit seiner Mama zu kuscheln, fand dann aber ihr Bett leer vor. (Enttäuschte Erwartung)
- Er erwartete, mit ihr über sein Fahrrad zu sprechen, aber sie stand unter der Dusche. (Enttäuschte Erwartung)
- Seine Schwester war da. (Störung)

Von seinem Standpunkt aus betrachtet, erscheint seine Verzweiflung gar nicht so unverständlich. Mit jedem Übergang, jeder Überraschung, Störung oder Veränderung kann man praktisch spüren, wie die Intensität zunimmt.

Er ist damit nicht alleine. Seine Mama hat mit ihren eigenen Herausforderungen zu kämpfen.

- Ihre Pläne am Vorabend wurden gestört. (Veränderung der Routine)
- Sie bekam einige Dinge nicht fertig, die ihr den morgendlichen Übergang normalerweise erleichtern. (Veränderung der Routine)
- Sie hat morgens einen Termin, was ihren üblichen Zeitplan verändert. (Veränderung der Routine)

- Das Baby weckte sie nachts zweimal auf. (Störung)
- Sie hoffte, duschen zu können, bevor die Kinder aufwachen. (Enttäuschte Erwartung)
- Michael brüllt, sie weiß nicht, warum, und rechnete nicht damit. (Störung)

Kinder sind nicht die Einzigen, bei denen unerwartete Übergänge als Trigger wirken – deshalb ist es so wichtig, möglichst viele Übergänge vorauszusehen.

WIRKSAME STRATEGIEN

Bei jedem Übergang müssen wir Entscheidungen treffen. Sind wir auf den Übergang vorbereitet, können wir ...

- uns dafür entscheiden, ihn zu vermeiden (wir müssen uns nicht unbedingt für noch einen Tanzkurs anmelden oder weitere Erledigungen machen),
- ihn bewältigen (wir müssen zur Arbeit und in die Schule gehen).

Ist der Übergang unerwartet, müssen wir ...

- die Intensität herunterfahren (das Kind regt sich wegen der Überraschung oder Veränderung auf, wir müssen es beruhigen, bevor wir irgendetwas tun können).

Dann können wir entscheiden ...

- den Übergang zu vermeiden. (»Oh, ich wusste nicht, dass das gelbe Schüsselchen für dich so wichtig ist. Wir können es abspülen.«)
- ihn zu bewältigen. (»Es ist eine Enttäuschung, dass es für den Film keine Karten mehr gibt. Nimm dir ein paar Minuten Zeit, um dich zu beruhigen, dann überlegen wir, was wir stattdessen tun wollen.«)

- ihn einfach hinzunehmen. (Feueralarmübung)

Zuerst wollen wir über die vorhersehbaren Übergänge sprechen und dann die in Angriff nehmen, die uns unvorbereitet treffen.

Bei einem vorhersehbaren Übergang können Sie sich dafür entscheiden, ihn zu vermeiden oder ihn zu bewältigen. Das Vermeiden ist häufig eine gute Strategie, vor allem in einem betriebsamen Haushalt mit kleinen Kindern.

»Wer hat ein Beispiel für einen vorhersehbaren Übergang und die Entscheidung, ihn zu vermeiden?«, fragte ich die Gruppe.

»Ich glaube, ich habe einen«, antwortete Maggie. »Ich habe tatsächlich Schuldgefühle in dieser Richtung. Wahrscheinlich hätte ich meine Kinder so kurz nach der Schule nicht zu einem Kurs anmelden sollen, aber ich habe es gemacht.«

Ich merkte mir vor, Maggies Bewusstsein für die Erfolgsplanung zu loben.

»Montagnachmittags«, fuhr sie fort, »gehen meine Kinder in einen Karatekurs. An diesem Tag hole ich sie an der Bushaltestelle ab, anstatt sie nach Hause kommen zu lassen. Wir hätten schon genügend Zeit, dass sie heimkommen und etwas essen, aber ich weiß, dass es ein Kampf wäre, Brian wieder aus dem Haus zu bekommen, wenn er erst einmal Jacke und Schuhe ausgezogen hat.«

»Kluger Plan«, sinnierte John.

»Na ja, ich habe einfach nicht die Energie, nach der Arbeit in der Kita deswegen zu kämpfen«, gab Maggie zurück. »Ich bin erschöpft. Deswegen bringe ich ihnen einen Snack mit, den sie im Auto essen können, und wir fahren direkt zum Karate. Normalerweise kommen wir zu früh dort an und sitzen noch eine Weile im Auto und unterhalten uns, während sie essen.«

Ich war erstaunt über ihre gute Organisation nach einem kompletten Arbeitstag.

»Bezeichnet man das als ›Vermeiden eines Übergangs‹ oder als ›Faulheit‹?« Sie lachte.

»Ich würde das als einfühlsame Vermeidung bezeichnen!«, rief ich. Und da ich ihre vielen wirksamen Strategien hervorheben wollte, die sie anwandte, fragte ich die Gruppe: »Warum funktioniert das?«

»Sie schaltet auf diese Weise ungefähr zehn Übergänge aus«, antwortete John.

»Nämlich welche?«, fragte ich.

»Zur Tür hineingehen«, sagte er. »Zur Tür hinausgehen. Jacken ausziehen. Jacken anziehen. Schuhe ausziehen. Schuhe anziehen. Hinsetzen. Aufstehen. Überlegen, was gegessen werden soll. Die Schulranzen wegräumen. Anfangen zu spielen. Aufhören zu spielen. Auf die Toilette gehen. Die Änderung der Routine, sobald sie zu Hause sind.« Ich schrieb seine Antworten an die Tafel.

»Wow«, bemerkte ich. »Maggie, schauen Sie nur, was Sie sich alles an Arbeit ersparen.«

»Das ist eine Frage des Überlebens«, antwortete sie.

»Noch andere Beispiele?«, fragte ich.

»Wenn ich tanken oder etwas einkaufen muss, mache ich das, bevor ich Tara abhole«, sagte Phil. »Es lohnt sich nicht, das mit ihr auf dem Rückweg zu versuchen.«

Brent meldete sich. »Also, ich muss jetzt einmal Folgendes sagen«, meinte er. »So läuft es nicht im Leben. Sie können nicht ständig herumeiern, Erledigungen verschieben oder die Kinder immer an der Bushaltestelle abholen. Ihre Lehrer machen das sicher nicht.«

Ich stimmte Brent zu. »Das Leben ist voller Übergänge und Kinder mit langsamer Anpassungsfähigkeit müssen lernen, damit klarzukommen. Als Mutter oder Vater ist es aber auch wichtig auszuwählen, welche Kämpfe sich lohnen. Sehr oft lassen sich Übergänge vermeiden. Die Kinder bekommen dennoch jede Menge Übung. Und die besten Lehrer versuchen tatsächlich auch, unnötige Übergänge zu vermeiden. Das Letzte, was sie sich wünschen, ist, in einem Klassenzimmer voller Kinder für Trigger zu sorgen.«

Brent spielte mit seiner Kappe. »Denken Sie an Ihre eigene Erfahrung«, spornte ich ihn an. »Waren Sie wütend, als Sie an der Tafel lasen, ich würde den Kurs verschieben?«

»Ja. Wir haben uns für den Kurs am Dienstagabend angemeldet, weil er in unseren Zeitplan passt. Das sollten Sie nicht ändern.«

»Als Kursleiter sollte ich also darüber nachdenken, wie sich Änderungen auf die Gruppenteilnehmer auswirken würden?«

»Genau.«

»Und nach Möglichkeit sollte ich Änderungen vermeiden.«

»Ja, soweit das möglich ist«, gab Brent zurück.

»Und damit würden Sie sich wohler fühlen und es wäre respektvoller Ihnen als Teilnehmer gegenüber, der sich angemeldet und dafür diesen speziellen Abend eingeplant hat?«

»Ja.«

»Ich denke genauso«, sagte ich.

»Und Sie glauben, Kinder brauchen das auch?«, fragte er.

Ich nickte und sagte: »Wenn es möglich ist, ja.«

Gehen Sie Ihre Liste mit Übergängen durch. Streichen Sie alle durch, die Sie vermeiden oder ausschalten können. Geloben Sie, sich selbst zu fragen, ob ein Übergang wirklich nötig ist. Überlegen Sie genau, bevor Sie eine Routine ändern, Ihr Kind überraschen oder in seinen Tag einen weiteren Übergang einbauen. Machen Sie sich klar, dass Übergänge Ihrem langsam anpassungsfähigen Kind Energie rauben und die Intensität steigern. Ein Übergang zu viel kann das Kind in einen Trotzanfall treiben.

Die Entscheidung, einen Übergang zu vermeiden oder auszuschalten, zwingt uns manchmal, Prioritäten zu setzen. Geht ein Kind in die Betreuung vor der Schule, dann in die Schule, anschließend in die Betreuung nach der Schule, dann zum Tanzen, zu den Pfadfindern und so weiter, kann sein Tag einfach zu viele Übergänge enthalten. Manchmal sind die langsam anpassungsfähigen Kinder der emotionale Barometer einer Familie und helfen zu erkennen, wann eine Familie zu sehr verplant und hektisch ist.

Lassen Sie uns nun über die Übergänge sprechen, die sich nicht vermeiden lassen. Temperamentvolle Kinder müssen lernen, wie sie erfolgreich damit umgehen. Dies ist eine wichtige Fertigkeit der Lebensbewältigung.

Nach meiner Erfahrung umfassen erfolgreiche Übergänge vier Schritte:

1. Vorwarnung
2. Darauf einstellen
3. Neufokussierung
4. Bewältigen des Übergangs

»Wenn ich Sie vorgewarnt hätte, Ihnen vielleicht am ersten Abend einen Zettel mit einer Vorwarnung bezüglich einer künftigen Terminänderung gegeben hätte, wäre es dann einfacher für Sie gewesen, damit umzugehen?«, fragte ich die Gruppe.

Einige Köpfe nickten. »Wir hätten Zeit gehabt, das einzuplanen«, meinte Phil.

»Ja«, stimmte Brent zu. »Und noch besser wäre es gewesen, wenn Sie mit uns darüber gesprochen hätten, welcher andere Termin für den Kurs am günstigsten wäre, anstatt ihn uns als Tatsache vorzusetzen.«

»Sie würden also eine Vorwarnung und die Möglichkeit zum Verhandeln bevorzugen?«

Brent blickte finster drein. »Genau. Ist das zu viel verlangt?«

»Ich glaube nicht«, stimmte ich ihm zu. »Und Kinder sind so wie wir. Sie wollen die Dinge im Voraus wissen und brauchen eine

Chance, sich darauf einzustellen. Beginnen wir mit der Vorbereitung und Vorwarnung. Manche Kinder brauchen sehr viel Vorbereitung. Über Änderungen müssen sie Tage oder zumindest Stunden vorher Bescheid wissen. Wenn Sie hingegen andere Kinder zwei Tage im Voraus über eine Änderung informieren, werden sie sich vielleicht zwei Tage lang darüber aufregen. Jedes Kind ist anders. Wirksame Vorwarnungen sind beinahe schon eine Kunst. Sie müssen entscheiden, was für Ihr Kind passend ist. Wer hat ein Beispiel für eine erfolgreiche Vorwarnung?«

John antwortete zuerst. »Todd und Kelly sind schon älter. Übergänge sind für sie nicht sehr schwierig, aber bei einigen Dingen muss ich sie ausreichend lange im Voraus vorwarnen, vor allem, wenn es ein Wochenende betrifft. So wie letztes Wochenende. Meine Frau und ich beschlossen, dass am Samstag alle verschiedene Arbeiten im Haus verrichten sollten. Wir sagten Todd und Kelly am Mittwoch Bescheid, sodass sie uns später nicht sagen konnten, sie hätten bereits anders geplant.«

»Was genau haben Sie gesagt?«

»Meine Frau sagte ihnen: ›Am Samstag müssen wir das Haus putzen. Wollt ihr das gleich morgens machen oder lieber ausschlafen und es zwischen 13 und 15 Uhr erledigen?‹ Sie maulten natürlich, entschieden sich aber für den Nachmittag.«

»Super!«, bemerkte ich. »Sie haben den Kindern genügend Zeit gegeben, sich darauf einzustellen, und auch die Möglichkeit mitzubestimmen. Wer hat noch ein Beispiel?«

»Gestern Abend kam Bob später nach Hause«, berichtete Sarah. »Sadie wollte wissen, wann er kommt, und ich sagte ihr, es würde gegen 19 Uhr sein. Sie fragte, wann das ist. Ich sagte ihr, das würde in der Zeit sein, in der sie badet.«

»Ja!«, rief ich und hob meine Hand zum Siegeszeichen. »Was machte Sarah, was für jüngere Kinder so wichtig ist?«

Verständnislose Blicke und Schweigen in der Gruppe.

»Sie antwortete in kindgerechten Begriffen«, erklärte ich. »Kleine Kinder können die Uhr noch nicht lesen, was Veränderungen der Routine oder Übergänge von einer zu einer anderen Aktivität besonders schwierig macht. Sadie kann sich unter 19 Uhr nichts vorstellen, aber sie weiß, wann ihre Badezeit ist. Sarah sorgte für einen Bezugsrahmen, den sie verstehen konnte. Wer hat ein weiteres Beispiel für kindgerechte Begriffe?«

Maggie meldete sich, ihr Selbstvertrauen nahm zu. »Wenn ich am Spätnachmittag in der Kita arbeite, sage ich den Kindern, dass die Mamas kommen, wenn wir Geschichten lesen, was zwischen 16:30 und 16:45 Uhr ist. Oder dass der Papa kommt, wenn wir nach vorne gehen, was gegen 17:30 Uhr ist. Mache ich das richtig?«

»Ja«, bestätigte ich. »Auch Sie haben eine Zeitangabe zu etwas gemacht, was Kinder verstehen können. Kleine Kinder können sich unter ›noch fünf Minuten‹ nichts vorstellen. Wenn Sie ihnen jedoch sagen, dass sie noch dreimal springen oder noch sechs Klötze aufeinanderstellen können, machen Sie die Zeit konkret vorstellbar und verständlich.«

Kinder wachen mit Erwartungen und Plänen für ihren Tag auf. Übergänge stören oder verändern diese Pläne häufig. Geben Sie Ihrem Kind genügend Zeit, sich auf einen bevorstehenden Übergang vorzubereiten (wie viel Zeit das ist, hängt vom jeweiligen Kind ab), und verwenden Sie kindgerechte Begriffe oder Beispiele (Worte und Gedanken, die leicht verständlich sind). Folgendes gehört zu wirksamen Vorwarnungen:

1. Vorwarnung

1. Lesen Sie die folgenden Szenarien durch. Wie könnten Sie das Kind in der jeweiligen Situation vorwarnen?
2. Schreiben Sie Ihre Antworten auf. Lesen Sie dann weiter über Anpassung, Neufokussierung und wie Sie dem Kind durch die Situation helfen können. Nach jedem Abschnitt kommen Sie auf diese Tabelle zurück und tragen Ihre Antworten ein.
3. Sie können Ihre Antworten nach jedem Schritt mit den Musterantworten abgleichen oder dies erst tun, nachdem Sie alles ausgefüllt haben.

Übergang	**Reaktionen**
Ihr Kind ist 4. Es sitzt an einem Puzzle. Sie müssen eine Besorgung machen.	Vorwarnung: Umstellung auf die Situation: Neufokussierung: Hilfestellung:
Ihr Kind ist 10. Es hat um 16:30 Uhr einen Zahnarzttermin. Um 15:30 Uhr steigt es aus dem Bus.	Vorwarnung: Umstellung auf die Situation: Neufokussierung: Hilfestellung:
Ihr Kind ist 16. Sie machen Pläne für das Wochenende. Es muss Zeit für einen Besuch bei den Großeltern gefunden werden.	Vorwarnung: Umstellung auf die Situation: Neufokussierung: Hilfestellung:
Ihr Kind ist 2. Es wird Zeit zum Anziehen.	Vorwarnung: Umstellung auf die Situation: Neufokussierung: Hilfestellung:
Ihr Kind ist 8 Monate alt. Es spielt mit einem Spielzeug. Seine Windel muss gewechselt werden.	Vorwarnung: Umstellung auf die Situation: Neufokussierung: Hilfestellung:
Ihr Kind ist 6. Es will aus Lego ein Flugzeug bauen. Sie müssen los zu einem Familienausflug.	Vorwarnung: Umstellung auf die Situation: Neufokussierung: Hilfestellung:

2. Umstellung auf die Situation

Sobald ein Kind in eine Tätigkeit vertieft ist oder eine Erwartung hat, kann es trotz Vorwarnung schwierig sein, dass es mit seiner Beschäftigung aufhört und sich auf etwas anderes umstellt. Wichtig ist, dass Sie Ihrem Kind Zeit für die Umstellung lassen und einen Endpunkt finden.

Um Ihrem Kind zu helfen, sich umzustellen, müssen Sie ...

- Hinweise erkennen
- Gefühle anerkennen
- das Problem gemeinsam lösen

Hinweise erkennen

Ist Ihr Kind in eine Tätigkeit vertieft, wird es Ihre Ankündigung, es sei nun Zeit aufzubrechen, wahrscheinlich nicht ruhig zur Kenntnis nehmen, selbst wenn Sie ihm zuvor gesagt haben, dass Sie um 16 Uhr einkaufen gehen werden. Prüfen Sie die Situation. Worauf konzentriert sich das Kind? Nimmt es andere Dinge im Zimmer wahr? Ist es ganz in sein Projekt vertieft? Hat es die Schultern bei seiner Tätigkeit hochgezogen? In diesem Fall wird das Kind durch eine plötzliche Bitte aufzuhören überrascht und seine Intensität nimmt zu.

Berücksichtigen Sie auch Ihre eigene Körpersprache. Beißen Sie die Zähne zusammen? Atmen Sie schnell? Fühlen Sie sich gehetzt? Ist Ihr Kind konzentriert, wird Ihre Intensität seine Intensität befeuern. Es lohnt sich für Sie beide, wenn Sie innehalten, tief durchatmen, Ihr Tempo herunterfahren und sich Ihrem Kind dann langsam und ruhig nähern und anerkennen, dass es ein paar Minuten für die Umstellung brauchen wird. Das Innehalten kann schwierig erscheinen, dieser Moment kann Ihnen langfristig gesehen aber tatsächlich Zeit sparen und die Hektik entschieden reduzieren.

Gefühle anerkennen

Übergänge können sehr frustrierend und enttäuschend sein. Nehmen Sie sich kurz Zeit, die Hinweise zu erkennen, dann können Sie empathischer auf Ihr Kind zugehen. Sie können sagen: »Ich sehe, dass du dir wirklich sehr viel Mühe gibst mit diesem Puzzle«, oder: »Es macht dir viel Spaß in deiner Burg und ist schwer, jetzt aufzuhören«, oder: »Wahrscheinlich hast du nicht erwartet, dass Papa so früh kommen würde.« Das Anerkennen der Gefühle bedeutet nicht, dass Ihr Kind sich nicht aufregen wird, es hilft einfach, die Intensität dieser Emotionen zu reduzieren.

Das Problem gemeinsam lösen

Sie können etwas sagen wie: »Es tut mir leid, aber wir haben nicht mehr genügend Zeit, dass du dieses Puzzle fertig bekommst. Dad wartet. Was können wir tun? Wie können wir es am besten aufheben? Könntest du das Puzzle mitnehmen? Fügst du noch zwei Teile ein und hörst dann auf?«

Indem Sie Ihrem Kind erlauben, sich umzustellen, halten Sie die Intensität niedriger. Bei einer hohen Intensität kann sich ein Kind nicht leicht umstellen. Das Erkennen von Hinweisen, Anerkennen von Gefühlen und gemeinsame Lösen des Problems hilft, starke Reaktionen zu zerstreuen, und Sie können mit Ihrem Kind kooperieren.

Gehen Sie zurück zu dem Arbeitsblatt über Übergänge. Tragen Sie die Schritte ein, die Sie unternehmen würden, um Ihrem Kind in jeder Situation bei der Umstellung zu helfen. Berücksichtigen Sie, welche Gefühle anerkannt werden müssen. Wenn Sie unsicher sind, äußern Sie, was Sie sehen. Zum Beispiel könnten Sie sagen: »Ich sehe, wie aufmerksam du gerade bist«, oder: »Du beißt die Zähne zusammen.« Haben Sie die Gefühle anerkannt, denken Sie über das Problem nach, bei dessen Lösung Sie Ihrem Kind helfen müssen, um ihm bei dem Übergang zu helfen.

3. Neufokussierung

Rückt der Zeitpunkt des Übergangs näher, helfen Sie Ihrem Kind, sich auf die neue Aktivität neu zu fokussieren. Das ist besonders dann hilfreich, wenn die nächste Aktivität etwas umfasst, was Ihrem Kind Freude macht. Sie können etwa sagen:

> *»Es ist bald Zeit zu gehen. Du kannst dein Lieblingskuscheltier mitnehmen.«*
> *»Nimm dein Headset fürs Auto mit.«*
> *»Lass uns gleich vereinbaren, wann du wieder mit deinem Freund spielen kannst.«*
> *»Ist euer nächstes Spiel am Dienstag?«*
> *»Willst du die Treppe wie eine Schildkröte hinaufkriechen oder wie ein Hase hüpfen?«*

Mit Fantasie kann einem jungen Kind bei der Neufokussierung gut geholfen werden.

Beginnen Sie, während Sie sprechen, Spielsachen wegzuräumen, den Fernseher auszuschalten und alle Aktivitäten zu beenden, die es Ihrem Kind schwer machen, aufzuhören und sich umzustellen. Neufokussierung hat nichts mit Bestechung zu tun. Bestechung beinhaltet ein Kräftemessen, beispielsweise: »Wenn du jetzt in die Badewanne steigst, gebe ich dir ein Spielzeug.« Neuausrichtung setzt Kooperation voraus, beispielsweise: »Welches Spielzeug möchtest du in die Badewanne mitnehmen?« Diese Voraussetzung bedeutet, dass Sie zusammenarbeiten und einfach darüber sprechen, was als Nächstes kommt. Es fühlt sich völlig anders an als eine Bestechung.

Nehmen Sie sich wieder das Arbeitsblatt zu den Übergängen vor. Tragen Sie dieses Mal ein, welche Worte oder Aktionen Sie wählen würden, um Ihrem Kind zu helfen, sich auf die neue Aktivität zu konzentrieren.

4. Hilfe bei der Bewältigung des Übergangs

Rechnen Sie damit, dass Ihr langsam anpassungsfähiges Kind Ihre Hilfe bei der Bewältigung des Übergangs braucht. Selbst wenn Sie es vorgewarnt haben, es ihm ermöglicht haben, sich umzustellen, und ihm geholfen haben, sich neu zu fokussieren, wird es sehr wahrscheinlich noch Hilfe brauchen – selbst wenn es das älteste Ihrer Kinder ist. Möglicherweise sind Sie frustriert, wenn Sie merken, dass Sie Ihrem langsam anpassungsfähigen sechsjährigen Kind beim Anziehen helfen müssen, während Ihr schnell anpassungsfähiges vierjähriges Kind sich alleine anzieht. Wenn Sie jedoch erkennen, dass Ihr langsam anpassungsfähiges Kind zu kämpfen hat und Hilfe braucht, werden Sie auch weniger frustriert sein. Sie werden gelassen bleiben und so wird es auch Ihrem Kind ergehen. Der Übergang wird sehr viel glatter und schneller erfolgen. Letztlich wird Ihr langsam anpassungsfähiges Kind es lernen, mit einem Übergang alleine fertigzuwerden. Es wird nur etwas länger dauern bis dahin.

Achten Sie in den Beispielen unten darauf, welche Kinder wahrscheinlich die Hilfe eines Elternteils brauchen werden, um diese Übergänge zu bewältigen.

Vergleichen Sie Ihre Antworten mit den folgenden Vorschlägen. Bedenken Sie, dass es viele Antwortmöglichkeiten gibt. Dies sind nur Beispiele.

Übergang	Antworten
Ihr Kind ist 4. Es sitzt an einem Puzzle. Sie müssen eine Besorgung machen.	»Es ist gleich so weit, dass du aufhören musst. Wir müssen etwas besorgen.« (Vorwarnung: Warnen Sie Ihr Kind nach Möglichkeit früher am Tag vor, dass Sie in ein Geschäft gehen müssen.) »Du arbeitest sehr konzentriert.« (Umstellung, Anerkennen von Gefühlen)

Übergang	Antworten
	»Wie viele Teile brauchst du noch, um aufhören zu können?« Oder: »Was musst du noch tun, bevor du aufhören kannst?« (Umstellung, Problemlösung) »Möchtest du wieder bei dem Baukran vorbeifahren? Wir könnten die Strecke fahren.« (Neufokussierung)
Ihr Kind ist 10. Es hat um 16:30 Uhr einen Zahnarzttermin. Um 15:30 Uhr steigt es aus dem Bus.	Sagen Sie ihm am Montag: »Du hast am Donnerstag um 16:30 Uhr einen Zahnarzttermin. Dadurch wird sich deine Routine ändern. Es ist ja immer schwierig für dich, wenn sich etwas ändert.« (Vorwarnung, Umstellung, Anerkennen von Gefühlen) Am Mittwoch erinnern Sie Ihr Kind: »Morgen ist dein Zahnarzttermin.« (Vorwarnung) »Was musst du noch tun, um fertig zu werden?« (Umstellung, Problemlösung) »Möchtest du nach dem Zahnarzt Todd einladen?« (Neufokussierung)
Ihr Kind ist 16. Sie machen Pläne für das Wochenende. Es muss Zeit für einen Besuch bei den Großeltern gefunden werden.	»Wie sind deine Pläne für das Wochenende? Wir versuchen, eine Zeit zu finden, um Oma und Opa zu besuchen.« (Vorwarnung) »Ich weiß, dass du viel zu tun hast.« (Umstellung, Anerkennen von Gefühlen) »Wann hättest du Zeit?« (Umstellung, Problemlösung) »Ich wette, Oma wird wieder deine Lieblings-Brownies backen.« (Neufokussierung)
Ihr Kind ist 2. Es hat viel Spaß beim Springen auf dem Trampolin, das es zum Geburtstag bekommen hat. Es wird Zeit, aufzuhören und sich anzuziehen.	Vermeiden Sie diesen Übergang, indem Sie das Kind anziehen, sobald es aufgestanden ist und bevor es mit irgendetwas zu spielen beginnt. Legen Sie die Kleidung zurecht (visuelle Vorwarnung). Sagen Sie dann: »Noch dreimal springen, dann ist es Zeit, mit dem Springen aufzuhören und dich anzuziehen.« (Neufokussierung)

Übergang	Antworten
	»Du hast wirklich Spaß beim Springen.« (Umstellung, Anerkennen von Gefühlen) »Wenn du angezogen bist, spielen wir …« (Neufokussierung), oder: »... kannst du weiterspringen.« »Kannst du den Reißverschluss zumachen?« (Bei der Bewältigung helfen)
Ihr Kind ist 8 Monate alt. Es spielt mit einem Spielzeug. Seine Windel muss gewechselt werden.	Strecken Sie mit einer Windel in der Hand den Arm nach Ihrem Kind aus, ohne es jedoch zu berühren. »Es ist Zeit, deine Windel zu wechseln.« (Vorwarnung) »Kannst du mir dieses Spielzeug geben?« Warten Sie, bis es das Spielzeug fallen lässt oder sich Ihnen zuwendet. Wenn es das Spielzeug festhält, warten Sie, bis es den Griff lockert. (Umstellung, Problemlösung) Heben Sie Ihr Kind hoch, um ihm die Windel zu wechseln. (Bei der Bewältigung helfen)
Ihr Kind ist 6. Es ist sehr beharrlich. Es hat gerade damit begonnen, aus Lego ein Flugzeug zu bauen. Es liebt das Spielen mit Lego. Sie müssen los zu einem Familienausflug.	»Wir müssen in einer halben Stunde los. Du wirst vielleicht nicht genügend Zeit haben, um dein Flugzeug fertig zu bauen. Überlege dir, wo du aufhören könntest, falls du zwischendrin aufhören musst.« (Vorwarnung) »Wir starten in zehn Minuten. Du hast wahrscheinlich noch Zeit für zehn Teile.« (Vorwarnung) »Noch eine Minute oder zwei Legosteine.« (Vorwarnung) »Du hast viele Pläne, da ist es schwer aufzuhören. Wenn wir zurück sind, kannst du weitermachen.« (Umstellung) »Was möchtest du dir heute im Zoo anschauen?« (Neufokussierung) »Wo möchtest du es inzwischen hinstellen, damit es nicht kaputtgeht? Ich helfe dir, es dorthin zu bringen.« (Bei der Bewältigung helfen)

Wie es Ihnen ergangen? Haben Sie bei Ihren Vorwarnungen genügend Zeit gelassen? Haben Sie gemerkt, dass eine Vorwarnung in der Regel nicht ausreicht? Sie müssen vorsichtig sein, um Ihrem Kind nicht auf die Nerven zu gehen, aber wenn ein Kind eine langsame Anpassungsfähigkeit hat, braucht es vielleicht mindestens zwei oder drei Vorwarnungen. Waren Ihre Worte und Aktionen kindgerecht? Haben Sie die Gefühle Ihres Kindes anerkannt? Und haben Sie diese Gefühle erneut anerkannt? Wie sah es mit der Problemlösung aus? Konnten Sie mit Ihrem Kind kooperieren und eine Lösung aushandeln? Wie haben Sie Ihrem Kind geholfen, sich neu zu fokussieren? Hat es Ihre Hilfe bei der Bewältigung des Übergangs gebraucht? Üben Sie weiter und achten Sie darauf, welche Worte oder Aktionen dafür sorgen, dass Übergänge für Sie und Ihr Kind glatter ablaufen.

Dieses ganze Überlegen und Reden mag nach sehr viel Arbeit klingen. Ist es auch. Aber wenn Sie die Methoden in Ihren Alltag einpassen, werden Sie eine respektvolle Art der Kommunikation mit Ihrem Kind aufbauen. Damit legen Sie das Fundament für den heutigen Erfolg – und den Erfolg von morgen.

Routinen einführen

Letztlich soll Ihr Kind Übergänge selbstständig bewältigen können. Routinen sind für langsam anpassungsfähige Kinder der Schlüssel zur Selbstständigkeit.

Gehen Sie Ihre Liste der Übergänge durch. Wählen Sie diejenigen aus, die jeden Tag oder zumindest ein- oder zweimal pro Woche vorkommen. Planen Sie anschließend spezifische folgerichtige Schritte und lassen Sie für deren Durchführung ausreichend Zeit. Ihre morgendliche Routine kann beispielsweise folgendermaßen aussehen:

Der Wecker klingelt oder die Musik beginnt zu spielen.
Im Bett liegen und langsam aufwachen.
Aufstehen.
Ins Bad gehen.
Anziehen.
Frühstücken.
Zähne putzen und kämmen.
Jacke anziehen.
Ins Auto setzen.

Versuchen Sie, die Schritte auf ein Minimum zu beschränken und möglichst einfach zu halten. Nach dieser Übung merkte Phil, dass Taras Bettgehroutine eineinhalb Seiten lang war!

Damit Routineabläufe erfolgreich sind, ist es wichtig, ihnen ausreichend Zeit einzuräumen. Hetze wird bei langsam anpassungsfähigen Kindern immer wie ein Trigger wirken. Achten Sie darauf, wie lange Ihr Kind *tatsächlich* braucht, um sich die Zähne zu putzen oder zu frühstücken, oder wie lange es *tatsächlich* im Bett liegen muss, bevor es aufstehen kann. Falls es ein Kampf ist, Ihr Kind in weniger als 15 Minuten aus der Dusche zu bekommen, *kämpfen Sie nicht – planen Sie es ein.* (Falls es das gesamte warme Wasser verbraucht, lassen Sie alle anderen zuerst duschen. Oder stellen Sie einen Wecker, um Ihrem Kind zu helfen, sich darauf einzustellen). Langsam anpassungsfähige Kinder hetzen nicht. Sie wünschen sich manchmal vielleicht, es wäre anders, aber wenn Sie es nicht gerade in ein Erziehungslager stecken, wird es Ihnen wahrscheinlich nicht gelingen, für mehr Tempo zu sorgen. Und wenn Sie einmal darüber nachdenken, wollen Sie Ihrem Kind dann wirklich beibringen, sich abzuhetzen?

Ihr Kind lebt natürlich in einer Familie und muss Rücksicht auf andere nehmen. Sobald Sie also festgestellt haben, wie lange Ihr

Kind tatsächlich braucht, um alles Nötige zu schaffen, setzen Sie die Startzeit fest. Wenn Ihr Kind um 7 Uhr aufgestanden und aktiv sein muss, jedoch zuerst noch 20 Minuten im Bett braucht, sollten Sie den Wecker auf 6:40 Uhr stellen. (Reagiert Ihr Kind empfindlich auf Geräusche, suchen Sie nach einem Wecker, der nicht als Auslöser wirkt. Viele Kinder nutzen einen Gettoblaster-Wecker, der sie mit ihrer Lieblings-CD weckt.) Da langsam anpassungsfähige Kinder morgens häufig groggy sind, ist es verlockend, sie länger schlafen zu lassen. Das anschließende Hetzen lässt ihre Intensität jedoch steigen und macht sie schneller als alles andere nervös.

Falls Sie feststellen, dass die benötigte Zeit nicht der verfügbaren Zeit entspricht, schauen Sie sich die Schritte erneut an. Versuchen Sie, möglichst viele Schritte herauszunehmen, bis die verbliebenen Schritte in der verfügbaren Zeit bewältigt werden können. Beispielsweise das Duschen auf den Abend verlegen, zum Frühstück ein kaltes Müsli essen anstelle von Pancakes. Versuchen Sie, die Schulranzen und Lunchpakete am Vorabend zu packen.

Finden Sie bei der erneuten Durchsicht Ihrer Routinen heraus, um welche Uhrzeit Sie beginnen müssen, um Hektik zu vermeiden. Dann können Sie entscheiden, ob der Plan für Ihre Familie realistisch ist. Sollte er nicht machbar erscheinen, überlegen Sie, welche Veränderungen Sie daran vornehmen müssen.

Routineabläufe erneut prüfen

Schauen Sie sich Ihre schwierigsten Routinen an. Schreiben Sie alle dafür nötigen Schritte auf. Schreiben Sie in die rechte Spalte die Zeit, die Sie für jeden Schritt vorsehen müssen.

Schwierige Routinen:

____

____

Schritte	Für jeden Schritt verfügbare Zeit

Nötige Veränderungen

____

____

Sobald Sie Ihre Routinen eingeführt haben, wird Ihr Kind sehr viel von dem Übergang selbst bewältigen können. Es wird wissen, womit es zu rechnen hat, was als Nächstes kommt und wie viel Hilfe es von Ihnen erwarten kann. Schon bald werden solche regelmäßigen Übergänge einfacher werden.

Wenn Übergänge unerwartet kommen

Sie können noch so gut organisiert und auf die Übergänge in Ihrem Tagesablauf eingestimmt sein, Sie und Ihr Kind werden es dennoch mit unerwarteten Übergängen zu tun bekommen. Diese versetzen den Körper in einen Alarmzustand, bereit zu Flucht oder Kampf. Die Intensität schnellt in die Höhe. Um Ihrem Kind bei der Bewältigung zu helfen, müssen Sie die Intensität nach unten bringen, *bevor* Sie versuchen, den Übergang zu bewältigen.

Lesen Sie das Kapitel über die Intensität noch einmal. Überlegen Sie, welche beruhigenden Aktivitäten Sie spontan und in jeder Umgebung nutzen können, beispielsweise das Anerkennen von Gefühlen, tiefe Atmung und das Zurücktreten von der Situation, um eine Pause einzulegen. Alle diese Methoden können Ihnen dabei helfen, die Intensität zu reduzieren – unabhängig davon, wo Sie sind. Bedenken Sie auch, dass jeder unerwartete Übergang die Gelegenheit bietet zu lernen, wie mit starken Gefühlen am besten umgegangen wird. Bei dieser Arbeit mit Ihrem Kind vergeuden Sie keine Zeit oder sorgen für das pure Überleben. Sie bringen ihm lebenswichtige Fertigkeiten bei.

Sobald die Intensität heruntergefahren wurde, können Sie beschließen ...

- den Übergang zu vermeiden.
- den Übergang zu bewältigen (und es Ihrem Kind dabei zu ermöglichen, sich umzustellen und neu zu fokussieren wie bei einem vorhergesagten Übergang).
- Ihr Kind durch diesen Übergang zu lotsen, weil es keine andere Wahl gibt – wenn beispielsweise zehn Leute hinter Ihnen in der Schlange stehen oder Sie jetzt sofort in die Notaufnahme gehen müssen!

Unerwartete Übergänge, die sofort bewältigt werden müssen, werden Ihr Kind aus der Fassung bringen. Wenn Sie jedoch Übergänge meist vorhergesehen und glatt gemanagt haben, werden Sie und Ihr Kind auch mit den wenigen Notfallsituationen zurechtkommen. Es ist eine Tatsache, dass wir nicht immer in unserem bevorzugten Stil vorgehen können. Es hilft uns jedoch zu erkennen, dass die Bewältigung dann anstrengender ist als im bevorzugten Stil. In Fällen, in denen dies erforderlich ist, sollten Sie versuchen, das Tempo für den Rest des Tages herunterzufahren und mehr Aktivitäten zu planen, die Sie und Ihr Kind beruhigen.

ÜBEN, ÜBEN, ÜBEN

Phil und Brent standen auf, um ihre Kaffeebecher wieder zu füllen. Diane und Lynn drehten die Köpfe von einer Seite zur anderen und streckten sich. John schob seinen Stuhl zurück und streckte die Beine aus. Es war eine intensive Sitzung gewesen. Nun wurde es Zeit, das Besprochene zu üben.

»Überlegen Sie, was in den letzten zwei oder drei Tagen die schwierigsten Übergänge waren, mit denen Sie konfrontiert wurden«, bat ich die Gruppe.

»Ungeplanter Arztbesuch«, antwortete Diane. »Als Andy aufwachte, bemerkte ich, dass er eine Bindehautentzündung hatte. Das sollte sich ein Arzt möglichst rasch anschauen. Der Arzt hatte einen Termin um 15:45 Uhr frei. Daher musste ich Justin direkt vom Schulbus abholen und gleich weiter zum Augenarzt fahren. Justin war darauf nicht vorbereitet und ich wusste, dass er es nicht mögen würde.«

»Dieser Arzttermin war also nicht vorhergesagt?«, fragte ich nach.

»Genau.«

»Was ist in diesem Fall das Erste, womit Sie fertigwerden müssen?«, fragte ich.

»Die Intensität senken?«

Ich nickte

»Seine oder meine?«, fragte Diane lachend.

»Beide«, antwortete ich.

»Na gut, daran habe ich nicht gedacht«, sagte sie, »aber ich habe mir überlegt, wie ich sie meiden kann. Ich habe meinen Mann angerufen, um zu hören, ob er nach Hause kommen und bei Justin bleiben könne, aber das ging nicht. Dann überlegte ich, in der Schule anzurufen, um ihn vorzuwarnen, aber dabei wäre ich mir albern vorgekommen, daher unterließ ich es. Ich bereitete etwas vor, was er im Auto essen konnte.«

»Sie haben sich in diesen Minuten wirklich sehr angestrengt«, bemerkte ich. »Sie haben überlegt, wie Sie die Situation vermeiden können. Sie haben überlegt, ihn vorzuwarnen. Sie haben einen Snack vorbereitet, was beruhigend wirken kann. Da sehen Sie, wie gut Ihre Intuition Sie geleitet hat!«

Diane lächelte. »Ja, aber ich bin meinem Bauchgefühl nicht gefolgt. Ich fing ihn erst an der Haustür ab und sagte ihm, dass wir zum Arzt müssten. Er sagte: ›Nein! Ich komme nicht mit‹, ich sagte: ›Es tut mir leid, aber du musst mitkommen.‹ Er fragte, ob er zu einem Freund gehen könnte. Ich überlegte das, aber dann beschämte es mich zu sehr, jemanden zu bitten, auf ihn aufzupassen, deshalb erlaubte ich es nicht. Ich nahm ihn mit. Er war überhaupt nicht zufrieden damit.«

»Sie haben jetzt mehr Informationen als gestern, als dies geschah«, sagte ich. »Was könnten Sie nächstes Mal machen?«

»Die Intensität senken.«

»Wie?«

Sie zuckte mit den Schultern.

Maggie sprang ihr bei. »Manchmal sage ich zu Kristen: ›Das wird schwierig, es tut mir leid, ich weiß ja, dass du Überraschungen nicht magst, aber wir haben keine Wahl.‹ Ich spreche normalerweise ihre Enttäuschung oder Frustration an. Das scheint zu helfen.«

»Warum funktioniert das?«, fragte ich die Gruppe. »Was macht Maggie damit?«

»Sie erkennt die Gefühle an«, antwortete John.

»Richtig«, sagte ich. »Wenn die Intensität gesunken ist, was kommt dann?«

»Ich hätte als Erstes mit dem Arzt einen anderen Termin suchen und die ganze Sache vermeiden können.«

»Ja«, stimmte ich zu.

»Ich denke, ich hätte auch in der Schule anrufen können.«

»Ruft sonst irgendjemand in der Schule an?«, fragte ich wieder die Gruppe. Einige Köpfe nickten.

»Sonst noch etwas?«

»Ich hätte mit Justin gemeinsam das Problem lösen und ihn zu einem Freund gehen lassen können. Oder ich hätte ihn mitnehmen können, wie ich es ja getan habe, hätte ihm dies aber erleichtern können, indem ich ihm etwas zur Beschäftigung mitgebracht hätte, auch wenn er sich dennoch etwas beklagt hätte.«

»Ja«, bestätigte ich. »Und beachten Sie, wie viele Optionen Ihnen zur Verfügung stehen. Wenn Sie Übergänge erkennen, können Sie die Option wählen, die für Sie und Ihr Kind in diesem Moment am besten passt.«

»Was machen Sie aber, wenn Sie das alles berücksichtigt haben und Ihr Kind dennoch zu brüllen beginnt und nicht mit Ihnen kooperieren will?«, fragte Sarah.

»Haben Sie dazu eine Geschichte?«, erwiderte ich.

»Ja«, sagte sie. »Letzten Sonntag lief alles prima. Wir standen auf, spielten eine Weile, frühstückten und dann wurde es Zeit, Jacken anzuziehen und um 11 Uhr in die Kirche zu gehen. Sadie geriet außer sich. Und ich auch«, gab sie kleinlaut zu.

»Was haben Sie gemacht?«, fragte ich.

»Ich ging weg.«

»Gut, Sie haben die Intensität reduziert.«

»Mein Mann kam dazu.«

»Gut, wenn man einen Partner hat, der mit einem kooperiert«, antwortete ich.

»Ich stand an der Türe, hatte meine Jacke an. Sadie war ein brüllendes Häufchen zu meinen Füßen. Ich fing ebenfalls an, die Fassung zu verlieren. Mein Mann warf einen Blick auf uns beide und sagte: ›Geh du mal schön in die Kirche.‹ Ich tat es und er blieb mit Sadie zu Hause.«

»Sie haben sich also dafür entschieden, den Übergang zu vermeiden«, bemerkte ich.

»Ja, aber ich fühlte mich von ihr manipuliert«, gab sie resigniert zurück und strich ihr Haar zurück.

»Was geschah am Sonntagvormittag vor 11 Uhr?«, fragte ich.

Sarah überlegte einen Moment. »Na ja, letztlich waren wir in Eile. Freitagabend waren wir ausgegangen und hatten einen Babysitter für sie. Sie hatte Spaß mit ihrem Papa. Ich war die ganze Woche über ziemlich gestresst.«

»Ihr Intensitätspegel war also hoch?«, fragte ich.

»Vermutlich ja.« Sie seufzte.

»Sie haben erkannt, dass Sie nicht genügend Zeit haben, die Intensität herunterzufahren, und Ihr Mann war bereit, zu Hause zu bleiben, also haben Sie beschlossen, es zu lassen. Manchmal ist das eine sehr passende Reaktion. Was hätten Sie gemacht, wenn Bob nicht mit ihr zu Hause hätte bleiben können oder wollen?«

Sarah straffte ihre Schultern und erklärte: »Wir hätten sie ins Auto geschleppt. Das wäre nicht das erste Mal gewesen.«

»Und manchmal müssen Sie das auch tun«, sagte ich. »Wenn Sie Ihr Kind vorgewarnt haben und ihm die Gelegenheit zur Umstellung gegeben haben, stehen die Chancen gut für Sie, dass der Übergang glatter verläuft. Aber es gibt immer wieder Zeiten, vor allem bei jüngeren Kindern, in denen Sie einfach sagen müssen: ›Es tut mir leid. Ich weiß, dass die Veränderung für dich schwer ist‹, und dann tun, was Sie tun müssen. Egal, wie gewissenhaft Sie darin sind, Übergänge vorzubereiten, es wird immer einige geben, die mit Tränen enden. Vergessen Sie nicht, unser Motto lautet ›Fortschritt, nicht Perfektion‹.«

Sie sah mir in die Augen.

»Nächste Woche werde ich nicht hetzen«, erklärte sie. »Das bringt sie immer durcheinander.«

Nun sind Sie an der Reihe.

Übergänge glatter verlaufen lassen
Überlegen Sie, welcher Übergang in dieser Woche am schwierigsten war. Mit dem Wissen, das Sie jetzt haben, planen Sie, wie Sie das nächste Mal reagieren werden.

Schwieriger Übergang:

____

WENN ER VORHERSEHBAR IST:

Wie könnten Sie ihn vermeiden?

____

____

Wenn Sie ihn bewältigen wollen, wie könnten Sie …

Ihr Kind vorwarnen?

____

ihm Gelegenheit zur Umstellung geben?

____

es neu fokussieren?

____

Ihrem Kind bei der Bewältigung helfen?

____

WENN ER NICHT VORHERSEHBAR IST:

Wie könnten Sie die Intensität herunterfahren?

____

____

Könnten Sie den Übergang vermeiden oder einfach alles laufen lassen?

____

____

Wenn Sie den Übergang bewältigen müssen, wie könnten Sie ...

Ihrem Kind Gelegenheit zur Umstellung geben?

____

es neu fokussieren?

____

Ihrem Kind bei der Bewältigung helfen?

Wenn Sie es einfach durchstehen müssen, was beruhigt Ihr Kind anschließend?

____

____

Unsere Zeit war um. Ich war müde und vermutete, dass es anderen in der Gruppe ebenso erging. Wir hatten wirklich hart gearbeitet.

Kindern bei der Bewältigung von Übergängen zu helfen, verlangt sehr viel an Überlegungen und Geduld. Als die Gruppenteilnehmer hinausgingen, hielt ich Brent zurück.

»Habe ich Sie heute zu sehr gedrängt?«, fragte ich.

»Nö«, antwortete er.

»Gut. Das hätte ich auch nicht gewollt. War es heute irgendwie hilfreich für Sie?«

»Ein bisschen«, sagte er, wahrscheinlich, um nett zu mir zu sein.

»Haben Sie jemals bemerkt, dass ein Vorgesetzter oder Ihre Frau Sie vorwarnen?«, fragte ich.

»Darüber habe ich mir in letzter Zeit keine Gedanken gemacht«, erwiderte er, seine Mundwinkel zuckten.

»Gut, denken Sie darüber nach, wenn Sie die Möglichkeit haben«, sagte ich.

Er nickte und ging.

GENIESSEN SIE IHRE ERFOLGE

Nächste Sitzung. Es war ein herrlicher Juniabend. Eine warme Brise zerzauste die Blätter meiner Pfingstrosen und die Kolibris kamen wieder an meinen Futterspender. Ich muss zugeben, dass es mir etwas schwerfiel, das Gebäude zu betreten. Ich überlegte, ob heute alle kommen oder lieber den Abend genießen würden. Aber alle kamen, bereit, ihre Geschichten zu erzählen.

Diane war ganz übermütig. »Ich hatte Erfolg! Brandon war bei den Nachbarn und Justin und Andy spielten oben. Ich bemerkte, dass Justin die Treppe heruntergeschlichen kam und vor sich hin lachte. Ein paar Minuten später erschien der dreijährige Andy und war wütend! Ich erkannte, dass es sich hier um einen Übergang handelte. Ich sagte zu Justin: ›Du kannst dich nicht einfach fortschleichen. Andy braucht einen Übergang. Er braucht eine Vorwarnung von dir, dass du aufhören willst, und dann noch ein paar Minuten mit ihm spielst.‹ ›Aber ich habe ihm ja gesagt, dass ich gehen will, und er wollte das nicht‹, beklagte er sich. ›Gut, lass es uns noch einmal versuchen‹, sagte ich. ›Wie lange muss ich denn noch mit ihm spielen?‹, fragte er. Ich weiß, dass Justin verhandeln würde – er ist sehr beharrlich. Also sagte ich: ›Noch zehn Minuten‹. Wie erwartet, bot er sofort fünf Minuten. Ich akzeptierte es, weil ich ohnehin fünf Minuten gewollt hatte. Sie gingen also wieder nach oben und spielten. Dann ging ich hinauf und machte die Eine-Minute-Vorwarnung, das heißt, ich sagte Andy, sie könnten noch zwei Rennen fahren, dann sei Zeit aufzuhören.«

Sie korrigierte sich selbst, als sie an die kindgerechten Begriffe dachte. »Am Ende dieser Zeit hörten sie auf zu spielen, ohne Streit, ohne Schimpfworte. Es funktionierte!«

»Was hat sie gemacht?«, fragte ich die Gruppe. Wir erstellten eine Liste aller Strategien, die Diane angewendet hatte.

Sie erkannte einen Übergang. (Spielen ist beendet.)
Sie erklärte den Kindern, was für einen erfolgreichen Übergang zu tun war. (Du musst eine Vorwarnung abgeben.)
Sie verhandelte mit Justin, um ihm bei der Veränderung zu helfen – und sah seine Beharrlichkeit voraus. (Zehn Minuten reduziert auf fünf.)
Sie sprach eine Vorwarnung aus. (Noch fünf Minuten ...)
Sie ging nach oben und kooperierte mit ihnen.
Sie machte eine Eine-Minute-Vorwarnung. (Letzte Vorwarnung, noch zwei Rennen.)

Diane hob begeistert über ihren Sieg die Arme. Wir freuten uns alle über ihren Erfolg.

Dann meldete sich Sarah zögernd. »Ich bin nicht ans Telefon gegangen«, sagte sie. »Es war Essenszeit. Es war wieder ein hektischer und stressiger Tag gewesen. Ich war beim Kochen und versuchte, alles fertig zu bekommen. Bob war ebenfalls in der Küche. Ich unterbrach meine Arbeit, um Kim in ihr Hochstühlchen zu helfen. Das Telefon läutete. Ich spürte, wie sich mein Körper bei diesem Läuten anspannte. Ich bemerkte es und erinnerte mich an unsere Liste – Übergang. Ich sagte zu Bob, er solle nicht abheben. Er wollte wissen, warum, aber ich sagte nur: ›Mach es nicht.‹ Ich wusste, dass der Anrufbeantworter eingeschaltet war und jede weitere Sache wäre mir jetzt zu viel gewesen. Wir gingen nicht ans Telefon und ich fühlte mich besser. Das ist alles.« Sie zuckte mit den Schultern.

Wir hielten für sie die Daumen nach oben. Ich wartete auf weitere Berichte. Brent zog an seiner Kappe. Ich wandte mich ihm zu.

»Vielleicht ist es ein Erfolg«, sagte er. »Ich bin nicht sicher.«

»Testen Sie uns«, ermutigte ich ihn.

»Am Wochenende waren die Cousins bei uns«, sagte er. »Die Kinder hatten draußen gespielt und waren am Vorabend lange aufgeblieben. Ich ging mit Katie ins Haus, um ihr ihren Schlafanzug anzuziehen. Sie tobte, brüllte und warf sich auf den Boden. Ich hob sie hoch und fing an, sie in ihren Pyjama zu stecken, aber dann dachte ich an die Geschichte mit der Intensität und den Übergängen. Also hörte ich auf. Ich setzte mich mit ihr auf die Couch und fing an, ihr ein Gute-Nacht-Buch vorzulesen. Sie blieb da, lutschte an ihrem Daumen. Als ich merkte, dass sie ganz schwer und locker neben mir wurde, legte ich ihr den Pyjama hin und sie ging ins Bett.«

»Wow«, bemerkte ich. »Das klingt großartig. Wo ist das Problem?«

»Ich hatte ihr gesagt, sie solle ihren Pyjama anziehen«, meinte er. »Das hat sie nicht gemacht. Anstatt sie dazu zu bringen, habe ich ihr vorgelesen. Sie hat gewonnen. Wenn ich sie damit nicht verziehe, was dann?«

»Was war Ihr Ziel?«, fragte ich rasch.

»Sie ins Bett zu bekommen«, antwortete Brent.

»Ist Ihnen das gelungen?«

»Ja.«

»Was hat das Vorlesen bewirkt?«

»Es hat sie beruhigt.«

»Hat sie ihren Pyjama angezogen?«, fuhr ich fort.

»Ja.«

»Ging sie ins Bett?«

»Ja.«

»Lediglich in einer anderen Reihenfolge?«, fragte ich.

»Ja.«

»Schlief sie gleich ein?«

»Ja.«

»Haben Sie Ihr Ziel erreicht?«

»Ja, ich denke doch«, meinte Brent. »Ich bekam sie ins Bett, wenn Sie das meinen.«

»Das hat mit Verziehen nichts zu tun«, sagte ich sanft. »Das ist Respekt. Das ist Arbeiten mit dem Temperament Ihres Kindes. Das ist genau das, worum es in diesem Kurs geht.«

Schreiben Sie Ihre Erfolge auf. Schauen Sie sich diese anschließend an und analysieren Sie, warum etwas funktioniert hat.

1. ERFOLGREICHER ÜBERGANG

Was haben Sie gemacht?

____

Was haben Sie gesagt?

____

Wie hat Ihr Kind reagiert?

2. WARUM HAT ES FUNKTIONIERT?

Haben Sie den Übergang erkannt?

Haben Sie ihn vermieden?

Haben Sie Ihr Kind vorgewarnt?

Haben Sie Ihrem Kind Zeit gelassen, sich umzustellen?

Haben Sie Ihrem Kind geholfen, sich neu zu fokussieren?

Haben Sie Ihrem Kind bei der Bewältigung geholfen?

3. HABEN SIE DIE INTENSITÄT HERUNTERFAHREN KÖNNEN?

Die Kernpunkte

Was Kinder, die sich langsam anpassen, immer wieder hören müssen

Aussagen, die ihnen helfen, sich mit ihrer langsamen Anpassungsfähigkeit wohlzufühlen:

- Du magst Routineabläufe.
- Du weißt gerne, was geplant ist.
- Du hast gerne genügend Zeit.
- Du kannst flexibel sein.

Aussagen, die ihnen helfen, einen Übergang zu erkennen:

- Hetze ist für dich Stress.
- Du hast das nicht erwartet.
- Überraschungen bringen dich aus der Fassung.
- Es ist schwer, etwas anderes machen zu müssen, wenn du gerade an etwas Freude hast.
- Es ist schwer, jetzt gehen zu müssen.
- Das hat dich enttäuscht.

Aussagen, die ihnen helfen, einen Übergang zu bewältigen:

- Überlege einmal, ob du das wirklich machen musst.
- Was würdest du gerne mitnehmen?
- Was hast du für Pläne?
- Was möchtest du unbedingt noch fertig bekommen, bevor du gehst?
- Du hast noch zehn Minuten, um das zu tun, was du gerne tun möchtest.
- Atme tief – das war eine Überraschung.

10

Regelmäßigkeit, Energie, erste Reaktion und Stimmung

Ein fruchtbarer Boden für Machtkämpfe

Zur Vorbereitung

- Lesen Sie die Kapitel 11, 14 und 15 in *Wie anstrengende Kinder zu großartigen Erwachsenen werden.*
- Versammeln Sie Ihre Familie und Ihre Freunde.

Die Hauptpunkte des Kapitels

- Ein genauerer Blick auf Hinweise, die Merkmale der Regelmäßigkeit, Energie, der ersten Reaktion und Stimmung anzeigen.
- Reaktionen, die das Verständnis fördern.
- Erfolgreiche Strategien, um Machtkämpfe zu reduzieren oder auszuschließen.

Dinge, die es zu beobachten gilt

- Wie ist die erste Reaktion Ihres Kindes auf etwas Neues?
- Wie vorhersehbar sind die Essenszeiten, Schlafenszeiten und der Stuhlgang Ihres Kindes?
- Wie energiegeladen ist Ihr Kind?
- Welches ist die vorherrschende Stimmung oder Gemütslage Ihres Kindes?

Mit meinem Mann Urlaub zu machen, ist wie ein Aufenthalt in einem Trainingslager. Ihm macht es Spaß, in unsere Hütte zu fahren, wo er ein paar Kilometer joggen kann, anschließend fährt er Mountainbike, schwimmt, fährt Wasserski und entspannt abends bei einer kleinen Wanderung. Einige dieser Aktivitäten finde ich auch schön, aber ich würde lieber ein paar Stunden am Strand liegen und ein gutes Buch lesen, ein Schläfchen machen und einfach nur »sein«. Ein Aufenthalt in der Hütte ist vielleicht auch mal entspannend, aber für mich bedeutet ein echter Urlaub eine andere Art von Abenteuer – beispielsweise in die Berge Jamaikas zu reisen, wo Touristen üblicherweise nicht zu finden sind. Das ist aber nicht der einzige Unterschied zwischen uns. Als wir unser derzeitiges Haus kauften, sah ich beispielsweise, was man daraus machen konnte. Er sah, was es alles nicht hatte und brauchte und was das kosten würde. (Am Ende lagen wir beide richtig.)

Sogar bei den Kleinigkeiten des Alltags sind wir unterschiedlich. Egal, wo ich bin oder in welcher Zeitzone ich mich aufhalte, um 18 Uhr Minnesota-Zeit sagt mir mein Körper, dass es Zeit ist, etwas zu essen. Wenn ich dann nicht sofort etwas Essbares bekomme, werde ich ziemlich gereizt – meine Kinder können das bestätigen. Ich bekomme tatsächlich Kopfschmerzen und eine leichte Übelkeit. Mein Mann isst immer dann, wenn ihm danach ist. Für ihn spielt es keine Rolle, ob das um 18 oder 21 Uhr ist. Und dann die Schlafenszeit. Um 22 Uhr mache ich schlapp. Danach kann man die Uhr stellen. Wenn ich weiß, dass ich lange aufbleiben muss, brauche ich nachmittags ein Schläfchen, um durchzuhalten. Er hingegen kann einen Abend bis Mitternacht aufbleiben und am nächsten Tag um 22 Uhr im Bett liegen. Das spielt für ihn wirklich überhaupt keine Rolle.

Jeder Mensch ist anders. Um in einer Familie harmonisch leben zu können, ist es wichtig, solche Unterschiede zu verstehen. Mein

Mann und ich haben beschlossen zusammenzuleben. Wir wurden tatsächlich von diesen Unterschieden zwischen uns angezogen. Es hat eine Menge Arbeit gekostet herauszufinden, wie wir zusammen agieren können, aber wir merken, dass unser jeweiliges Leben wegen dieser Unterschiede reicher geworden ist.

Kinder, ob es unsere biologischen Kinder sind oder wir sie adoptiert haben, sind ebenfalls eigenständige Personen. Auch wenn wir möglicherweise erwartet haben, sie würden so sein wie wir, stellt sich heraus, dass sie eigenständige Individuen sind, die die Beziehungen innerhalb unserer Familie noch komplexer gestalten. Nach meiner Erfahrung liefern die Temperamentsmerkmale der Regelmäßigkeit (das heißt, wie vorhersehbar unsere Biorhythmen sind), der Energie (wie energiegeladen wir sind), der ersten Reaktion (unsere erste und natürlichste Reaktion auf etwas Neues) und der Stimmung (unser vorherrschender Blick auf das halb volle oder halb leere Glas) einen fruchtbaren Boden für Machtkämpfe. Man könnte leicht glauben, dass unsere Kinder uns ärgern wollen, wenn sie ihre angeborenen Merkmale zur Schau stellen – tatsächlich folgen sie jedoch lediglich ihrem natürlichen Impuls.

Ich nenne diese vier Temperamentsmerkmale die »Bonus-Merkmale«, da nicht alle temperamentvollen Kinder in jeder dieser Kategorien einen Wert von 4 oder 5 erreichen werden. Wenn Ihr Kind also bereits hohe Werte bei der Intensität, der Beharrlichkeit, der Sensibilität, der hohen Wahrnehmungsfähigkeit und langsamen Anpassungsfähigkeit erreicht hat *und* hier auch mehr Punkte bei der Regelmäßigkeit, Energie, ersten Reaktion und Stimmung erreicht, bekommen Sie einen Bonus!

Wenn es darum geht, wie regelmäßig oder energiegeladen wir sind oder wie wir an neue Situationen herangehen, kann es sehr schwierig sein, mit unseren Unterschieden umzugehen. Um den Menschen dabei zu helfen, wirksamer zu kooperieren, gebe ich ihnen gerne die Gelegenheit, diese Unterschiede sozusagen aufgereiht vor sich zu sehen.

Für diese Übungen müssen Sie Ihre Familie versammeln und wenn Sie noch ein paar Nachbarn oder Freunde finden, die bereit sind, dabei mitzumachen, macht es umso mehr Spaß. Sobald Sie alle zusammengetrommelt haben, ziehen Sie eine imaginäre Linie durch Ihr Wohnzimmer oder kleben eine solche Linie mit Abdeckband auf den Boden.

Wir beginnen mit der Regelmäßigkeit und machen dann mit der Energie, der ersten Reaktion und der Stimmung weiter. Nachdem wir uns die Unterschiede angeschaut haben, üben wir, wobei wir unsere neuen Erkenntnisse nutzen.

EINE ANDERE SICHTWEISE: REGELMÄSSIGKEIT

Einen Blick auf unsere Unterschiede werfen

Bestimmen Sie ein Ende der imaginären Linie oder des Abdeckbandes als die Seite, auf der die »regelmäßigen« Personen stehen. Dazu gehören die Personen, die jeden Abend zur selben Zeit ihr Essen brauchen, sagen wir um 17:30 oder 18 Uhr – nicht, weil ihre Lebensumstände das verlangen, sondern weil sie das brauchen.

Die Mitte dieser Linie ist für die »Häppchenesser« – die Personen also, die den ganzen Tag über Kleinigkeiten essen.

Das andere Ende der Linie ist für die »unregelmäßigen« Personen reserviert, die Tage kennen, an denen sie essen, und andere Tage, an denen sie nicht essen oder die eine Mahlzeit einnehmen und die nächste auslassen.

Stellen Sie jeder Gruppe folgende Fragen:

1. Was ist an deinem Typ positiv?
2. Was wirkt bei deinem Typ als Trigger?
3. Was brauchst du?

Die Regelmäßigen sagen mir, dass sie vorhersehbar sind. Sie wissen genau, wann ihr Abendessen auf den Tisch kommt und dass sie für die Mahlzeit normalerweise 20 bis 30 Minuten brauchen. Wird es mit dem Abendessen aus irgendeinem Grund später, müssen sie zur gewohnten Zeit schon irgendetwas essen, um »warten« zu können. Es bringt sie durcheinander, wenn sie nicht essen können, sobald der Körper ihnen sagt, dass es Zeit dafür wird. Eine Haupt- oder Zwischenmahlzeit um nur 15 Minuten zu verschieben, kann für diese Menschen ein schmerzlicher Ausdauertest sein. Was sie mehr als alles andere brauchen, ist Vorhersehbarkeit und gutes, nahrhaftes Essen. Gibt man ihnen zu regelmäßigen Zeiten ihr Essen, sind sie zufrieden.

Die Häppchenesser sagen mir, dass sie flexibel sind. Ihr Abendessen kann irgendwann zwischen 17:30 und 21 Uhr stattfinden und zwischen zehn Minuten und einer Stunde dauern. Sie können ein Häppchen essen und sich anschließend an den Tisch setzen und eine richtige Mahlzeit zu sich nehmen. Sie können auch eine Mahlzeit zu sich nehmen und anschließend weitere Häppchen essen. Für Häppchenesser wirkt es als Trigger, wenn jemand versucht, die Küche zu schließen und sie am Knabbern zu hindern. Was sie brauchen, ist gutes, nahrhaftes Essen, das problemlos verfügbar ist, sowie ein flexibler Zeitplan. Lässt man ihnen ihre Spontaneität, sind sie zufrieden.

Auch die Unregelmäßigen sagen mir, dass sie flexibel sind. Ihre Abendessenszeit variiert – manchmal essen sie abends gar nichts. Drei Viertel von ihnen lassen irgendwann das Frühstück aus. Sind sie gezwungen, etwas zu essen, ohne Hunger zu haben, fühlen sie sich aufgebläht und unwohl. Für sie wirkt es als Trigger, wenn jemand versucht, sie zum Essen zu zwingen, oder ihnen erzählt, sie seien undankbar, weil sie eine für sie zubereitete Mahlzeit nicht essen wollen. Sie brauchen gutes, nahrhaftes Essen und die Wahlmöglichkeit, wann sie essen wollen.

Was mich am meisten erstaunt hat, ist, dass es in jeder dieser Gruppen jeden Körpertyp und jede Gewichtsgruppe gibt. Es gibt keine »schlechte« oder »gute« Gruppe – keine gesunde oder ungesunde. Und unabhängig vom Ernährungsstil machen sich die Mitglieder aller drei Gruppen Gedanken über gute Ernährung und gemeinsame Mahlzeiten als Familie.

WIRKSAME STRATEGIEN

Was können Sie tun, wenn die Mitglieder Ihrer Familie sehr unterschiedliche Körperrhythmen haben?

1. Die Unterschiede erkennen.
2. Gute Ernährungsrichtlinien vermitteln.
3. Nahrhaftes Essen zur Verfügung stellen und dann Flexibilität zulassen.
4. Familienrituale und Routinen entwickeln.

1. Die Unterschiede erkennen

Schauen Sie sich genau an, wo Sie auf der Achse stehen. Überprüfen Sie dann, wo der Rest Ihrer Familie steht. Wer braucht regelmäßige Essens- und Zubettgehzeiten? Wer ist unregelmäßig? Wer ist ein Häppchenesser?

Ein Blick auf die Regelmäßigkeit

1. Listen Sie jedes Familienmitglied auf.
2. Schreiben Sie ein X in die Spalte, die jede Person am besten beschreibt.

Hier ein Beispiel aus Sarahs Familie:

Name	**Regelmäßig**	**Häppchenesser**	**Unregelmäßig**
Bob	x		
Sarah		x	
Cara	x		
David		x	
Sadie	x		
Kim		x	

Nun sind Sie dran:

Name	**Regelmäßig**	**Häppchenesser**	**Unregelmäßig**

Wenn Sie selbst sehr regelmäßig sind und ein unregelmäßiges Kind haben, können dessen Essgewohnheiten Sie erschrecken. Es ist für Sie sehr schwierig, sich auch nur vorzustellen, eine Mahlzeit auszulassen. Weigert sich Ihr Kind zu essen, machen Sie sich vielleicht Sorgen, dass es nicht richtig wachsen wird, in Wirklichkeit hat es jedoch einfach nur ein anderes Essverhalten als Sie. Kinder mit unregelmäßigen Essgewohnheiten bekommen, was sie brauchen. Ihre Aufgabe ist es, nahrhaftes Essen verfügbar zu halten.

Wenn Sie selbst ein Häppchenesser oder unregelmäßig sind, kann es für Sie sehr schwierig sein, Ihr regelmäßiges Kind zu verstehen, das zu sehr vorhersehbaren Zeiten essen will und es extrem schwierig findet, eine Mahlzeit oder Zwischenmahlzeit zu verschieben. Wenn Sie das bevorzugte Essverhalten Ihrer Familienmitglieder erkennen, hilft Ihnen das, deren Bedürfnisse vorherzusehen und deren Aktionen zu verstehen. Sie werden rasch merken, dass ihr Verhalten ihren temperamentsbedingten Stil widerspiegelt, und werden sehen, dass sie nicht absichtlich versuchen, Sie verrückt zu machen.

2. Gute Ernährungsrichtlinien vermitteln

Hängen Sie eine Ernährungspyramide an den Kühlschrank und planen Sie Ihre Haupt- und Zwischenmahlzeiten entsprechend. Bedenken Sie, dass Ihre Kinder kein Junkfood essen können, solange Sie keines kaufen. In einer inzwischen klassischen Studie von Clara Davis wurde festgestellt, dass Kinder, denen man nahrhafte Lebensmittel anbietet, über einen gewissen Zeitraum gesehen eine ausgewogene Ernährung zu sich nehmen. Entscheidend ist, solche Lebensmittel verfügbar zu halten. Sie kontrollieren letztlich, was bei Ihnen ins Haus kommt.

Es ist entscheidend wichtig, dass Sie Ihrem Kind gute Ernährungsrichtlinien beibringen. Damit können Sie bereits im Kleinkindalter beginnen. Verlangt Ihr Kind etwas zu essen, zeigen Sie ihm die Lebensmittelliste und helfen Sie ihm, davon eine Zwischenmahlzeit auszuwählen. Verlangt Ihr Kind eine Limonade, schauen Sie sich gemeinsam die Lebensmittelliste an und helfen Ihrem Kind zu beurteilen, ob es seinen Nährstoffbedarf für den Tag bereits gedeckt hat. Ist dies der Fall, kann eine Limonade eine akzeptable Wahl sein. Andernfalls ist es das nicht. Anfangs wird

Ihr Kind das natürlich nicht vollkommen verstehen, aber letztendlich wird es so weit sein. Ist Ihr Kind dann älter und bei Freunden, wissen Sie, dass es selbst in der Lage ist, sich gut zu entscheiden.

3. Nahrhaftes Essen zur Verfügung stellen und dann Flexibilität zulassen

Die vorherige Tabelle hat Ihnen hoffentlich aus erster Hand gezeigt, dass die Menschen unterschiedlich sind. Wenn nahrhafte Speisen verfügbar sind, isst jeder dann, wenn er Hunger hat, und hält seinen Energiepegel oben. Ellyn Satter, Autorin von *How to Get Your Kid to Eat … But Not Too Much*, sagt, dass Eltern nur dafür die Verantwortung haben, *was*, *wann* und *wo* gegessen wird, den Kindern jedoch die Verantwortung dafür überlassen können, *wie viel* sie essen oder *ob* sie überhaupt essen.

Sie müssen kein Schnellkoch werden. Bringen Sie Ihrem Kind bei, sich selbst eine Zwischenmahlzeit zuzubereiten. Kaufen Sie kleine Kunststoffkrüge, damit es sich seinen Saft selbst einschenken kann. Bringen Sie ihm bei, sich selbst zu bedienen.

4. Familienrituale und Routinen entwickeln

Das mag wie ein Widerspruch klingen, nachdem ich soeben Flexibilität empfohlen habe, aber bei Familienritualen und Familienmahlzeiten geht es nicht nur ums Essen. Eine Umfrage unter Stipendiaten des National Merit Scholarship Program zeigte, dass die Gemeinsamkeit dieser herausragenden Schüler darin bestand, dass sie täglich eine Mahlzeit zusammen mit ihrer Familie einnahmen. Als Ursache wird vermutet, dass die Gespräche bei Tisch ihr Vokabular verbesserten. Bei Gesprächen während des Essens können Gedanken und Gefühle mitgeteilt, Familienaktivitäten geplant, Neuigkeiten ausgetauscht und Weltereignisse besprochen werden. Die Kinder lernen Tischmanieren, familiäre Werte und haben vor allem die Aufmerksamkeit ihrer Eltern.

Selbst wenn Ihr Kind unregelmäßig ist und keinen Hunger hat, bitten Sie es daher mit an den Tisch. Lassen Sie es wissen, dass es selbst entscheiden kann, wie viel es essen möchte, dass Sie jedoch wollen, dass es am Gespräch teilnimmt.

Falls es Ihr Zeitplan innerhalb der Familie nicht zulässt, dass Sie zum Abendessen gemeinsam am Tisch sitzen, überlegen Sie, ob stattdessen das Frühstück oder eine kleine Mahlzeit vor dem Schlafengehen dafür infrage kommen. Seien Sie kreativ und finden Sie irgendwie und irgendwann die Zeit, als Familie zusammenzusitzen.

Jüngere Kinder wollen vielleicht nicht am Tisch sitzen. Ein typisches dreijähriges Kind hält es möglicherweise nur fünf oder zehn Minuten am Tisch aus, wenn jedoch die Erwachsenen sitzen bleiben und sich unterhalten, wird das Kind letztlich zurückkommen. Mit gutem Beispiel voranzugehen, sorgt für einen nachhaltigen Eindruck. Eines Tages werden Sie eine halbe Stunde oder länger am Tisch sitzen und mit Ihren Teenagern die Tagesereignisse besprechen. Bauen Sie solche Familientraditionen auf.

Routinen sind auch für das Schlafen wichtig. Ein Kind kann lernen, selbst wenn es noch nicht müde ist, sich in seinem Bett auszuruhen oder ruhig zu spielen, bis es einschlafen kann. Kinder mit unregelmäßigem Schlafmuster leiden häufig unter zu wenig Schlaf. Eine vorhersehbare Routine hilft einem unregelmäßigen Kind, sich zu entspannen und auszuruhen.

Essen, Schlafen und der Stuhlgang führen häufig zu Machtkämpfen zwischen Eltern und Kindern. Familien, die die Unterschiede bei den normalen Körperrhythmen verstehen und respektieren, können Möglichkeiten finden, zu kooperieren und solche Kämpfe zu stoppen, bevor sie überhaupt beginnen.

EINE ANDERE SICHTWEISE: ENERGIE

Unterschiede bei der Energie
Versammeln Sie erneut Ihre Familie und Freunde. Bitten Sie dieses Mal die sehr energiegeladenen Personen, sich an ein Ende der Achse zu stellen. Es sind die Personen, die sich nach körperlicher Aktivität sehnen und sich bewegen *müssen*. Die Personen mit niedriger Energie, die vielleicht auch einer körperlichen Aktivität nachgehen, sich jedoch nicht danach sehnen, sollen sich an das andere Ende der Achse stellen. Ich habe festgestellt, dass erschöpfte Eltern temperamentvoller Kinder sich an das Ende der niedrigen Energie stellen, im Gespräch jedoch feststellen, dass sie tatsächlich ein starkes Bedürfnis nach Sport und Bewegung haben. Dieses Bedürfnis wird bei ihnen nicht erfüllt und das Ergebnis ist, dass sie sich noch erschöpfter fühlen. Überlegen Sie bei dieser Übung, wie es in der Zeit gewesen ist, als Sie noch keine Kinder hatten. An welche Stelle der Linie hätten Sie sich damals gestellt? Auch körperliche Behinderungen sorgen nicht automatisch dafür, sich am Ende der niedrigen Energie zu platzieren. Ich habe einen Kollegen und Freund im Rollstuhl, dessen Energieniveau sehr hoch ist. Er muss täglich Gewichtheben und anderen Sport machen.

Fragen Sie jede Gruppe:
1. Was ist positiv an deinem Energieniveau?
2. Was wirkt als Trigger bei dir?
3. Was brauchst du?

Menschen mit niedriger Energie sagen mir, dass sie problemlos sehr weit reisen können. Sie müssen nicht immer wieder aufstehen und sich bewegen. Sie sind ruhig und gesetzt. Als sie klein waren, liebten ihre Eltern diese Art, weil sie sich nicht so oft in Gefahr brachten oder Unfälle beim Klettern auf Bäume hatten. Als Trigger wirkt bei ihnen, wenn andere versuchen, sie zu hetzen oder zum schnelleren Bewegen zu bringen. Sie brauchen Verständnis dafür, dass ständige körperliche Aktivität für sie nicht entspannend ist und dass sie im Lauf eines Tages durchaus viele Dinge erledigen können. Sie machen nur einfach alles in ihrem eigenen Tempo.

Menschen mit hoher Energie sagen mir, dass sie etwas schaffen. Sie sind immer beschäftigt und in Bewegung. Bei ihnen wirkt als Trigger, wenn sie eingeschränkt werden oder gesagt bekommen, sie sollten sich nicht ständig bewegen oder alles anfassen. Sie brauchen es verzweifelt, Sport zu treiben, aktiv zu sein und Dinge zu zerlegen und zu untersuchen.

Diese Merkmale enthalten eine gewisse Ironie: Viele Menschen loben Kinder, die ruhiger sind. Im Erwachsenenalter neigen wir jedoch dazu, eine höhere Energie zu loben.

WIRKSAME STRATEGIEN

Was machen Sie, wenn die Mitglieder Ihrer Familie das gesamte Spektrum abdecken?

1. Die Unterschiede erkennen.
2. Kinästhetische Aktivitäten planen (zur Steuerung der Bewegungen des Körpers).
3. Für eine sichere Umgebung sorgen.

1. Die Unterschiede erkennen

Schauen Sie sich an, wo Sie auf der Linie stehen und wo der Rest Ihrer Familie steht. Wer braucht die Bewegung? Wer ist ruhiger?

Ein Blick auf die Energiepegel

1. Listen Sie jedes Familienmitglied auf.
2. Tragen Sie ein X in der Spalte ein, die den Energiepegel jeder Person am besten beschreibt.

Nachfolgend Sarahs Tabelle:

Name	Niedrige Energie	Mittlere Energie	Hohe Energie
Bob		X	
Sarah	X		
Cara			X
David			X
Sadie			X
Kim			X

Und nun Sie:

Name	Niedrige Energie	Mittlere Energie	Hohe Energie

Sind Sie, wie Sarah, ein Elternteil mit niedriger Energie und haben ein Kind mit hoher Energie, werden Sie Hilfe brauchen, um mit diesem Kind mithalten zu können. Sind Sie ein Elternteil mit hoher Energie und haben ein Kind mit ebenfalls hoher Energie, planen Sie für sich und Ihr Kind regelmäßige körperliche Aktivitäten ein.

2. Kinästhetische Aktivitäten planen

Körperliche Bewegung ist für alle wichtig, für Personen mit hoher Energie jedoch entscheidend. Egal, ob Sie einen niedrigen oder hohen Energiepegel haben, körperliche Bewegung ist gut für Ihre Gesundheit und sorgt für natürliche beruhigende Wirkstoffe, die Ihnen helfen, mit der Intensität umzugehen. Zeit, die mit körperlicher Bewegung verbracht wird, ist gut investierte Zeit. Die Schwierigkeit besteht nur darin, die Balance für die Familienmitglieder mit einem anderen Energiepegel zu finden.

Körperliche Bewegung muss bewusst betrieben werden. Anstatt zu einem Geschäft sechs Häuserblocks weiter mit Ihrem Kind im Auto zu fahren, überlegen Sie, den Weg zu Fuß, per Fahrrad oder mit Rollerblades zurückzulegen. Ist Ihr Energiepegel niedriger als der Ihres Kindes, überlegen Sie sich Aktivitäten, bei denen Ihr Kind aktiv sein kann, während Sie ihm zuschauen, also gehen Sie beispielsweise mit Ihrem Kind in einen Park oder melden Sie es zu Turn- oder Schwimmstunden an. *Das richtige Timing ist wichtig.* Wenn Sie Ihr energiegeladenes Kind damit bis spätnachmittags vertrösten, kann es bis dahin bereits sehr aufgedreht sein oder kann sich nicht mehr beruhigen.

Wenn Sie wissen, dass Ihr Kind still sitzen muss, überlegen Sie sich einen »Blitzableiter«. Lassen Sie Ihr Kind seine großen Muskeln nutzen, *bevor* Sie erwarten, dass es sich beruhigt und seine kleinen Muskeln nutzt. Vor einem Feiertagsessen im Familienkreis beispielsweise planen Sie ein, Ihr Kind nach draußen zum Ballspielen mitzunehmen, mit ihm Fahrrad zu fahren oder zu laufen. Hatte Ihr Kind die Gelegenheit herumzutoben, stehen die Chancen recht gut für Sie, dass es während des Essens still sitzen kann. Planen Sie dann dabei für Ihr energiegeladenes Kind immer häufige »Pausen« ein, da Sie wissen, dass es nicht in seinem bevorzugten Modus ist, wenn es still halten muss. Ihr Kind braucht sehr viel Energie, um seinen Körper ruhig zu halten. Diese Anstrengung kann erschöpfend sein.

Vergessen Sie bei der Planung geeigneter Ventile für Ihr energiegeladenes Kind seine Hände nicht. Energiegeladene Kinder bekommen häufig Ärger, weil sie nach Dingen greifen oder damit herumspielen. Wenn Sie wissen, dass Sie in ein Geschäft gehen, Auto fahren, Freunde besuchen oder eine andere Situation bevorsteht, in der sich Ihr aktives Kind zurückhalten muss, Dinge anzufassen, überlegen Sie, was es mit seinen Händen tun *kann.* Kann es, anstatt in der Warteschlange vor der Kasse nach den Süßigkeiten zu greifen, vielleicht Ihren Geldbeutel aus der Tasche holen? Kann es helfen, die Lebensmittel auf das Band zu legen? Denken Sie bei Autofahrten an Taschenspiele, mit denen es sich beschäftigen kann, damit es nicht an den Hebeln für die Heizung oder Fensteröffnung herumspielt oder das Kind neben sich an den Haaren zieht. Wenn Sie wissen, dass seine Hände immer in Bewegung sind, planen Sie für sie eine Aktivität ein, die akzeptabel ist.

3. Für eine sichere Umgebung sorgen

Schauen Sie sich in Ihrem Zuhause genau um. Können sich aktive Kinder darin gut bewegen und Dinge anfassen? Wenn Sie ein aktives Kleinkind haben, ist es entscheidend, alles kindersicher zu gestalten, damit Ihr Kind sicher ist. Entfernen Sie spitze Gegenstände, bringen Sie Kindersicherungen in den Steckdosen an und so weiter. Anstatt Ihr Kind dafür zu bestrafen, dass es auf den Esstisch geklettert ist, sagen Sie ihm, dass es nicht auf den Tisch klettern soll, und suchen Sie einen Ort, wo es klettern *kann.* Überdenken Sie noch einmal den Kauf großer Möbelstücke, die viel Platz in einem Zimmer einnehmen und verhindern, dass Kinder herumkugeln, Purzelbäume schlagen oder springen können. Bedenken Sie, dass Ihr energiegeladenes Kind bei schlechtem Wetter genügend Platz braucht, um im Haus oder in der Wohnung zu spielen.

Wenn Sie geeignete Ventile für Ihr energiegeladenes Kind bewusst planen, wird es für das Kind sehr viel einfacher, mit seiner Intensität umzugehen und still zu sitzen, wenn es die Situation erfordert.

EINE ANDERE SICHTWEISE: ERSTE REAKTION

Unterschiede bei der ersten Reaktion auf etwas Neues

Versammeln Sie erneut Ihre Familie und Freunde. Präsentieren Sie ihnen dieses Mal folgendes Szenario: »Ihr habt bei einem örtlichen Rundfunksender eine Reise gewonnen. Der Haken an der Sache ist, dass ihr den Preis nur bekommt, wenn ihr mit dem Discjockey bei einem Gemeindefest auf die Bühne geht.«

Dann fragen Sie jeden Teilnehmer, wie seine Reaktion sein würde:

»Super! Auf geht's!«

»Erzähl mir mehr darüber.«

»Erzähl mir ganz genau, worum es geht, denn spontan würde ich sagen: ›Vergiss es!‹«

Bei der Aufstellung auf der Linie stehen die Personen, die »super« geantwortet haben, an einem Ende, die »Erzähl mir mehr«-Leute in der Mitte und die »Vergiss es«-Leute am anderen Ende. Anschließend fragen Sie:

1. Was ist an der Art deiner Reaktion positiv?
2. Was wirkt bei dir als Trigger?
3. Was brauchst du?

Personen, die sich gleich in neue Dinge stürzen, sagen mir, dass sie ein aufregendes Leben führen. Sie lieben Neues und suchen danach. Als Trigger wirkt bei ihnen, wenn sie gezwungen werden, sich zurückzuhalten, zu warten, oder gesagt bekommen, sie sollten nicht so impulsiv sein. Sie sehnen sich nach Aufregung und haben gerne jemanden, mit dem sie diese Aufregungen teilen können.

Die vorsichtigeren Personen sagen mir, dass sie klug sind. Sie sind nicht leichtgläubig und lassen sich nicht so leicht davon überzeugen, ein riskantes Verhalten auszuprobieren. Sie denken erst nach, bevor sie etwas wagen, und enden daher selten in Schwierigkeiten. Bei ihnen wirkt als Trigger, wenn sie gedrängt werden, *sofort* etwas zu tun, oder wenn man sie hänselt und als »ängstlich« bezeichnet. Bevor sie etwas Neues ausprobieren, brauchen sie Zeit zum Nachdenken, viele Informationen, die Gelegenheit, anderen erst einmal zuzuschauen, und, am wichtigsten, Unterstützung.

Was also ist zu tun, wenn einige Mitglieder Ihrer Familie in den Bergen reiten und zelten wollen, während andere sagen: »Mach mal langsam!«? Sie kooperieren.

1. Erkennen Sie solche Unterschiede.
2. Helfen Sie Ihrem Kind, seine Gefühle zu verstehen.
3. Bereiten Sie Ihr Kind vor.
4. Unterstützen Sie Ihr Kind.
5. Lassen Sie Ihrem Kind Zeit.
6. Erinnern Sie Ihr Kind an zurückliegende Erfolge.

WIRKSAME STRATEGIEN

1. Die Unterschiede erkennen

Schauen Sie sich an, wo Sie auf der Achse stehen. Wo steht Ihre restliche Familie? Wer stürzt sich gerne in Neues? Wer reagiert erst einmal vorsichtig?

Ein Blick auf die erste Reaktion

1. Listen Sie jedes Familienmitglied auf.
2. Tragen Sie ein X in der Spalte ein, die die erste Reaktion jedes Einzelnen am besten beschreibt.

Hier ein Beispiel aus Sarahs Familie:

Name	Stürzt sich in Neues	Will erst mehr wissen	Geht gar nicht
Bob	X		
Sarah			X
Cara	X		
David			X
Sadie			X
Kim		X	

Nun sind Sie dran:

Name	Stürzt sich in Neues	Will erst mehr wissen	Geht gar nicht

Stehen Sie und Ihr Kind an den entgegengesetzten Enden der Achse, kommt es leicht zu einem Missverständnis seiner Reaktionen. Menschen, die sich in Neues stürzen, haben tendenziell eine langsamere Flucht-oder-Kampf-Reaktion. Ihr Körper reagiert normalerweise weniger gestresst auf neue Situationen. Folglich steigt ihre Intensität nicht. Ihr Puls und ihr Herzschlag bleiben stabil.

Vorsichtigere Menschen haben sehr fein eingestellte Flucht-oder-Kampf-Reaktionen. In neuen Situationen gerät ihr Körper rasch in einen Alarmzustand. Ihr Herz beginnt zu rasen. Ihre Atmung wird schnell und hektisch.

Folglich haben losstürzende und zurückhaltende Menschen sehr unterschiedliche physiologische Erlebnisse, wenn sie sich neuen Erfahrungen gegenübersehen, und können es schwierig finden, einander zu verstehen.

Das Zusammenarbeiten ist genau das – Arbeit! Aber es lohnt sich wirklich. Vorsichtige Familienmitglieder können den anderen beibringen, erst zu überlegen, bevor sie sich vielleicht in Schwierigkeiten bringen. Sie werden auch entspannendere Ferien planen. Die Personen in Ihrem Leben, die munter losstürzen, werden andere hingegen zu neuen, aufregenden Abenteuern führen. Arbeiten beide Typen zusammen, kann eine sehr erfreuliche und gesunde Balance entstehen, selbst wenn der Lebensstil jedes Einzelnen sehr unterschiedlich ist.

2. Helfen Sie Ihrem Kind, seine Gefühle zu verstehen

Vorsichtige Kinder müssen wissen, dass sie nicht alleine damit sind, dass sie sich angesichts neuer Situationen, Menschen oder Aktivitäten unwohl fühlen. Wenn Ihr Kind ängstlich ist, sprechen Sie dies an und lassen Sie es wissen, dass dies ein sehr verbreitetes Gefühl ist. Wenn es Kopf- oder Bauchschmerzen bekommt, versichern Sie ihm, dass es nicht krank ist. Bringen Sie ihm bei, beruhigende Techniken zu nutzen, wie tiefe Atmung, Kaugummikauen, Lächeln oder, bei den ganz Kleinen, Daumenlutschen, damit sie sich wohler fühlen. Sprechen Sie über andere Familienmitglieder oder Freunde, die solche Gefühle teilen.

Die Kinder, die sich in Neues stürzen, müssen wissen, dass sie den Nervenkitzel suchen. Bringen Sie ihnen bei innezuhalten, nachzudenken und erst dann zu handeln.

3. Bereiten Sie Ihr Kind vor

Entscheidend wichtig ist, vorsichtige Kinder auf neue Aktivitäten vorzubereiten. Geben Sie Ihrem Kind so viele Informationen wie möglich über das, was es erwartet. Lesen Sie Bücher, schauen Sie sich Videos an, kommen Sie frühzeitig und schauen Sie anderen zu. Viele Eltern stellen fest, dass sich ihr vorsichtiges Kind wohler fühlt, wenn es als Erstes ankommt. Dann kann es zuschauen, wie die anderen hereinkommen.

Immer, wenn Ihr Kind es mit einer neuen Situation zu tun bekommt, fragen Sie es: »Was würde es für dich leichter machen?« Geben Sie Ihrem Kind Hilfsmittel an die Hand, damit es sich wohler fühlt und das Gefühl der Kontrolle hat.

Bei einer unserer Familienferien sind wir in den Bergen von Montana geritten. Alles ging relativ gut, bis unser Guide Dan auf einem schmalen Wegstück stehen blieb, um uns zu zeigen, wie *unterhalb* von uns Adler aufstiegen. Das Pferd von Kris drehte sich, um von einem Busch zu fressen, seine Hinterbeine standen etwa 15 Zentimeter vom Klippenrand entfernt. Kris bekam große Angst. Ihr aschfahles Gesicht und die Tränen in ihren Augen verrieten sie. Der Guide führte uns auf eine Wiese und hielt dort an. Er ging zu Kris und sagte: »Weißt du, meine Frau hasst diesen Pfad auch. Dafür mag ich keine Brücken.« Er versicherte ihr, dass sie nicht die Einzige sei, die jemals Angst hätte. Dann sagte er ihr, sie könne jederzeit rufen, wenn sie einen Stopp einlegen wolle.

Sie könne auch absteigen und ihr Pferd führen oder ihn bitten, es zu führen. Er versicherte ihr, bevor wir wieder ein steileres oder schmaleres Wegstück vor uns hätten, würde er sich mit ihr absprechen und sie entscheiden lassen, ob sie sich wohlfühlte dabei oder nicht. Widerstrebend stieg Kris wieder auf und ritt weiter, aber als Dan sich mit ihr besprach und ihr erlaubte, ihm bei der Auswahl der Strecken zu helfen, nahm ihr Selbstvertrauen zu. Am Ende der Ferien bettelte sie, wir sollten wieder einmal dorthin fahren.

Ich weiß nicht, ob Dan etwas über temperamentvolle Kinder wusste, auf jeden Fall verstand er es, Gefühle anzuerkennen, und er half Kris zu verstehen, dass sie zwar nicht verhindern konnte, eine vorsichtige erste Reaktion zu haben, dass sie jedoch Dinge tun konnte, die ihr halfen, mit dem Unbehagen fertigzuwerden und letztlich Freude an der Aktivität zu haben. Er gab ihr Hilfsmittel an die Hand, die ihr das Gefühl einer stärkeren Kontrolle vermittelten.

Überlegen Sie, was Sie für Ihr vorsichtiges Kind tun können. Können Sie ihm erlauben, »Stopp« zu sagen, wenn es das braucht? Vielleicht würde es sich wohler fühlen, wenn es ein Bild von der Familie bei sich haben, einen Freund einladen, frühzeitig hingehen und für sich üben oder länger bleiben könnte, um dem Lehrer noch individuelle Fragen zu stellen. Durch das Vorbereiten Ihres vorsichtigen Kindes und indem Sie ihm helfen, Hilfsmittel zu finden, damit es besser klarkommt, versetzen Sie es in die Lage, mit neuen Situationen erfolgreich umzugehen.

4. Unterstützen Sie Ihr Kind

Ihr vorsichtiges Kind braucht von Ihnen angesichts einer neuen Situation Rückversicherung und Unterstützung. Sie können nicht erwarten, ein vorsichtiges Kind beim ersten Training, bei einem neuen Tanzkurs oder in einem neuen Kinderbetreuungszentrum absetzen und einfach davonfahren zu können. Planen Sie ein, bei Ihrem Kind zu bleiben und es zu unterstützen, wenn es sich in eine neue Situation begibt. Lassen Sie Ihr Kind wissen, wer ihm helfen kann, nachdem Sie gegangen sind. Lassen Sie es wissen, dass es sich an einem sicheren Ort befindet und es ihm gut gehen wird. Ihr Kind braucht Ihre Unterstützung, um erfolgreich zu sein.

5. Lassen Sie Ihrem Kind Zeit

Bringen Sie Ihrem vorsichtigen Kind bei, besser zu sagen: »Lass mich darüber nachdenken«, als einfach »Nein« zu antworten, wenn es mit einer neuen Situation konfrontiert wird. Geben Sie ihm viel Zeit, sich in die Situation hineinzudenken, Informationen zu sammeln und seine Ängste zu bezwingen. Drängen Sie Ihr Kind nicht. Sie bringen einem Kind das Schwimmen nicht bei, indem Sie es ins tiefe Wasser stoßen. Beginnen Sie im flachen Wasser und lassen Sie es Erfolge sammeln, bevor es ins tiefere Wasser geht. Dasselbe gilt für jede neue Situation.

6. Erinnern Sie Ihr Kind an zurückliegende Erfolge

... und heben Sie Fortschritte hervor. Sprechen Sie mit Ihrem Kind über zurückliegende Situationen, die es auf angenehme Weise zu bewältigen gelernt hat. Sie können Dinge sagen wie: »Erinnerst du dich, dass du am Anfang des Schuljahrs Herrn Jones nicht mochtest? Aber inzwischen magst du ihn.« Oder: »Erinnere dich an die Zeit, als du noch nicht schwimmen konntest und nicht einmal ins Wasser gehen wolltest, und heute bist du so ein toller Schwimmer.«

Kinder, die lernen, ihre vorsichtige erste Reaktion zu erkennen, sind eher gewillt, neue Situationen in Angriff zu nehmen, weil sie ihre Gefühle verstehen und das Vertrauen haben, über die Hilfsmittel zu verfügen, um damit klarzukommen.

EINE ANDERE SICHTWEISE: STIMMUNG

Stimmung
Versammeln Sie Ihre Freunde und Verwandten noch ein letztes Mal. Bitten Sie sie, sich wieder auf einer (gedachten) Achse aufzustellen, je nachdem, wie sie einen Tag beschreiben würden, an dem ein paar Wolken am Himmel sind. Würden sie eher sagen: »Ein wundervoller Tag! Die Sonne scheint. Es ist warm. Es ist schön.« Oder: »Es ist teilweise wolkig und wir haben 27 Grad Celsius.«

Fragen Sie anschließend:
1. Was ist positiv an deiner Art?
2. Was wirkt bei dir als Trigger?
3. Was brauchst du?

Die Diskussionen um dieses Merkmal sind hitzig. Menschen, die von einem sonnigen Tag sprechen, beschreiben sich selbst als fröhlich und als ein Vergnügen im Umgang. Auf sie wirkt als Trigger, wenn andere sie nicht ernst nehmen. Sie brauchen Leute um sich, die das Leben ebenso genießen wie sie.

Die Personen der ernsteren Gruppe (»teils wolkig, 27 Grad Celsius«) sagen, dass sie denken wie die amerikanische Fernsehjournalistin Barbara Walters. Sie betrachten sich selbst als analytisch, umsichtig, praktisch und realistisch. Sie sehen, was aktuell vorhanden ist und was verbessert werden muss. Sie haben keine Angst, schwierige Fragen zu stellen. Bei ihnen wirken Menschen als Trigger, die nicht ernst sein wollen, und sie sind frustriert, wenn andere sich weigern, die Schattenseiten einer Situation zu sehen. Sie brauchen Menschen um sich, die Qualität zu schätzen wissen und sich durch ihre Fragen nicht beleidigt fühlen. Aber mehr als alles andere wollen sie, dass andere wissen, dass sie zufrieden sind.

WIRKSAME STRATEGIEN

Wie können Sie kooperieren? Das heißt, sich an denen erfreuen, die die Sonnenseite des Lebens sehen, und die schätzen, die realistischer, praktischer und analytischer sind?

1. Erkennen Sie diese Unterschiede.
2. Fahren Sie das Tempo herunter.
3. Bringen Sie Ihrem Kind bei, optimistisch zu sein.
4. Achten Sie darauf, wie Ihr Kind Begeisterung äußert.
5. Bringen Sie Ihrem Kind gesellschaftliche Umgangsformen bei.

1. Die Unterschiede erkennen

Schauen Sie sich an, an welcher Stelle Sie auf der Achse stehen. Wo steht der Rest der Familie? Wer ist ernster? Wer ist unbeschwerter?

Ein Blick auf die Stimmung

1. Listen Sie jedes Familienmitglied auf.
2. Schreiben Sie ein X in die Spalte, die die Stimmung jeder Person am besten beschreibt.

Hier ein Beispiel von Sarahs Familie:

Name	Sonniges Gemüt	Irgendwo dazwischen	Ernst
Bob			X
Sarah	X		
Cara			X
David			X
Sadie	X		
Kim	X	X	

Nun sind Sie dran:

Name	Sonniges Gemüt	Irgendwo dazwischen	Ernst

2. Fahren Sie das Tempo herunter

Jim Cameron (Ph. D.) von An Ounce of Prevention in Berkeley, Kalifornien, nennt die Stimmung das »nachgeschaltete Merkmal«. Die Stimmung ist mit anderen Erfahrungen des Temperaments verbunden. Häufig verschlechtert sich die Stimmung eines Kindes zu einer absolut miserablen Laune, wenn es zu viele Übergänge, zu viele Reize oder zu viele »Neins« erlebt hat. Wenn Sie Probleme in Zusammenhang mit der langsamen Anpassungsfähigkeit, der Sensibilität oder einem anderen Temperamentsmerkmal Ihres Kindes schon früher abfangen, können Sie Ihrem Kind helfen, besser zurechtzukommen und weniger verdrießlich zu sein. Bei jedem Kind, ob es nun ein sonniges Gemüt hat oder eher ernst ist, ist es sehr wichtig, das Erkennen von Hinweisen zu lernen. Je früher Sie Emotionen erkennen, die sich in eine negative Richtung entwickeln, desto wahrscheinlicher werden Sie diese abfangen können. Fahren Sie daher das Tempo der Interaktion mit Ihrem Kind herunter und achten Sie auf solche Hinweise.

Sie sollten auch dafür sorgen, dass Ihr Kind genügend Schlaf bekommt. Ist ein Kind eher schlecht gelaunt als ernst, kann dies ein Hinweis auf zu wenig Schlaf sein. Müde Kinder kommen nicht gut zurecht. Sie geraten letztlich häufiger außer Rand und Band. Sind Sie unsicher, ob Ihr Kind genügend Ruhepausen bekommt, probieren Sie, nachmittags eine 20-minütige Ruhezeit einzuplanen. In dieser Zeit kann Ihr Kind lesen oder Musik hören. Wenn es müde ist, wird es einschlafen. Andernfalls kann es nach diesen 20 Minuten wieder seiner Aktivität nachgehen.

3. Bringen Sie Ihrem Kind bei, optimistisch zu sein

Seien Sie der Historiker für Ihr Kind. Erinnern Sie es an zurückliegende Kämpfe und Probleme und was es damals getan hat, um erfolgreich damit zurechtzukommen. In seinem Buch *Kinder brauchen Optimismus* unterstreicht Martin Seligman (Ph. D.), wie wichtig es ist, Kindern beizubringen, dass gute Ereignisse durch ihre eigenen Handlungen entstehen, während schlechte Ereignisse vereinzelte Ausnahmen sind. Bekommt Ihr Kind beispielsweise die Note Eins in einer Prüfung, sprechen Sie über die Tatsache, dass es nicht nur Glück hatte oder intelligent ist, sondern dafür auch hart gearbeitet hat. Es hat etwas dafür *getan*, dass dieses Ergebnis eingetreten ist. Hat Ihr Kind eine schwierige Situation erlebt, lassen Sie es erzählen, was geschehen ist. Sie können Ihrem Kind zustimmen, dass es enttäuschend war, dass es eine Prüfung nicht geschafft hat, dass dies jedoch nicht bedeutet, dass es dumm ist oder von der Schule fliegen wird. Es handelt sich um ein einzelnes Ereignis und es ist nicht wahrscheinlich, dass es sich wiederholen wird. Später können Sie Ihrem Kind dabei helfen herauszufinden, was es das nächste Mal tun muss, um eine bessere Note zu erzielen. Braucht es einen Nachhilfelehrer? Könnte es darum bitten, mehr Zeit für die Arbeit zu bekommen? Braucht es mehr Ruhe im Prüfungszimmer? Wenn Ihr Kind weiß, dass es verschiedene Dinge unternehmen kann, hat es Hoffnung und lernt, dass es selbst mit für gute Ergebnisse sorgen kann.

4. Achten Sie darauf, wie Ihr Kind Begeisterung äußert

Als mein Sohn in der fünften oder sechsten Klasse war, gewann er einen wichtigen Preis im Schreiben. Seine Leistung wurde über die Lautsprecheranlage in der ganzen Schule mitgeteilt. Sein Lehrer war über seine Reaktion erstaunt: Er lächelte leicht. Das war alles – kein Jubel, kein Gejohle oder Gebrüll, keine Verbeugung und kein Siegestanz. Wenn Sie ein ernstes Kind haben, insbesondere ein introvertiertes, wird es wahrscheinlich selten übermäßig begeistert reagieren. Wichtig ist, dass es bei diesem Kind ein echter Trommelwirbel, ein Ausrufezeichen, ein WOW ist, wenn es plappert oder etwas sagt wie: »Das war lustig.« Je mehr dieser subtilen »enthusiastischen« Antworten Sie erfassen, desto mehr merken Sie, dass dieses Kind wirklich zufrieden ist – es ist nur ernst.

5. Bringen Sie Ihrem Kind soziale Umgangsformen bei

Sie können damit rechnen, dass ein ernstes Kind auf Fehler und Schwachstellen hinweist, daher ist es sehr wichtig, ihm soziale Umgangsformen beizubringen. Sonst könnten Sie sich in einer Situation wiederfinden, in der Ihr Kind die Oma darüber informiert, dass der Kuchen klumpig ist und komisch schmeckt, was Sie zwar auch gedacht, aber lieber für sich behalten haben. Das ernste Kind muss lernen, dass es seine Ansicht nicht immer mitteilen muss, auch wenn etwas alles andere als perfekt ist. Oder dass, wenn es sich schon äußern muss, ein einfaches »Nein danke« auf jeden Fall einem »Igitt« vorzuziehen ist.

ÜBEN, ÜBEN, ÜBEN

Ich war mit der Gruppe in die Eingangshalle gegangen, wo wir reichlich Platz für die Aufstellung auf unserer Achse gehabt hatten. Nun gingen wir zurück ins Klassenzimmer. Die Eltern erzählten einander Geschichten und kicherten, während sie auf ihre Plätze zurückkehrten. Ich teilte sie in vier Arbeitsgruppen auf.

»Heute sind Sie ich«, informierte ich die Gruppe.

Brent krempelte seine Ärmel hoch. »Ich bezweifle, dass Ihr Mann das schätzen wird.«

»Heute *tun* Sie *so*, als wären Sie ich«, stellte ich klar.

Dann erklärte ich ihnen, dass ich bei Trainingssitzungen für ein großes Publikum Eltern dazu aufforderte, anonym Fragen auf Karteikarten zu schreiben. Viele Menschen, insbesondere wenn sie introvertiert sind, stellen nicht gerne mündliche Fragen vor einem größeren Publikum. Die Karteikarten bieten mir die Möglichkeit, etwas von ihnen zu hören und die häufigsten Fragen auszuwählen. Ich hatte vier Karten ausgewählt und auf Clipboards befestigt.

»Ihre Aufgabe ist es nun«, informierte ich die Gruppe, während ich die Clipboards durchreichte, »jede Karte zu lesen, zu entscheiden, welche Bonus-Merkmale dort beschrieben werden, die vorgeschlagenen Strategien durchzugehen, die wir gerade besprochen haben, und diejenigen auszuwählen, die dem Kind helfen könnten, mit der Situation klarzukommen.«

Brent und Diane griffen beide nach dem obersten Clipboard. Das überraschte mich nicht. Phil und Lynn nahmen das zweite. Maggie wählte das dritte. Kurz darauf stellte ich fest, dass jeder, mit Ausnahme von John und Sarah, mit der Arbeit begonnen hatte. Beide warteten, dass der jeweils andere das letzte Clipboard nehmen würde. Nachdem John schließlich merkte, dass es keiner von ihnen beiden tun würde, wandte er sich Sarah zu. »Wir wollen nichts übereilen«, empfahl er. Er hatte die vorsichtige erste Reaktion offensichtlich umfassend verstanden!

Ich habe die Karten hier in dieses Buch mit aufgenommen, sodass Sie sich ebenfalls an dieser Übung versuchen können.

Lesen Sie jede Karte und umkringeln Sie das (die) beschriebene(n) Bonus-Merkmal(e). Schauen Sie sich die vorgeschlagenen Strategien an, die wir gerade besprochen haben, und wählen Sie die aus, die dem Kind helfen könnten, mit der Situation klarzukommen.

Karte 1

Mein Kind ist sechs Jahre alt. Wenn es mit einer Entscheidung konfrontiert wird, sagt es immer Nein. Später sagte es dann Ja. Sollte ich es seine Meinung immer wieder ändern lassen, oder muss ich ihm beibringen, bei seiner ersten Entscheidung zu bleiben?

Bonus-Merkmal(e)	Strategien
Energie	
Regelmäßigkeit	
Erste Reaktion	
Stimmung	

Nachfolgend einige Empfehlungen von Diane und Brent. Bedenken Sie, dass uns möglicherweise eine Antwort entgangen ist, wenn Sie eine andere gefunden haben.

Diane las die Karte für die gesamte Gruppe vor und fragte: »Geht es hier um Entscheidungen über *neue* Situationen oder generell um Entscheidungen?«

Ich zuckte mit den Schultern. »Das wissen wir nicht. Mehr Informationen haben wir nicht. Das ist recht typisch, weil Eltern, die größere Vorträge besuchen, häufig das Buch *Wie anstrengende Kinder zu großartigen Erwachsenen werden* noch nicht gelesen und noch an keinem Kurs teilgenommen haben. Sie haben sich mit dem Temperament noch nicht befasst, daher erkennen sie das Muster neuer Situationen nicht. Sie wissen lediglich, dass sie ein Kind haben, das ständig Nein sagt und dann seine Meinung ändert, wobei ihnen nicht klar ist, warum.«

Diane wandte sich wieder dem Clipboard zu. »Anhand der Information, die wir haben, glauben wir, dass es das Temperamentsmerkmal erste Reaktion ist.«

»Welche Strategien würden Sie anwenden?«, fragte ich.

Diane listete die folgenden Antworten auf und ich trug sie in die Tabelle ein:

Karte 1	**Temperamentsmerkmal**	**Strategien**
Mit Entscheidungen konfrontiert	Erste Reaktion	Dem Kind mehr Informationen geben
		Über Ängste und Gefühle sprechen
		Dem Kind sagen, es solle darüber nachdenken und dann später erneut fragen
		Das Kind an Dinge erinnern, die ihm in der Vergangenheit Spaß gemacht haben, obgleich es sie anfangs hatte meiden wollen

»Sonst noch etwas?«, fragte ich die Gruppe.

»Wie wäre es, ihm beizubringen, dass es eher sagt: ›Lass mich darüber nachdenken‹, anstatt gleich ›Nein‹ zu sagen?«, bot Lynn an.

»Guter Vorschlag«, sagte ich und fügte ihn in die Tabelle ein. Es ist sehr wichtig, Kindern die Fertigkeit beizubringen, ihre Temperamentsmerkmale selbst handzuhaben.

»Wir haben die Frage noch nicht beantwortet«, erinnerte Brent. »Sollte sie es ihrem Kind erlauben, seine Meinung zu ändern?«

»Wie denken Sie darüber?«, fragte ich die Gruppe.

Maggie griff selbstsicher nach ihrem Stift. »Manchmal muss ich sagen: ›Es tut mir leid, dass du Nein gesagt hast, aber jetzt ist der Anmeldetermin vorbei. Vielleicht nächstes Mal.‹«

Lynn stimmte ihr zu. »Wenn Aaron sich für etwas anmeldet und dann nach der Hälfte der Zeit wieder aufhören will, sage ich ihm, dass er es zu Ende machen muss.«

»Das sind beides wichtige Lektionen«, bestätigte ich. »Bei einem Kind mit einer vorsichtigen ersten Reaktion ist es wichtig, dass Sie und Ihr Kind diese Reaktion verstehen und nicht glauben, es wolle unentschlossen sein. Geben Sie acht, dass für Ihr Kind kein Trigger daraus wird, indem Sie es hetzen oder drängen, zu schnell zu handeln. Wenn es sich entscheiden muss, können Sie ihm Informationen geben und Zeit zum Nachdenken lassen, bevor es sich festlegen muss. Beispielsweise können Sie sagen: ›Wenn du dich zum Fußballspielen anmeldest, wirst du an zwei Abenden in der Woche Training haben und an jedem Wochenende ein Spiel. Vielleicht kennst du bereits Kinder aus dem Team, vielleicht auch nicht. Es kann eine Gelegenheit sein, neue Freunde kennenzulernen. Dein Cousin hat letztes Jahr gespielt, du könntest ihn anrufen und fragen, wie es war.‹ Geben Sie Ihrem Kind die Informationen, die es braucht, um vollständig zu verstehen, was diese Aktivität alles umfasst, anschließend kann es entscheiden, ob es sie ausprobieren will. Hat es sich dafür entschieden und die Erfahrung ist anders, als es sich vorgestellt hat, können Sie ihm helfen herauszufinden, was es besser machen würde. Aber solange es keine extrem negative Erfahrung ist, sollten Sie ihm helfen, seine Zusage auch einzuhalten. Dies gilt besonders, wenn Ihr Kind schon im Schulalter ist. Von der Entwicklung her müssen Schulkinder lernen, wie wichtig es ist, etwas zu Ende zu bringen. Das ist der Schlüssel für den Aufbau eines Gefühls von Kompetenz. Ist Ihr Kind im Vorschulalter, ist es wichtig, nicht mit Aktivitäten zu beginnen, die eine sehr lange Verpflichtung verlangen. Die Vor- und Grundschulzeit sind Jahre, in denen Interessen erkundet werden. Beispielsweise können sechs Wochen Turnen ausprobiert werden und anschließend Schwimmen. Eine dritte Option kann das Tanzen sein und anschließend kann Ihr Kind entscheiden, was es gerne weitermachen würde.«

»Aber was macht man, wenn das Kind immer Nein sagt?«, fragte Sarah. »David will ja nicht einmal etwas ausprobieren.«

»Wenn Ihr vorsichtiges Kind gar keine neuen Aktivitäten ausprobieren möchte, müssen Sie es wahrscheinlich ermutigen, eine Aktivität auszusuchen«, riet ich. »Wenn gerade ein neues Schuljahr begonnen hat oder Sie umgezogen sind, ist das für ein vorsichtiges Kind vielleicht bereits genug an Veränderung. Sobald sich das Leben jedoch wieder eingespielt hat, helfen Sie ihm, eine Aktivität auszuwählen. Das kann Tanzen, ein Musikinstrument, Sport, eine Pfadfindergruppe, eine Gruppe für gemeinnützige Dienste oder etwas anderes sein, was seinen Interessen entspricht. Erst wenn es etwas ausprobiert, kann es seine Interessen erkennen und weiterentwickeln. Hat es seine Wahl getroffen, helfen Sie ihm herauszufinden, was es braucht, um sich wohlzufühlen.«

Plötzlich begannen verschiedene Nebengespräche im Raum. Ich hörte Diane sagen: »Manchmal habe ich das Gefühl, nachlässig zu sein, weil ich meine Kinder nicht für tausend Aktivitäten angemeldet habe wie meine Nachbarn.«

»Ich glaube aber, dass zu viele Aktivitäten stressig sind«, antwortete Lynn.

Maggie schaltete sich ein und sagte: »Kristen ist montags bei den Pfadfindern, mittwochs hat sie Religionsunterricht und donnerstags Basketball. Das ist bereits zu viel, insbesondere, wenn ich auch Brian zu seinen Terminen fahren muss. Kristen sagte schließlich zu mir: ›Mama, wir müssen diesen Religionsunterricht weglassen.‹ Wir haben etwas weggelassen, aber nicht den Religionsunterricht.«

»Am klügsten ist es, als Mutter oder Vater sensibel zu sein«, empfahl ich, während ich versuchte, sie wieder zum Thema zu bringen. Ich merkte, dass ich im nächsten Kurs mehr über Entwicklung und Stress einbauen musste.

Wie ist es Ihnen ergangen? Haben Sie ähnliche Strategien ausgesucht? Haben Sie an etwas anderes gedacht, das besser zu Ihnen und Ihrem Kind passen würde? Versuchen Sie sich nun an der nächsten Frage.

Karte 2

Was soll ich mit meinem Sohn machen? Letzten Mittwoch hat er sich geweigert, sein Frühstück zu essen. Er sagte, er habe keinen Hunger. Mittags hat er viel gegessen, aber am Abend nur ein leichtes Abendessen. Dann wollte er vor dem Schlafengehen einen Snack. Ich würde ihm gerne sagen, dass die Küche ab 18 Uhr geschlossen ist. Aber ich mache mir Sorgen. Er muss doch essen. Wie weiß ich, dass er genügend Nährstoffe bekommt?

Bonus-Merkmal(e)	Strategien
Energie	
Regelmäßigkeit	
Erste Reaktion	
Stimmung	

Phil drehte sein Clipboard um, um zu zeigen, dass er die Karte 2 hatte. »Wir glauben, es ist eine Frage der Regelmäßigkeit. Wir halten das auch nicht für eine große Sache. Die Mutter isst regelmäßig und das Kind unregelmäßig. Es scheint sie zu erschrecken, wenn er nichts isst. Sie sollte mit ihm die Übung mit der Aufstellung auf der Linie machen, um die Unterschiede zwischen sich und ihrem Sohn zu erkennen. Anschließend schlagen wir vor, dass sie ihm gute Ernährungsrichtlinien vermittelt und nur nahrhafte Lebensmittel einkauft, sodass sie weiß, dass er etwas Gutes zu sich nimmt, wenn er isst, und ...« – er machte eine Pause und Lynn übernahm.

»... sie sollte dennoch ihre Mahlzeiten planen und ihn ermuntern, mit am Tisch zu sitzen und sich zu unterhalten, aber sie kann aufhören, ihn damit zu bedrängen, wie viel er isst oder ob er isst.«

Maggie deutete auf die Tabelle. »Müssten wir dazu nicht wissen, ob seine Wachstumskurve in Ordnung ist?«

»Ja«, antwortete ich. »Wenn seine Wachstumskurve den Normwerten entspricht, geht es ihm gut. Es ist wichtig, sich klarzumachen, dass Kinder im ersten Lebensjahr ihr Gewicht verdreifachen. Im zweiten Lebensjahr verlangsamt sich das Wachstum ungemein und damit auch der Appetit der Kinder. Ein zweijähriges Kind isst möglicherweise weniger als ein einjähriges Kind.«

»Ich würde gerne wissen, ob seine Mutter als Schnellköchin fungieren muss«, erwiderte Diane.

»Was meinen Sie?«, fragte ich.

Phil, der unregelmäßige Erwachsene in der Gruppe, antwortete: »Man muss ihm einfach beibringen, wie er sich selbst etwas zubereiten kann, und die Küche zugänglich lassen.«

Brent hielt die Lebensmittelpyramide hoch, die ich ihm gegeben hatte. »Wo ist die Kategorie für Bier und Schokolade?«, fragte er, ohne eine Miene zu verziehen.

John beugte sich zu ihm hinüber, deutete auf den Abschnitt Brot und Getreide, das größte Kästchen der Pyramide. »Das wird man hier hineingesteckt haben, wissen Sie – Hopfen und Gerste.«

Welche Vorschläge würden Sie noch anfügen?

Karte 2	**Temperamentsmerkmal**	**Strategien**
Will nicht essen	Regelmäßigkeit	Verschiedene Lebensstile erkennen
		Das Kind über gute Ernährung informieren
		Dem Kind beibringen, sich einfache Speisen selbst zuzubereiten
		Die Küche zugänglich lassen
		Mahlzeiten als Familienritual planen

Karte 3

Ich bin die Mutter einer dreieinhalbjährigen, fast vierjährigen Tochter. Sie weigert sich, sich an den Tisch zu setzen und zu Abend zu essen. Während einer Mahlzeit steht sie immer wieder auf und – obwohl ich mir sehr viel Zeit nehme, um alles selbst zuzubereiten und ihre Vorlieben und Abneigungen so weit wie möglich zu berücksichtigen –, ist es immer ein Kampf. Zwei Bissen, und sie ist fertig. Ich arbeite nicht mit einem Dessert als Bestechung, um sie zum Essen zu bringen.

Bonus-Merkmal(e)	Strategien
Energie	
Regelmäßigkeit	
Erste Reaktion	
Stimmung	

»Wer möchte sich daran versuchen?«, fragte ich. »Ich glaube, das ist etwas schwieriger.«

John las der Gruppe die Karte vor und sagte dann: »Wir dachten zuerst, es sei die Regelmäßigkeit, aber nachdem wir Phil zugehört haben, haben wir entschieden, dass es die Energie mit einem zusätzlichen Element der Regelmäßigkeit ist. Wir glauben, es handelt sich um ein energiegeladenes Kind. Mich erinnert es zumindest sehr an meinen Sohn Todd. Während meiner Collegezeit habe ich als Kellner in einem Haus der Studentenvereinigung gearbeitet. Ich aß im Stehen, beim Herumgehen. Ich mache das immer noch. Meine Frau ist der Meinung, wir sollten uns alle setzen, vor allem mit den Kindern. Als Todd klein war, stand er ständig vom Tisch auf, daher machte ich ihn zum Ober. Das macht er wirklich gut.«

»Oh, oh, ich weiß«, rief Diane und sprang beinahe vom Stuhl. »Sie kaufen ein Kochbuch für Kinder und lassen Ihr Kind beim Kochen helfen.« Dann fing sie an zu lachen. »Ich habe Andy, meinen Dreijährigen, Erdnussbutter auf ein Hotdog-Brötchen streichen und dann mit einer Banane belegen lassen. Er nannte das ein Boot. Eine Woche später fragte ich ihn, was er mittags gerne essen möchte. Er bestand darauf, ein Boot zu essen, aber ich konnte mich beim besten Willen nicht mehr erinnern, was er mit Boot meinte. Ich wurde fast verrückt, bis ich draufkam.« Sie kicherte über ihre eigene Geschichte.

Maggie empfahl körperliche Bewegung vor dem Essen. Lynn empfahl den Kauf von Drehstühlen unter der Bedingung, den Kindern beizubringen, darauf zu sitzen, ohne herunterzufallen.

Was haben Sie für Ideen?

Karte 3	Temperamentsmerkmal	Strategien
Vom Tisch aufstehen	Energie	Die Energie des Kindes erkennen
		Die Energie einplanen: – Vor dem Essen für Bewegung sorgen – Das Kind zum Ober machen – Das Kind beim Kochen einbeziehen
		Regeln festsetzen, um die Sicherheit des Kindes zu gewährleisten
	Regelmäßigkeit	Nahrhafte Lebensmittel bereithalten
		Dem Kind die Menge überlassen, die es essen will

Karte 4

Ich habe das Gefühl, mit meinem Vater zusammenzuleben, dabei ist es mein zehnjähriger Sohn. Wenn ich mit ihm einkaufen gehe, sagt er Sachen wie: »Wir müssen jetzt heimgehen, du hast genug Geld ausgegeben.« Oder er fragt mich beim Autofahren, wie schnell ich fahre, wenn wir beide wissen, dass ich in einer 30er-Zone 45 Kilometer pro Stunde fahre. Warum macht er sich solche Gedanken?

Bonus-Merkmal(e)	**Strategien**
Energie	
Regelmäßigkeit	
Erste Reaktion	
Stimmung	

Dieses Mal begann Maggie. »Die Karte nehme ich«, sagte sie. »Dieses Kind ist ein Klon meiner Tochter. Das Merkmal ist die Stimmung und das Kind hat ernsthafte und analytische Ansichten. Was soll man tun? Man gewöhnt sich daran!« Sie lachte. »Okay, okay, man bringt dem Kind bei, taktvoll zu sein. Man arbeitet mit Humor und manchmal sagt man auch: ›Danke, du hast recht.‹«

Ich trug ihre Kommentare in die Tabelle ein.

Karte 4	Temperaments-merkmal	Strategien
Das Kind sagt seiner Mutter, sie soll nicht noch mehr einkaufen.	Ernste Stimmung	Dem Kind beibringen, taktvoll zu sein Humor einsetzen Dem Kind auch einmal sagen, dass es recht hat

Wie ist es Ihnen ergangen? Haben Sie dieselben Temperamentsmerkmale ausgewählt? Falls nicht, welche Information hat Sie zu einem anderen Merkmal geführt? Vielleicht ist uns etwas entgangen, was Sie bemerkt haben, insbesondere, wenn Sie analytisch sind. Welche Strategien haben Sie ausgewählt? Beachten Sie, dass Sie nicht alle verwenden müssen. Sie können ein oder zwei auswählen, die in dieser Situation am hilfreichsten oder nützlichsten sind.

Extra-Übung
Für den Fall, dass Sie das Gefühl haben, mit den Bonus-Merkmalen noch mehr Übung zu brauchen, habe ich hier eine weitere Übung für Sie. Im Kurs bleibt selten die Zeit dafür, daher gebe ich sie den Eltern mit nach Hause und wenn sie Fragen dazu haben, können sie diese beim nächsten Mal stellen.

1. Verwenden Sie für jedes Familienmitglied eine andere Farbe Textmarker.
2. Markieren Sie den Platz jedes Familienmitglieds auf der Achse mit einem farbigen X.
3. Tragen Sie Beispiele für das Verhalten jedes Familienmitglieds ein.
4. Wählen Sie für jede Person passende Strategien.

MUSTER

1. Regelmäßigkeit

Kind 1	Kind 2	Mutter
x	x	x
Regelmäßig	*Häppchenesser*	*unregelmäßig*

Beispiele für das Verhalten in Zusammenhang mit diesem Merkmal	**Wirksame Strategien**
Kind 1: Wird sehr intensiv, wenn sein Essen zur gewohnten Zeit nicht fertig ist	Kleine Snacks bereithalten
Kind 2: Scheint entweder ständig Hunger zu haben oder mindestens den halben Tag lang überhaupt keinen Hunger zu haben	Das Kind darauf hinweisen, wie wichtig es ist, nahrhafte Lebensmittel zu essen
Mutter: Tendenziell übermäßig damit beschäftigt, die anderen mit Essen zu versorgen, und anschließend aufzuräumen Wenn sie merkt, dass sie stundenlang nichts gegessen hat, ist nichts Essbares in der Nähe	Entspannt hinsetzen und zu passenden Zeiten das Essen genießen Auf die Hungergefühle des Körpers achten

Nun sind Sie dran:

1. Regelmäßigkeit

Regelmäßig *Häppchenesser* *unregelmäßig*

Beispiele für das Verhalten in Zusammenhang mit diesem Merkmal	**Wirksame Strategien**

MUSTER

2. Energie

Kind 2	Kind 1 und Mutter
x	xx
Niedrige Energie/still/ wenig Bewegungsdrang	*hohe Energie, immer in Bewegung*

Beispiele für das Verhalten in Zusammenhang mit diesem Merkmal	**Wirksame Strategien**
Kind 1 und Mutter: Müssen Energie verbrauchen, um zu funktionieren, schalten Stress durch Aktivität aus	Zum Sport anmelden wie Schwimmen/Tanzen/Softball
Kind 2: Ist von einem ganzen Tag beständiger Aktivität mit sehr vielen Interaktionen überfordert	Dem Kind Zeit für sich alleine geben Dem Kind genügend Raum lassen Das Kind nicht zu zu viel Aktivität drängen

Nun sind Sie dran:

2. Energie

Niedrige Energie/still/ wenig Bewegungsdrang	*hohe Energie, immer in Bewegung*

Beispiele für das Verhalten in Zusammenhang mit diesem Merkmal	Wirksame Strategien

MUSTER

3. Erste Reaktion

Kind 1	Mutter	Kind 2
x	x	x
Stürzt sich in Neues		*Vorsichtig*

Beispiele für das Verhalten in Zusammenhang mit diesem Merkmal	Wirksame Strategien
Kind 1: Wird von anderen nicht eingeschüchtert, hat gerne einfach nur Spaß	Einfach genießen Dem Kind beibringen, auch einmal innezuhalten, nachzudenken und, falls nötig, zu handeln
Kind 2: Passt sich neuen Situationen und Umgebungen langsam an	Rechtzeitig vorbereiten An zurückliegende Erfolge erinnern

Mutter: Stürzt sich manchmal in Neues, ist manchmal aber auch sehr vorsichtig	Ihr Zeit geben, wenn dies nötig ist

Nun sind Sie dran:

3. Erste Reaktion

Stürzt sich in Neues — *Vorsichtig*

Beispiele für das Verhalten in Zusammenhang mit diesem Merkmal	Wirksame Strategien

MUSTER

4. Stimmung

Kind 1 — Kind 2 — Mutter

x — x — x

Sonniges Gemüt — *Ernst*

Beispiele für das Verhalten in Zusammenhang mit diesem Merkmal	**Wirksame Strategien**
Kind 1: Normalerweise sehr zufrieden, findet seine gute Laune leicht wieder Bei zu vielen Reizen oder Übermüdung brüllt es bei Frustration	Tempo herunterfahren und auf Hinweise achten Dem Kind beruhigende Aktivitäten beibringen
Kind 2: Beobachtet alles, ist analytisch und hat eine hohe Wahrnehmungsfähigkeit	Dem Kind Zeit und Raum lassen Dem Kind helfen herauszufinden, was es tun kann
Mutter: Unter Druck wegen Kleinigkeiten, die nur für sie wichtig sind, nicht für andere, beispielsweise wegen des Hausputzes	Tempo herunterfahren Auf das fokussieren, was funktioniert

Nun sind Sie dran:

4. Stimmung

Sonniges Gemüt — *Ernst*

Beispiele für das Verhalten in Zusammenhang mit diesem Merkmal	**Wirksame Strategien**

Nehmen Sie sich die Zeit, die Tabelle auszufüllen. Es lohnt sich, denn daraus ergibt sich ein Bild des bevorzugten Stils der Interaktion in Ihrer Familie *und* der besten Strategien, die Ihnen zur Verfügung stehen.

Das Arbeiten mit den Bonus-Merkmalen verlangt eine gewisse Anstrengung. Wichtig ist anzuerkennen, dass jeder Mensch anders ist. Das bedeutet jedoch nicht, dass Sie schlechtes Benehmen damit entschuldigen sollen. Die Information hilft Ihnen lediglich, das Problem zu verstehen und anschließend die wirksamste Strategie herauszufinden, um harmonisch und respektvoll zu kooperieren.

GENIESSEN SIE IHRE ERFOLGE

Unser letztes Treffen lag zwei Wochen zurück. Das Thermometer zeigte 26 Grad Celsius an. Der Wald-Storchschnabel schmückte sich mit lila Blüten und auf allen Vortreppen standen als Schmuck Töpfe mit Geranien, Fleißigen Lieschen, Steinkraut und Stiefmütterchen. Die Chancen standen gut, dass auch der letzte Nachtfrost vorbei war.

Wir mussten nicht einmal bis zu unserer Diskussionszeit warten, um Erfolgsgeschichten zu teilen. Während der Familienzeit erlebten wir einen Fortschritt mit. Sadie weinte, als sie mit Sarah hereinkam. Es war ein anstrengender Tag gewesen und sie hatte nicht mitkommen wollen. Sie hing an Sarah und weinte: »Lass mich nicht allein!«

Sarah blieb ruhig. Sie war nicht peinlich berührt. Inzwischen wusste sie, dass Sadie oft recht zurückhaltend war. Sie fand ein bekanntes Buch und fing an, ihr vorzulesen, nachdem sie gesagt hatte: »Ich bleibe bei dir, bis du dich wohlfühlst.« Sarah nahm sich auch die Zeit, mit der Betreuerin zu sprechen, und ließ Sadie wissen, dass sie diese ebenfalls um Hilfe bitten konnte. Sadie hörte auf zu weinen, aber am Ende des Stuhlkreises, als die Trennung bevorstand, bekam sie wieder Panik. Sie klammerte sich an Sarah und brüllte: »Nein! Geh nicht weg!«

»Ich bleibe«, antwortete Sarah. Die anderen Eltern verließen den Raum. Sarah blieb als Sicherheitsposten einfach nur auf dem Boden sitzen, sie stand Sadie zur Verfügung, griff aber nicht ein. Sadie fing an, mit der Knetmasse zu spielen. Nach zehn Minuten war sie kein einziges Mal zu Sarah gelaufen, daher stand diese auf, verabschiedete sich und ging, ohne zu zaudern, zur Tür hinaus. Sadie protestierte nicht.

Als Sarah den Besprechungsraum der Eltern betrat, applaudierte die Gruppe spontan. Sie sah erschrocken aus, dann ging ein herzerwärmendes Lächeln über ihr Gesicht.

»Wow! Das war wunderschön!«, rief ich.

Sarah lachte. »Ich habe nur das gemacht, worüber wir gesprochen haben.«

»Und zwar sehr gut«, fuhr ich fort.

Brent reichte mir einen Filzstift. »Sollen wir jetzt nicht analysieren, warum es funktioniert hat?«

»Natürlich«, gab ich zurück, leicht in Verlegenheit gebracht. Mir war nicht klar gewesen, dass ich so vorhersehbar war.

Ich wandte mich der Tafel zu, als Maggie begann. »Sie hat ihre Tochter unterstützt.«

»Sie hat ihr gesagt, dass sie erst gehen würde, wenn sie sich wohlfühlt, und dass die Betreuerin ihr auch helfen könne«, fügte John hinzu.

»Sie ließ ihr Zeit«, steuerte Brent bei. »Sie war wirklich geduldig.«

Sarah nahm begierig alles auf, was wir der Liste hinzufügten. Die Stimmung war gut. Jeder konnte sehen, dass die Kinder Fortschritte gemacht hatten und wir auch.

»Sonst noch Erfolge?«, fragte ich.

Dieses Mal beugte sich John vor. Da er normalerweise mehr zuhörte als sprach, registrierte ich die Bewegung schnell und forderte ihn auf, seine Geschichte zu erzählen.

»Es ist keine Kindergeschichte«, sagte er. »Es betrifft mich. Meine Frau und ich sind losgezogen, um einen Couchtisch zu kaufen. Ich hatte ein bestimmtes Modell im Sinn, aber als wir im Geschäft waren, sagte meine Frau ständig: ›Wie wäre es damit? Was hältst du von diesem hier?‹ Ich brauchte Zeit zum Überlegen. Ich erwischte mich selbst dabei, wie ich immer ›Nein, nein‹ sagte. Dann kam der Verkäufer dazu und beide versuchten, mich zu überzeugen. Schließlich setzte ich mich auf einen Stuhl und sagte zu meiner Frau: ›Würdest du bitte mit dem Verkäufer mitgehen und da drüben kurz warten, ich werde hier einen Moment sitzen bleiben und mir das nur anschauen. Ich brauche etwas Zeit, um zu überlegen.‹ Sie tat es. Ich tat es und dann trafen wir unsere Entscheidung. Früher wären wir sehr frustriert voneinander gewesen.«

Ich wies auf die respektvollen Sätze hin, die John verwendet hatte:

Ich brauche etwas Zeit, um zu überlegen.
Bitte gehe mit dem Verkäufer mit.
Ich möchte das einfach nur anschauen.

Dies sind wichtige Sätze, die Menschen mit einer vorsichtigen ersten Reaktion lernen müssen.

Wir zogen in der Gruppe noch eine vergnügliche Bilanz. Lynn hatte mit ihren Kindern an der Ernährung gearbeitet. Als sie für das Mittagessen ihrer ältesten Tochter einen Brownie aufschnitt, sagte ihre Tochter: »Mama, das enthält so viel Fett. Gib mir lieber einen fettarmen Pudding mit!«

Brent und seine Kinder waren zum Spielen nach draußen gegangen, bevor sie die Großeltern besuchten. Der Besuch war dadurch sehr viel ruhiger verlaufen.

Maggie hatte gemerkt, dass Kristens Geplapper tatsächlich deren Art war, aufgeregte Begeisterung zu äußern, und obgleich sie niemals Worte wie *fantastisch* oder *super* verwendete, war Kristen erfreut und zufrieden.

Diane erkannte, dass Andy zwar beim Schlafen und beim Stuhlgang regelmäßig war, nicht jedoch beim Essen. »Ich hätte nicht gedacht, dass Regelmäßigkeit für uns ein Problem wäre, aber dann habe ich gemerkt, dass wir immer wieder Kämpfe ausfochten, weil er oft mittags nichts essen wollte. Es ist noch immer ein Problem, aber ich kann jetzt schneller Abstand nehmen.«

Ich lehnte mich zurück und genoss ihre Erfolge. Langsam, aber sicher machte jeder in seinem Tempo Fortschritte. In der kommenden Woche würde unser letzter Abend sein. Ich ging die Teilnehmerliste durch und überlegte. Gab es noch etwas, was ich mit der Gruppe besprechen wollte? Brauchte jemand eine Empfehlung für einen Arzttermin oder ein Beratungsgespräch? Alles war in Ordnung. Es war beinahe Zeit, sich zu verabschieden.

Nächste Woche ging etwas zu Ende. Es musste auch etwas neu beginnen.

Genießen Sie Ihre Erfolge

Wie geht es Ihnen?

Denken Sie an schwierige Verhaltensweisen, die Sie erlebt haben und bei denen Sie nun merken, dass sie mit Bonus-Merkmalen zusammenhängen. Schreiben Sie diese hier auf.

____

____

Welche Strategien haben Sie verwendet, um Ihrem Kind zu helfen, erfolgreich zu sein?

____

Denken Sie über Ihre Erfolge nach. Sind Sie zufrieden? Beantwortet das Verständnis des Temperaments Ihre Fragen? Brauchen Sie zusätzliche Informationen oder Unterstützung? Rufen Sie in diesem Fall eine Freundin/einen Freund an, die/der Ihr Kind kennt und gerne mag und Ihnen den benötigten Zuspruch geben kann.

Die Kernpunkte

Was Kinder, die unregelmäßig sind, immer wieder hören müssen

Aussagen, die ihnen helfen, sich mit ihrer Unregelmäßigkeit wohlzufühlen:

- Du bist flexibel.
- Du kannst warten, wenn es mit einem Essen einmal später wird.
- Du kannst sehr spontan sein.
- Du wirst einmal gut reisen können.

Aussagen, die ihnen helfen, ihre Trigger zu erkennen:

- Es regt dich auf, wenn man dich zum Essen zwingen will.
- Du hast zu den Essenszeiten nicht immer Hunger.
- Für dich ist es wichtig, jederzeit etwas essen zu können.
- Es ist dir wichtig, aussuchen zu können.
- Manchmal fällt es dir schwer einzuschlafen.

Aussagen, die ihnen helfen, mit ihrer Unregelmäßigkeit zurechtzukommen:

- Setz dich zum Unterhalten zu uns, auch wenn du keinen Hunger hast.
- Wenn du noch nicht schlafen kannst, lege dich einfach hin und ruhe dich aus.
- Du kannst lernen, dir selbst eine kleine Mahlzeit zuzubereiten.
- Du kannst lernen, nahrhafte Lebensmittel auszuwählen.
- Routineabläufe können dir helfen.

Was Kinder, die sehr energiegeladen sind, immer wieder hören müssen

Aussagen, die ihnen helfen, sich mit ihrer starken Energie wohlzufühlen:

- Du hast sehr viel Energie.
- Du kannst vieles schaffen.
- Du hast genügend Energie, um ein toller Sportler oder Tänzer zu werden.
- Ich mag deine Energie.

Aussagen, die ihnen helfen, ihre Trigger zu erkennen:

- Für dich ist es wichtig, dass du dich bewegen kannst.
- Zu langes Stillsitzen ist für dich sehr schwierig.
- Am besten lernst du, wenn du dich dabei bewegen kannst.
- Es ist wichtig für dich, Dinge anfassen zu können.
- Es kann für dich schwierig sein, im Flugzeug oder Auto zu verreisen.

Aussagen, die ihnen helfen, mit ihrer hohen Energie gut umzugehen:

- Für dich ist es wichtig, dass du jeden Tag körperliche Bewegung hast.
- Du brauchst genügend Platz, um dich zu bewegen.
- Du lernst am besten, wenn du die Dinge anfassen oder deinen Körper einsetzen kannst.
- Du kannst dich zum Hausaufgabenmachen auf den Boden legen.
- Du kannst zum Arbeiten an einem Tisch stehen.
- Es ist wichtig für dich, häufige Pausen einlegen zu können, wenn du still sitzen musst.

Was Kinder, die vorsichtig an neue Situationen herangehen, immer wieder hören müssen

Aussagen, die ihnen helfen, sich mit ihrer vorsichtigen ersten Reaktion wohlzufühlen:

- Du überlegst erst, bevor du etwas ausprobierst.
- Du bist nicht impulsiv.
- Du schaust erst gerne zu, bevor du etwas Neues ausprobierst.
- Man kann dich nicht leicht davon überzeugen, etwas Riskantes auszuprobieren.
- Ich werde deine Art ganz besonders zu schätzen wissen, wenn du im Teenageralter bist!

Aussagen, die ihnen helfen, ihre Trigger zu erkennen:

- Es stört dich, wenn man dich zu etwas drängen will.
- Neue Situationen oder Menschen können für dich schwierig sein.
- Du hast gerne genügend Zeit, um eine Entscheidung zu fällen.
- Du weißt gerne, was dich erwartet.

Aussagen, die ihnen helfen, mit ihrer vorsichtigen ersten Reaktion gut umzugehen:

- Du kannst frühzeitig zu deinen Terminen gehen.
- Du kannst um mehr Informationen bitten.
- Was würde dir helfen, um dich wohler zu fühlen?
- Es ist in Ordnung, wenn du zuerst zuschauen willst.
- Du kannst deine Meinung ändern.
- Erinnere dich, wie erfolgreich du warst, als du …
- Du kannst um Unterstützung bitten.
- Du fühlst dich ängstlich, aber du bist nicht krank.
- Du kannst dir Zeit lassen.

Was Kinder mit einer ernsten oder analytischen Stimmung immer wieder hören müssen

Aussagen, die ihnen helfen, sich mit ihrer ernsten Stimmung wohlzufühlen:

- Ich weiß deine analytische Vorgehensweise zu schätzen.
- Du bist praktisch veranlagt und realistisch.
- Dir fallen Dinge auf, die verbessert werden müssen.
- Du hast keine Angst, schwierige Fragen zu stellen.
- Du setzt hohe Standards.
- Du wirst einmal ein großartiger Gutachter oder Richter.

Aussagen, die ihnen helfen, ihre Trigger zu erkennen:

- Für dich ist es wichtig, alle Faktoren ernsthaft abzuwägen.
- Es ist sehr wichtig für dich, dass du genügend Schlaf bekommst.
- Für dich ist es schlimm, wenn andere die Dinge nicht sehen, die verbessert werden müssen.

Aussagen, die ihnen helfen, mit ihrer ernsten Stimmung gut umzugehen:

- Du kannst sagen, was dir gefällt, und auch, was fehlerhaft ist.
- Es ist wichtig, taktvoll zu sein.
- Wie kannst du es verbessern?
- Du hast wirklich hart daran gearbeitet.
- Ich mag es, wenn du mir sagst, was dir gefallen hat.

11

Den Erfolg planen

Neuralgische Punkte vorhersehen und ihnen vorbeugen

Zur Vorbereitung

- Lesen Sie die Kapitel 15, 16, 17 und 18 in *Wie anstrengende Kinder zu großartigen Erwachsenen werden.*
- Halten Sie einen Stift bereit.
- Holen Sie Ihren Geldbeutel heraus.

Die Hauptpunkte des Kapitels

- Schritte, die helfen, den Erfolg zu planen.
- Strategien, die Ihnen helfen, potenziell schwierige Zeiten vorherzusehen und sie zu meiden oder zu minimieren.

Dinge, die es zu beobachten gilt

- Denken Sie an die nächsten 24 Stunden. Welche neuralgischen Punkte können Sie vorhersagen? Wie sieht es nächste Woche aus? Nächsten Monat?

Ich schnitt einen Strauß Pfingstrosen, um ihn in die Gruppe mitzunehmen, und packte auch einen Berg Brownies ein. Ich hoffte, die Blumen und die Schokolade würden mir den letzten Abend mit der Gruppe leichter machen. Dem Ende eines Kurses sehe ich immer mit gemischten Gefühlen entgegen. Ich hasse es einerseits, mich von den Eltern und Kindern verabschieden zu müssen. Andererseits bin ich froh, weil ich glaube – nein, ich bin sicher –, dass die Eltern einige Erkenntnisse gewonnen und Strategien gelernt haben, die ihre Beziehungen verbessern. Ich bin frustriert, weil ich mir immer wünsche, ich hätte mehr tun können, und sehe mich herausgefordert, den Kursplan zu überarbeiten und für den nächsten Kurs zu verbessern. Also atme ich tief durch, öffne die Tür und bin bereit, den Erfolg zu planen.

Sadie brachte mich sofort zum Schmunzeln, als sie zur Tür hereinkam. »Weißt du, dass *dumm* kein gutes Wort ist?«, fragte sie mich sehr ernsthaft.

Ich erinnerte mich sofort an meinen damals dreijährigen Joshua. Ich hatte ihn mit seinem Roller auf einer Allee in Minneapolis fahren lassen. Er blieb stehen, als er einen Motorradfahrer sah, der sich an sein Motorrad fläzte. Der Mann gab eine eindrucksvolle Gestalt ab, Beine und Arme verschränkt, Ketten, die von seiner Lederjacke und Lederhose hingen, die Unterarme tätowiert. Joshua, der das Equipment des Mannes sorgfältig betrachtete, fragte ihn plötzlich: »Wo ist dein Helm?«

»Hab keinen«, brummte der Mann, während er seine Arme herunternahm und sich zu seiner vollen Größe von etwa 1,90 Metern mit seinem Gewicht von 90 Kilogramm aufrichtete.

Joshua sah ihn sehr ernst an. Dann verkündete er mit in die Hüften gestemmten Armen: »Meine Mama sagt, jeder, der keinen Helm trägt, ist dumm.« Mir schoss die Röte ins Gesicht, als der Mann auf den Boden spuckte und sich dann zu mir drehte und mich anstarrte. Schweigend und grimmig gab er mir zu verstehen, was er von meinem Rat hielt. Behutsam trat ich zurück und schwor mir, nie wieder das Wort *dumm* zu gebrauchen!

»Oh ja, Sadie«, stimmte ich zu. »Das Wörtchen *dumm* kann dich in Schwierigkeiten bringen.«

Als Nächste kamen Brent und Danny. Ich sah, dass beide neue Oakland-A-Kappen trugen und jeder an einer Gürtelschlaufe eine glänzende Taschenlampe hängen hatte. Phil kam mit T. J. auf einem Arm herein, in der anderen Hand schwenkte er eine Windeltasche.

Diane blieb stehen, als sie mich sah. »Das stimmt! Oder? Unser letzter Kursabend. Wir müssen uns unbedingt einmal wiedersehen!«, erklärte sie theatralisch.

Daher begann unsere Diskussion mit Plänen für ein Picknick, zu dem auch die Partner der Teilnehmer und alle Kinder kommen sollten. Diane ging es besser, als sie wusste, dass sie auch weiterhin die Verbindung zu anderen halten würde, die das Temperament verstanden. Nun wurde es Zeit, den Erfolg zu planen.

»Bitte nehmen Sie Ihren Geldbeutel heraus und legen Sie ihn vor sich auf den Tisch«, bat ich die Gruppe. Brent und Phil schauten mich misstrauisch an. »Kostet mich das etwas?«, wollte Brent wissen.

»Kommt drauf an«, sagte ich und genoss den Moment des Ränkespiels. »Wir werden ein kleines Glücksspiel spielen.«

Maggie lachte. »Sie gehen davon aus, dass ich da Geld drin habe?«

Sarah begann, sich zu drehen und zu wenden. Ich beugte mich zu ihr und flüsterte: »Ich tue nur so als ob.« Sie entspannte sich.

»Wer«, fragte ich, »ist bereit, mit mir um den Inhalt seines Geldbeutels zu wetten, dass sein Kind morgen das Abendessen erfolgreich bewältigen wird?«

Lynns Hand schoss in die Höhe. Maggie zögerte. Brent griff nach seinem Geldbeutel. »Keinesfalls!«, erklärte er und vertraute seiner Vorhersage vollkommen.

»Wie sieht es mit dem Fertigwerden für die Schule aus?«, fragte ich. Drei Hände hoben sich. »Was ist mit der nächsten Party? Der nächsten Urlaubsreise oder der Fahrt zu den Großeltern?«

Bei jeder meiner Fragen gingen Hände nach oben oder man hörte Ausrufe wie: »Vergessen Sie es.« Alle hatten das Gefühl, halbwegs zuverlässig vorhersagen zu können, ob ihre Kinder erfolgreich sein würden oder nicht.

Solche Vorhersagen sind natürlich kein wissenschaftliches Mittel. Niemand kann die Zukunft voraussagen, aber wenn Sie lernen, die *typische* Reaktion Ihres Kindes vorherzusehen, können Sie den Erfolg planen. Sie müssen sich nicht mehr als Opfer fühlen, das auf den nächsten Ausbruch wartet. Der Schlüssel dazu ist, dass Sie die verschiedenen Temperamente verstehen. Dies erlaubt es Ihnen, das Steuer zu übernehmen und eine andere Route zu wählen.

Das nächste Mal, wenn Sie in ein Geschäft, in die Schule oder zu einer Familienfeier gehen, halten Sie inne und fragen Sie sich, ob Sie den Inhalt Ihres Geldbeutels wetten würden, dass Ihr Kind in der Situation erfolgreich sein wird. Wenn Sie nicht Ja sagen können, müssen Sie sich vielleicht kurz Zeit nehmen und den Erfolg planen!

EINE ANDERE SICHTWEISE

Das Planen des Erfolgs verlangt, dass Sie innehalten und nachdenken über die nächsten 24 Stunden, die kommende Woche, den nächsten Urlaub oder Feiertag, die nächste Party, den nächsten Zahnarzttermin, den Einkaufsbummel, den Schuljahresbeginn oder das Schuljahresende, das Abendessen, die Zubettgehzeit oder jedes andere Ereignis im Leben Ihres Kindes, und sich selbst fragen: *Was braucht mein Kind, damit es in dieser Situation erfolgreich ist?*

Schlussendlich wird Ihr Kind die Verantwortung übernehmen und sich diese Frage selbst stellen. Bis es so weit ist, sind Sie jedoch die Person, die das tun muss, und Sie sind es auch, die Ihrem

Kind beibringt, wie es dies selbst zu tun lernt. Es fängt mit einer Vorhersage an.

»Denken Sie über die nächsten 24 Stunden, die nächste Woche oder den nächsten Monat nach«, wies ich die Gruppe an. »Mit welchen Situationen rechnen Sie, die potenzielle neuralgische Punkte für Ihr Kind sein könnten?« Ich schrieb vier Kategorien an die Tafel.

Routineabläufe	Gesellschaftliche Situationen	Ferien/Reise	Schule

»Das Anziehen«, antworteten Diane und Sarah gleichzeitig.

»Die Geburtstagsfeier meines Vaters«, fügte Lynn hinzu. »Es ist der 60. Geburtstag und alle Verwandten werden kommen. Ich weiß, dass Jenna damit ein Problem haben wird.«

»Ja, alles, was mit Feiertagen oder Geburtstagsfesten zu tun hat«, stimmte Diane zu. »Darüber müssen wir wirklich sprechen und auch über das Reisen. Ich will nicht, dass die Ferien dieses Jahr wieder ein Albtraum werden.«

Brent fing an, Büroklammern zu verbiegen. »Möchten Sie auch noch etwas anfügen?«, fragte ich ihn.

»Die Schule«, sagte er. »Ich glaube, wir sollten für Danny lieber eine Schule suchen, die besser zu ihm passt, sonst wird er noch als das böse Kind abgestempelt.« Ich schrieb es mit auf die Liste.

Sarah meldete sich. »Wir müssen über Spiele sprechen. David rastet jedes Mal aus, wenn er verliert, und die Nachbarskinder sind das leid.«

Ich blickte in die Runde. »Ist das alles?«, fragte ich.

Phil prüfte die Liste. »Sieht gut aus«, meinte er und griff nach einem weiteren Brownie.

POTENZIELLE NEURALGISCHE PUNKTE

Routinen	Gesellschaftliche Situationen	Urlaub/Reise	Schule
Anziehen	Opas Geburtstagsfest Verlieren beim Spiel	Urlaub	Die richtige Schule finden

Nun sind Sie an der Reihe:

1. Denken Sie über die nächsten 24 Stunden, die nächste Woche oder den nächsten Monat nach.
2. Gehen Sie die folgenden Kategorien durch. Welche potenziellen neuralgischen Punkte können Sie für Ihr Kind vorhersagen?
3. Schreiben Sie diese in die entsprechende Kategorie.

POTENZIELLE NEURALGISCHE PUNKTE

Routineabläufe	Gesellschaftliche Situationen	Urlaub/Reise	Schule

WIRKSAME STRATEGIEN

Sobald Sie die potenziellen neuralgischen Punkte vorhergesagt haben, können Sie wählen. Sie können sich einfach dafür entscheiden, Ihr Kind nicht in diese Situation zu bringen, oder ihm helfen, diese zu bewältigen. Je jünger das Kind ist, desto öfter werden Sie feststellen, dass es besser ist, ihm die Situation zu ersparen. Ansonsten können Sie die Intensität schwieriger Zeiten deutlich reduzieren, indem Sie überlegen, was Ihr Kind brauchen wird, um in dieser Situation erfolgreich zu sein. Diese Herangehensweise bringt Sie aus einer nur reagierenden in eine proaktive Position – Sie sichern sich nach allen Seiten ab. Dabei bringen Sie Ihrem Kind Selbsterkenntnis und Bewältigungsfertigkeiten bei, sodass es letztendlich in der Lage sein wird, seinen Erfolg selbst zu planen.

In *Wie anstrengende Kinder zu großartigen Erwachsenen werden* biete ich für die Erfolgsplanung vier Schritte an.

1. **P**rophezeien Sie die Reaktionen.
2. **O**rganisieren Sie das Setting.
3. **W**irken Sie zusammen.
4. **ER**freuen Sie sich an den Belohnungen.

Dies ist der POWER-Ansatz (Anm. d. Ü.: Um dieses Akronym ins Deutsche zu übertragen, mussten die Begriffe variiert werden; später wird aus »Prophezeien« wieder »Vorhersagen« und aus »Wirken Sie zusammen« wieder »Kooperieren«).

Ich möchte diesen Vorgang aus zwei Gründen etwas abwandeln. Erstens hat sich gezeigt, dass der POWER-Ansatz etwas Feinabstimmung benötigt. Wenn er bei Ihnen funktioniert, verwenden Sie ihn unbesorgt weiter. Die Schritte sind korrekt. Ich möchte ihn nur etwas vereinfachen und mich mehr auf die Trigger bei den Temperamenten und die Strategien fokussieren. Der zweite Grund ist eher skurril. Ich dachte, es wäre amüsanter, ein Akronym zu nutzen, das zum Thema »auf den Erfolg wetten« passt. So kam ich auf PAID (= ausgezahlt).

1. **P**rophezeien Sie die neuralgischen Punkte.
2. **A**nalysieren Sie die relevanten Temperamentsmerkmale.
3. **I**dentifizieren Sie die Trigger. Wodurch wird das problematische Verhalten ausgelöst?
4. **D**enken Sie sich Strategien aus, die zum Erfolg führen.

Gehen Sie nach dem PAID-Verfahren vor und die Chancen werden gut stehen, dass Sie die Erfolge Ihrer Bemühungen genießen können. Sie werden reich belohnt mit Harmonie, Freude und Zufriedenheit, wenn Ihr Kind potenziell schwierige Situationen erfolgreich bewältigt.

Und so funktioniert es.

1. Prophezeien Sie die neuralgischen Punkte

Denken Sie voraus und wählen Sie eine potenziell schwierige Zeit aus, die Sie gerne besser bewältigen oder vielleicht sogar ausschalten wollen. Sie können mit einer »einfachen« Sache beginnen, beispielsweise damit, Ihr Kind dazu zu bringen, dass es seine Spielsachen oder Schulbücher aufräumt. Wenn Sie voller Energie sind, wollen Sie Ihre Energie möglicherweise in ein größeres Problem investieren, eines, das Sie wirklich verrückt macht, beispielsweise Ihr Kind ins Bett zu bekommen oder es dazu zu bringen, seine Hausaufgaben zu erledigen. Gehen Sie die Liste durch, die Sie gerade zusammengeschrieben haben, um Ideen zu sammeln, und entscheiden Sie dann, welches Problem Sie anpacken wollen.

2. Analysieren Sie die relevanten Temperamentsmerkmale

Denken Sie über alle Temperamentsmerkmale nach. Entscheiden Sie, welche davon in dieser Situation die Schlüsselmerkmale Ihres Kindes sind. Ist die potenziell schwierige Zeit beispielsweise ein Sommerferienlager und Ihr Kind ist in neuen Situationen vorsichtig, ist die erste Reaktion das Schlüsselmerkmal.

3. Identifizieren Sie die Trigger

Nachdem Sie das Schlüsselmerkmal identifiziert haben, das an diesem Problem beteiligt ist, denken Sie über die Trigger dieses Merkmals nach. Wodurch wird bei Ihrem Kind etwas ausgelöst? Haben Sie beispielsweise die vorsichtige erste Reaktion als Schlüsselmerkmal des Temperaments ausgewählt, lässt sich als Auslöser bei Ihrem Kind die Tatsache vorhersagen, dass es in eine neue Situation kommt, wegen seiner Vorsicht gehänselt wird oder zu etwas gedrängt wird. Keine Sorge, wenn Sie nicht alle Merkmale im Kopf haben. Die zusammenfassende Tabelle der Temperamentsmerkmale auf der nächsten Seite wird Ihnen helfen.

4. Denken Sie sich Strategien aus, die zum Erfolg führen

Wenn Sie wissen, was bei Ihrem Kind als Trigger wirkt, können Sie Strategien auswählen, die ihm helfen werden, diese Trigger zu meiden oder ihren Einfluss zu reduzieren. Ist das Schlüsselmerkmal des Temperaments beispielsweise eine vorsichtige erste Reaktion, sollte Ihre vorrangige Strategie sein, Ihr Kind vorzubereiten:

Beziehen Sie Ihr Kind bei der Wahl des Ferienlagers mit ein.
Besuchen Sie das Ferienlager, bevor Sie Ihr Kind anmelden.
Beschaffen Sie ein Video oder Bilder von dem Ferienlager.
Sprechen Sie mit jemandem, der dort bereits gewesen ist.
Treffen Sie frühzeitig im Ferienlager ein, um es zu besichtigen, bevor die anderen ankommen.
Besprechen Sie, was Ihr Kind tun kann, falls es Heimweh bekommt.

Unterstützen Sie als Nächstes Ihr Kind:

Fragen Sie es, wodurch die Situation leichter würde.
Geben Sie ihm Lieblingsfotos, Lieblingssnacks und weitere tröstliche Dinge mit.
Melden Sie Ihr Kind zusammen mit einer Freundin/einem Freund an.

Fangen Sie an, darüber nachzudenken, wer Ihr Kind ist und was wahrscheinlich seine erste und natürlichste Reaktion in dieser Situation sein wird. Bringen Sie ihm dann Strategien bei, die ihm helfen, mit dieser Reaktion gut umzugehen und erfolgreich zu sein.

Nachfolgend finden Sie die zusammenfassende Tabelle der Temperamentsmerkmale. Es ist genügend Platz, sodass Sie Trigger und Strategien dazuschreiben können, die für Ihr Kind besonders wichtig sind.

LEITEN SIE IHR TEMPERAMENTVOLLES KIND ERFOLGREICH AN: ZUSAMMENFASSUNG ZUM TEMPERAMENT

Temperamentsmerkmal	Trigger	Wirksame Strategien
INTENSITÄT Stärke der emotionalen Reaktionen	Nicht beachtet werden Gesagt bekommen, man solle nicht so intensiv sein Intensität anderer Enttäuschung Hektik Müdigkeit Hunger	Mit der Intensität gut umgehen: • Beruhigende Aktivitäten planen wie mit Knetmasse modellieren, lesen, mit Wasser spielen • Körperliche Bewegung • Sinn für Humor bewahren • Tief atmen oder Seifenblasen machen • Pause einlegen oder den Schauplatz wechseln • Etwas sich Wiederholendes machen wie Kaugummi kauen, schaukeln oder wippen • Positive Ventile für die Intensität finden: Musik, Leichtathletik, Tanz
BEHARRLICHKEIT Festhalten an den Zielen	Nein gesagt bekommen Unklare oder veränderliche Grenzen Keine Wahl zu haben Gezwungen werden, mit etwas aufzuhören Nicht angehört werden Dinge nicht selbst machen zu dürfen	Dem Kind beibringen, ein wirkungsvoller Problemlöser zu werden: • Lassen Sie Ihr Kind wissen, dass Sie ihm zuhören und versuchen, es zu verstehen • Wahlmöglichkeiten anbieten • Das Kind fragen, was ihm wichtig ist • Nach vielfältigen Lösungen suchen • Lösungen gemeinsam bewerten • Dem Kind Zeit lassen, Aktivitäten zu beenden • Klare und konsequente Regeln aufstellen • Das Kind in den Planungsprozess einbeziehen

Temperamentsmerkmal	Trigger	Wirksame Strategien
SENSIBILITÄT Tiefe der bewussten Wahrnehmung von Anblicken, Geräuschen, Gerüchen, Beschaffenheiten und Emotionen	Zu viele Reize Etiketten in der Kleidung, Unebenheiten, Nähte, Geräusche, Gerüche Die Wut anderer oder verletzte Gefühle Wenn einem zu warm ist	Dem Kind beibringen, mit Reizpegeln umzugehen: • Wege finden, offensive Reize auszuschalten: Etiketten aus der Kleidung entfernen, Lampen und den Fernseher ausschalten, Baumwollkleidung kaufen • Wege finden, um Reize zu reduzieren, die sich nicht ausschalten lassen, wie eine Pause einlegen, bei Essen und Kleidung wählerisch sein Glauben Sie Ihrem Kind!
WAHRNEHMUNGSFÄHIGKEIT Wie leicht stören äußere Reize das Verhalten oder verändern dieses?	Zu viele Anweisungen gleichzeitig Missverständliche Anweisungen Nur verbal erteilte Anweisungen Zu viele ablenkende Reize in der Umgebung Keine Routinen	Ablenkungen minimieren: • Veränderungen im Zimmer vornehmen • Augenkontakt herstellen Anweisungen einfach und unmissverständlich formulieren: • Aufgaben in einfache Schritte unterteilen • Dem Kind sagen, was es tun kann Anweisungen sowohl visuell und taktil als auch verbal erteilen: • Listen verwenden • Die Finger zur Erinnerung nutzen • Gegenstände ins Blickfeld rücken • Anweisungen mit Gegenständen oder Bewegungen verknüpfen • Notizen schreiben

Temperaments-merkmal	**Trigger**	**Wirksame Strategien**
ANPASSUNGS-FÄHIGKEIT Fähigkeit, sich bei Störungen umzustellen, von einer Aktivität zu einer anderen zu wechseln, sich bei Veränderungen der Routine und bei Überraschungen anzupassen	Gehetzt werden Überraschungen Nicht erfüllte Erwartungen Unerwartete Veränderungen	Dem Kind beibringen, Übergänge zu erkennen und auszuschalten oder sich darauf vorzubereiten Übergänge ausschalten: • Unnötige Übergänge vermeiden • Zu viele Termine vermeiden Auf Übergänge vorbereiten: • Dem Kind sagen, was es zu erwarten hat • Ihm Zeit lassen, sich umzustellen • Dem Kind helfen, sich auf die nächste Aktivität neu zu fokussieren • Planen, dem Kind über den Übergang hinwegzuhelfen Routinen entwickeln
REGELMÄS-SIGKEIT Vorhersehbarkeit von Essens- und Schlafenszeiten und Stuhlgang	Nicht genügend Schlaf Unflexibilität Mangel an Routinen	Bringen Sie Ihrem Kind bei, mit gesellschaftlichen Normen bei Mahlzeiten und Zubettgehzeiten klarzukommen und dennoch flexibel zu sein: • Gute Ernährungsrichtlinien vermitteln • Dem Kind die Fertigkeiten beibringen, sich selbst zu helfen • Für die Essenszeiten und Zubettgehzeiten Routinen entwickeln
ENERGIE Wie aktiv ist jemand?	Eingesperrt-Sein Regnerische kalte Tage Keine körperliche Bewegung Zu langes Sitzen	Bringen Sie Ihrem Kind bei, täglich körperliche Aktivitäten einzuplanen: • Melden Sie Ihr Kind zum Sport, zu Musikunterricht oder Tanz an • Suchen Sie Lehrer, die spielerisches Lernen fördern • Finden Sie Möglichkeiten für Ihr Kind, mit viel Bewegung durch den Tag zu kommen

Temperamentsmerkmal	Trigger	Wirksame Strategien
ERSTE REAKTION Wie wird spontan auf etwas Neues reagiert?	Alles Neue Gedrängt werden Wegen der Vorsicht gehänselt werden Zu einer zu schnellen Entscheidung gezwungen werden	Bringen Sie Ihrem Kind bei zu erkennen, dass seine erste Reaktion nicht seine letzte Entscheidung sein muss Bereiten Sie Ihr Kind vor: • Geben Sie ihm Informationen • Lassen Sie ihm Zeit, zu beobachten und zu überlegen Geben Sie ihm eine zweite Chance: • Bringen Sie Ihrem Kind bei zu sagen: »Lass mich überlegen«, anstatt automatisch Nein zu sagen Unterstützen Sie Ihr Kind: • Helfen Sie ihm herauszufinden, was es ihm leichter macht: ein Foto von Mama bei sich haben, zusammen mit einer Freundin/einem Freund gehen ...
STIMMUNG Die allgemeine Gemütslage	Nicht wahrgenommene Hinweise anderer Merkmale Schlafmangel Andere, die etwas nicht ernst nehmen	Bringen Sie Ihrem Kind bei, zu sehen, was getan werden kann und was zu verbessern ist: • Verlangsamen Sie Ihre Interaktionen mit Ihrem Kind • Sorgen Sie dafür, dass Ihr Kind genügend Schlaf bekommt Achten Sie darauf, wie Ihr Kind Begeisterung äußert Bringen Sie Ihrem Kind soziale Umgangsformen bei wie: Danke, das gefiel mir, es war nett ...

Temperaments-merkmal	Trigger	Wirksame Strategien
INTRO-VERSION Tendenz, die Batterien wieder-aufzuladen, indem man für sich alleine bleibt	Zu viele Menschen Gedrängel Zu viel Aktivität Keine Zeit für sich alleine	Bringen Sie Ihrem Kind bei, sein Bedürfnis zu erkennen, dass es seine Batterien wieder aufladen muss, indem es Zeit für sich alleine oder mit einer speziellen Person verbringen kann: • Sorgen Sie dafür, dass Ihr Kind Platz und Zeit für sich alleine hat • Geben Sie Ihrem Kind Zeit zum Nachdenken • Begrenzen Sie Unterbrechungen
EXTRA-VERSION Tendenz, die Batterien wieder aufzuladen, indem man unter Menschen geht	Zu viel Zeit für sich alleine Langeweile Inaktivität Mit niemandem reden können	Bringen Sie Ihrem Kind bei, sein Bedürfnis zu erkennen, dass es seine Batterien wieder aufladen muss, indem es mit anderen Leuten zusammen ist und etwas unternimmt: • Geben Sie ihm die Möglichkeit, Probleme mit Ihnen zu besprechen • Geben Sie ihm die Gelegenheit, mit anderen zusammen zu sein und aktiv an verschiedenen Ereignissen beteiligt zu sein • Geben Sie Ihrem Kind sehr viel Feedback

ÜBEN, ÜBEN, ÜBEN

Nun wollen wir das Planen des Erfolgs üben.

Ich sagte zur Gruppe: »Wählen Sie eine schwierige Zeit aus, auf die Sie sich fokussieren wollen, und suchen Sie sich einen Partner, der mit Ihnen kooperieren will.«

»Nur eine schwierige Zeit?«, klagte Diane.

»Ja, nur eine«, antwortete ich. »Es ist wichtig, dass Sie Prioritäten setzen und Ihre Energien bündeln. Wenn Sie versuchen, alles auf einmal zu bearbeiten, ist die Wahrscheinlichkeit größer, dass Sie davon überfordert werden. Besser ist es, ein Problem auszuwählen und dann den Erfolg zu genießen.«

Die Gruppe teilte sich rasch in Zweier- und Dreiergruppen auf. Sie gingen die zusammenfassende Tabelle der Temperamentsmerkmale durch und dachten sich Strategien aus. Unter ihr Gestöhne mischten sich Ausrufe wie: »Meine Kinder machen das auch!«, und: »Tolle Idee!«

»Warten Sie kurz«, rief ich den Grüppchen zu.

»Wir dürfen das ja wohl noch fertig machen, oder?«, brummelte Brent.

»Ja. Ich wollte nur darauf hinweisen, dass Sie hier und jetzt bei der Erfolgsplanung nicht gestresst sind und mit jemand anderem zusammenarbeiten – Sie sind nicht isoliert – und Sie haben Hilfsquellen zur Hand. Das alles ermöglicht Ihnen, erfolgreich zu sein. Bedenken Sie dies auch zu Hause. Sie können natürlich alleine den Erfolg planen, aber es ist wirklich schön, dabei Hilfe und Unterstützung zu haben.«

Während die Eltern sich wieder an die Arbeit machten, schrieb ich eine weitere Tabelle an die Tafel. Zehn Minuten später waren sie bereit, ihre Erfolgsplanungen vorzustellen.

Diane und Sarah hatten das Anziehen in Angriff genommen. Beide hatten Kinder, die herumliefen, wenn es Zeit war, sich anzuziehen. Ihre Kinder ließen sich leicht ablenken und waren wirklich langsam.

1. Tun Sie so, als gehörten Sie zur Gruppe von Sarah und Diane. Arbeiten Sie mit beiden an diesem Beispiel.
2. Schreiben Sie Ihre Antwort in die Tabelle unten.
3. Vergleichen Sie später Ihre Vorschläge mit denen von Diane und Sarah.
4. Worin ähneln sich die Pläne?
5. Worin unterscheiden sie sich?

DEN ERFOLG PLANEN

Potenzielle neuralgische Punkte vorhersagen	Temperamentsmerkmale analysieren	Trigger identifizieren	Strategien entwickeln
Anziehen: Die Kinder laufen herum, lassen sich ablenken und sind langsam			

Bei der Durchsicht der zusammenfassenden Tabelle der Temperamente hatten Diane und Sarah Energie, Anpassungsfähigkeit und Wahrnehmungsfähigkeit als die Schlüsselmerkmale ausgewählt, die das schwierige Verhalten befeuerten. Ich trug sie in die Tabelle an der Tafel ein. Maggie, die direkt neben mir saß, deutete auf Sensibilität. »Wäre das nicht das wichtigste Merkmal? Meine Kinder beklagen sich, dass die Bündchen zu eng sind oder das Material sich nicht gut anfühlt.«

Ich blickte zu Diane und Sarah. »Nein«, antworteten sie einstimmig. »Für Andy und Sadie ist Sensibilität kein nennenswertes Problem.«

»Deswegen ist es so wichtig«, führte ich aus, »dass Sie sich das Temperament Ihres jeweiligen Kindes anschauen. Wenn Sie einfach eine Strategie wählen, ohne zu verstehen, warum das Verhalten auftritt – auf welches Temperamentsmerkmal der Trigger wirkt –, ist es unwahrscheinlich, dass die Strategie funktionieren wird. Ist es beispielsweise schwierig, Ihr Kind anzuziehen, könnten Sie einfach die Etiketten aus den Kleidungsstücken entfernen und nur noch Baumwollkleidung kaufen, wenn aber die Empfindlichkeit gar nicht das Problem ist, werden diese Strategien nichts helfen. Sie müssen wissen, auf welche Temperamentsmerkmale der Trigger wirkt, um die wirksamsten Strategien auswählen zu können.«

»Wow«, antwortete Diane. Nachdem sie anschließend die Schlüsselmerkmale der Temperamente identifiziert hatte, beschrieb sie die Trigger, die Sarah und sie ausgewählt hatten. Schließlich dachten sie sich Strategien aus, wobei sie die Vorschläge aus der zusammenfassenden Tabelle der Temperamente als Richtlinie nahmen.

Hier ist ihre Tabelle:

DEN ERFOLG PLANEN

Potenzielle neuralgische Punkte vorhersagen	**Temperamentsmerkmale analysieren**	**Trigger identifizieren**	**Strategien entwickeln**
Anziehen: Die Kinder laufen herum, lassen sich ablenken und sind langsam	Wahrnehmungsfähigkeit	Zu viele Anweisungen und Ablenkungen	Eine Liste zum Anziehen erstellen Die Kleidung bereitlegen Die Jalousien geschlossen lassen Im Bad anziehen – ohne TV Ablenkende Spielsachen wegräumen

Potenzielle neuralgische Punkte vorhersagen	Temperamentsmerkmale analysieren	Trigger identifizieren	Strategien entwickeln
	Energie	Eingeengt-Sein	Das Kind beim Anziehen vor einen Spiegel stellen Das Kind zwischen dem Anziehen der verschiedenen Kleidungsstücke herumlaufen lassen, aber es muss im Zimmer bleiben
	Anpassungsfähigkeit	Überrascht und gehetzt werden	Routineabläufe entwickeln Genügend Zeit lassen Anziehen, bevor andere Aktivitäten erlaubt sind Neu fokussieren auf das, was als Nächstes drankommt Zur Verfügung stehen, um zu helfen

Vergessen Sie nicht: Es gibt nicht den einen richtigen Plan. Das Wichtigste ist, dass Sie das Temperament Ihres Kindes kennen, um vorhersagen zu können, was bei ihm als Trigger wirken wird. Dann können Sie diese Trigger meiden, indem Sie Strategien auswählen, die dem Kind helfen, die Situation erfolgreich zu bewältigen.

Lynn griff nach einem weiteren Brownie. »Nehmen wir noch ein Beispiel für ältere Kinder.«

»Oh ja – beim Spielen verlieren«, schlug Maggie vor.

John meldete sich freiwillig, um den Plan vorzulesen, den er entwickelt hatte.

»Ich dachte mir, die temperamentsbedingten Schlüsselprobleme sind Intensität, Anpassungsfähigkeit und Stimmung.«

»Warum Stimmung?«, fragte Maggie.

»Weil Todd sehr ernst ist. Wenn er verliert, wird er selbstkritisch. Ich dachte, wenn ich ihm beibringe, optimistisch zu sein, könnte ihm das helfen, besser damit klarzukommen.«

»Das gefällt mir«, sagte Maggie und bot John einen Brownie an. »Ich selbst hätte nicht daran gedacht. Sagen Sie uns, was Sie als Trigger genannt haben und welche Strategien.«

Hier ist sein Plan zum Erfolg:

DEN ERFOLG PLANEN

Potenzielle neuralgische Punkte vorhersagen	Temperamentsmerkmale analysieren	Trigger identifizieren	Strategien entwickeln
Beim Spiel verlieren	Intensität	Enttäuschung Erschöpfung Intensität anderer Gesagt bekommen, nicht so intensiv zu sein	Ihm beibringen, tief zu atmen Ihm zu erkennen helfen, wann er eine Pause braucht Ihn ermuntern, beim Spielen Kaugummi zu kauen Ihm sagen, er solle lächeln, Späße machen und seinen Sinn für Humor behalten Ihm die Worte beibringen, um seine Frustration zu beschreiben
	Anpassungsfähigkeit	Überrascht sein – er rechnet nie damit, zu verlieren	Über die Möglichkeit des Verlierens sprechen Ihn daran erinnern, dass er noch einmal spielen kann

Potenzielle neuralgische Punkte vorhersagen	Temperamentsmerkmale analysieren	Trigger identifizieren	Strategien entwickeln
	Stimmung	Hinweise auf die zunehmende Intensität werden übersehen	Ihm beibringen, dem Sieger zu gratulieren Auf das fokussieren, was er gut gemacht hat Planen, was er beim nächsten Mal tun will Mama oder Papa um Hilfe bitten

»Könnten Sie das so machen?«, fragte ich die Gruppe.

»Das ist fantastisch!«, rief Diane. »Warum haben wir das nicht gleich in der ersten Woche gemacht? So denkt man wirklich über jedes Kind nach und darüber, was es braucht, sodass man nicht das Gefühl hat, die ganze Zeit über einen Eiertanz aufführen zu müssen.«

Lynn lachte. »Ich weiß nicht, wie es bei Ihnen ist, aber für mich wäre das als Einstieg nicht geeignet gewesen.«

»Apropos Einstieg«, warf John ein. »Helfen wir doch Brent, eine Schule für Danny auszuwählen.«

»Können wir das alle gemeinsam machen?«, wollte Lynn, die besonders Extrovertierte, wissen.

Ich schaute zu Brent. Er nickte. »Von mir aus gerne.«

»Beginnen Sie mit den Schlüsselmerkmalen des Temperaments«, schlug ich vor. »Erinnern Sie sich, wie ich das Temperament das erste Mal eingeführt habe? Wir haben temperamentsbedingte Schlüsseltrigger ausgewählt. Spielt irgendeiner davon für Danny in der Schule eine Rolle?«

Brent überlegte, während er sich das Kinn rieb. »Lassen Sie mich diese zusammenfassende Tabelle noch einmal sehen«, sagte er und gestikulierte Richtung Lynn. »Definitiv Energie und er ist außerdem ziemlich ausgeprägt extrovertiert, deshalb bekommt er Schwierigkeiten, weil er redet, ohne dran zu sein. Ich denke, auch Beharrlichkeit ist ein Problem. Er neigt dazu, sich festzubeißen.«

»Nachdem wir nun wissen, dass Danny energiegeladen und extrovertiert ist, wer möchte beginnen? Was können Sie zu seinen Triggern vorhersagen?«, fragte ich.

»Dass er gezwungen ist, still zu sitzen«, sagte Brent bei einem Blick auf die Tabelle. »Der Extrovertierte in ihm wird provoziert, wenn er nicht reden kann, und er braucht es auch, dass einfach viel los ist.«

»Wie sieht es mit der Beharrlichkeit aus?«, fragte ich.

»Er will nicht, dass man Nein sagt, und er braucht jemanden, der ihm zuhört.«

»Schauen wir uns die Strategien an«, sagte ich. »Was wird er in der Schule brauchen, um erfolgreich zu sein?«

Brent saß krumm auf seinem Stuhl. Ich merkte, dass er sich unwohl beim Suchen der Strategien fühlte.

»Was hat Ihnen in diesem Kurs geholfen?«, fragte ich ihn. »Sie sind doch auch energiegeladen, oder?«

»Ja«, antwortete er. »Es war schön, dass ich aufstehen und mir etwas zu trinken holen konnte, und mir gefielen die Abende, an denen wir in der Eingangshalle gearbeitet haben. Das war am besten für mich.«

»Und sind Sie auch beharrlich?«, fragte ich.

Er lächelte. »Ein bisschen vielleicht, aber alle haben zugehört« – er warf einen vorsichtigen Blick zu Lynn –, »auch wenn sie nicht immer einer Meinung mit mir waren.« Dann deutete er auf Diane. »Ich bin nicht extrovertiert, aber Sie haben sie genug reden lassen.« Diane schnappte nach Luft.

»Aber nicht zu viel«, versicherte ihr Maggie sofort.

»Denken wir jetzt über Danny nach. Was wird er brauchen, welche Strategien werden ihm helfen, um erfolgreich zu sein?« Ich forderte die Gruppe auf, Brent zu helfen. Hier ist die Zusammenfassung ihrer Antworten:

DEN ERFOLG PLANEN

Potenzielle neuralgische Punkte vorhersagen	**Temperamentsmerkmale analysieren**	**Trigger identifizieren**	**Strategien entwickeln**
Eine passende Schule auswählen	Beharrlichkeit	Nein gesagt bekommen Ihm wird nicht zugehört Er hat keine Wahlmöglichkeiten	Lehrkraft finden, die ... • zuhört, um ihn zu verstehen • Wahlmöglichkeiten anbietet • nach vielfältigen Lösungen sucht • unmissverständliche konsequente Regeln aufstellt • die Kinder in den Planungsprozess einbezieht
	Energie	Eingesperrt sein Zu langes Sitzen	Lehrkraft finden, die ... • jede Menge praktische Aktivitäten parat hat • den Kindern erlaubt, sich im Raum zu bewegen
	Extraversion	Langeweile Inaktivität Nicht reden können	Lehrkraft finden, die ... • den Kindern erlaubt, Probleme zu besprechen • den Kindern Gelegenheiten gibt zusammenzuarbeiten • sehr viel Feedback gibt

Anhand der Tabelle erkannten wir, dass Danny eine Lehrkraft braucht, die sich mit energiegeladenen Kindern wohlfühlt und die Energie einplant, die zuhört und den Kindern viele Gelegenheiten gibt, miteinander zu sprechen und Dinge gemeinsam zu erledigen. Die Lehrkraft darf aber auch kein Schwächling sein. Sie muss unmissverständliche Regeln aufstellen und die Kinder wissen lassen, was verhandelbar ist und was nicht.

Brent kann mit dieser Information zur Schulleiterin gehen und bitten, eine passende Lehrkraft für Danny zu finden. Sollte dies aus irgendeinem Grund nicht machbar sein, kann er andere Lehrer oder Eltern nach Empfehlungen fragen. Dabei muss er jedoch achtsam sein, weil eine Lehrkraft, die für das eine Kind am besten geeignet ist, für sein Kind nicht unbedingt auch die richtige sein muss.

»Denken Sie an Katie«, sagte ich zu Brent. »Sie ist introvertiert, sensibel und passt sich langsam an. Für sie wäre die beste Klasse eine, in der Harmonie herrscht, der Reizpegel niedrig ist und Übergänge klar und zahlenmäßig begrenzt sind. Das Wichtigste für sie ist, in einer Klasse zu sein, in der den Kindern viel Gelegenheit gegeben wird, alleine zu arbeiten, die nicht überfüllt ist und in der sie sich ihre Partner aussuchen kann. Es besteht die Möglichkeit, dass eine fabelhafte Lehrkraft für Danny gleichermaßen geschickt darin wäre, für ein Setting zu sorgen, in dem sich alle Arten von Kindern wohlfühlen. Oder sie kann für Danny perfekt sein, aber Katie würde es in der Klasse eine Tür weiter sehr viel besser ergehen. Jedes Kind ist einmalig. Deswegen ist das Puzzle immer so interessant und macht Freude.«

Nun sind Sie an der Reihe.

1. Überlegen Sie, für Ihr Kind eine Klasse oder ein Kinderbetreuungsprogramm auszuwählen.
2. Welches sind in diesem Setting die temperamentsbedingten Schlüsselmerkmale Ihres Kindes?
3. Was wird für diese Merkmale als Trigger wirken?
4. Welche Art von Strategien muss in einer Klasse zur Anwendung kommen, damit Ihr Kind dort erfolgreich sein kann?
5. Wenn Sie mehr als ein Kind haben, machen Sie das für jedes Kind und notieren Sie die Ähnlichkeiten und Unterschiede.

DEN ERFOLG PLANEN

Potenzielle neuralgische Punkte vorhersagen	**Temperamentsmerkmale analysieren**	**Trigger identifizieren**	**Strategien entwickeln**
Eine passende Schule auswählen			

Brent schrieb sich unsere Tabelle ab und lehnte sich zurück. Ich wartete darauf, dass er etwas sagen würde, aber es kam nichts von ihm.

Ich war überrascht. »Brent«, sagte ich, »Sie haben die zum Nachdenken anregende Frage noch nicht gestellt.« Er schaute mich mit gerunzelter Stirn an. »Sie wissen schon: ›Warum müssen wir das machen?‹, und: ›Was ist zu tun, wenn dies nicht geht – wenn es keine Wahlmöglichkeiten gibt?‹«

»Ach ja. Warum müssen wir das machen?«, fragte er in einem nachahmenden Murren.

»Danke für die Einleitung«, sagte ich und begann meine kleine Rede. »Je besser die Klasse zu Ihrem Kind passt, die Sie finden, desto besser wird es ihm ergehen. Durch ein Gespräch mit der Schulleitung, dem Einholen von Empfehlungen anderer und durch Beobachtungen in verschiedenen Schulen können Sie die Lehrkraft finden, die sehr gut mit Ihrem temperamentvollen Kind arbeiten kann. Lebhafte Kinder können sich sowohl schulisch als auch sozial hervortun. Es gibt wirklich wunderbar engagierte, kreative und fürsorgliche Lehrerinnen und Lehrer. Suchen Sie sie! In Schulen, in denen es nur eine Lehrkraft für jede Jahrgangsstufe gibt oder wenig bis gar keine Auswahlmöglichkeit für Sie und Ihr Kind, ist es entscheidend, dass Sie die Temperamentsmerkmale und Trigger Ihres Kindes kennen. Auf diese Weise haben Sie eine größere Achtsamkeit für potenzielle Probleme und auch die Hilfsmittel, um mit der Lehrkraft darüber zu sprechen und Veränderungen innerhalb dieses Umfelds vorzuschlagen. In dieser Situation braucht Ihr Kind Sie dringend als Fürsprecher.«

»Ich glaube, wir haben noch für ein Beispiel Zeit«, sagte ich zu der Gruppe.

»Dann müssen wir unbedingt die Geburtstagsfeier nehmen!«, verlangte Lynn.

»Und meinen Urlaub!«, rief Diane.

»Das Geburtstagsfest können wir schnell durchgehen«, bot ich an, »aber der Urlaub ist komplexer, weil Ihr Kind nicht alleine in Urlaub fährt.« Diane bedachte mich mit ihrem schönsten übertriebenen Schmollmund.

»Okay«, willigte ich ein. »Wir probieren, beides zu besprechen.«

Helfen Sie Lynn.
Als ich Lynn fragte, was Jennas temperamentsbedingte Schlüsselmerkmale sind, antwortete sie: »Sie ist introvertiert, passt sich langsam an und ist sehr empfindlich, insbesondere gegenüber Gerüchen und Menschen, die laut kauen.«

1. Gehen Sie die zusammenfassende Tabelle zu den Temperamenten durch.
2. Identifizieren Sie Trigger für jedes dieser Merkmale.
3. Schlagen Sie Strategien vor, die Lynn nutzen könnte, um Jenna zu helfen, Opas Geburtstagsfeier erfolgreich zu überstehen.

DEN ERFOLG PLANEN

Potenzielle neuralgische Punkte vorhersagen	**Temperamentsmerkmale analysieren**	**Trigger identifizieren**	**Strategien entwickeln**
Opas Feier zum 60. Geburtstag	Introversion		
	Sensibilität		
	Anpassungsfähigkeit		

Nachfolgend ein Beispiel für eine Erfolgsplanung.

DEN ERFOLG PLANEN

Potenzielle neuralgische Punkte vorhersagen	Temperamentsmerkmale analysieren	Trigger identifizieren	Strategien entwickeln
Opas Feier zum 60. Geburtstag	Introversion	Gedränge Zu viele Menschen Keine Zeit für sich alleine Zu viele Aktivitäten	Das Bedürfnis nach Zeit für sich alleine besprechen Jenna beibringen, ihrer Mama zu sagen, wenn sie eine Pause braucht Pausen im Voraus planen: • Einen Spaziergang machen • Ein Stück mit dem Auto fahren • Etwas spielen
	Sensibilität	Gerüche Kauende Menschen	Vor der Party essen Ihren Sitzplan sorgfältig wählen Pfefferminz mitnehmen
	Anpassungsfähigkeit	Überraschungen Nicht erfüllte Erwartungen Gehetzt werden	Pläne für den Tag gemeinsam durchgehen Planen, wie Pausen eingelegt werden können und wo Jenna sitzen soll Frühzeitig hinkommen Genügend Zeit lassen Planen, was für den Fall von Überraschungen oder Enttäuschungen zu tun ist: • Tief atmen • Bis zehn zählen • Kaugummi kauen

Wie ist es Ihnen ergangen? Bei diesem Szenario bleibt Raum für Kreativität. Findet die Party nur im Familienkreis zu Hause statt, wird der Erfolgsplan vielleicht völlig anders aussehen als für eine

Feier im Restaurant oder in einem Saal mit Hunderten von Gästen. Die wichtigsten Faktoren sind, eine gesellschaftlich akzeptable Möglichkeit für Jenna zu finden, eine Pause einzulegen, wenn sie diese braucht, unangenehme Gerüche zu meiden und zu wissen, was zu erwarten ist und was von ihr erwartet wird.

Den Erfolg für gesellschaftliche Situationen planen

1. Überlegen Sie sich eine künftige gesellschaftliche Situation für Ihr Kind.
2. Welche temperamentsbedingten Schlüsselmerkmale werden in dieser Situation von Bedeutung sein?
3. Identifizieren Sie die Trigger für diese Merkmale.
4. Entwickeln Sie Strategien für den Erfolg Ihres Kindes.

DEN ERFOLG PLANEN

Potenzielle neuralgische Punkte vorhersagen	Temperamentsmerkmale analysieren	Trigger identifizieren	Strategien entwickeln
Gesellschaftliche Situationen			

Last, but not least wird es Zeit, über den Urlaub nachzudenken. Dabei müssen Sie nicht nur die temperamentsbedingten Schlüsselmerkmale und Trigger Ihres lebhaften Kindes berücksichtigen, sondern auch die der anderen Familienmitglieder. Hier folgt das Bild von Dianes Familie:

DEN ERFOLG PLANEN

Name	Potenzielle neuralgische Punkte vorhersagen	Temperamentsmerkmale analysieren	Trigger identifizieren	Strategien entwickeln	Endgültiger Plan für die Familie
Bob	Urlaub	Introversion	Gedränge Zu viele Aktivitäten Zu viele Menschen	Braucht Platz und etwas Zeit für sich alleine	
Diane	Urlaub	Extraversion Intensität	Langeweile Niemandem zum Reden haben Intensität anderer	Braucht Menschen und Aktivität Braucht körperliche Betätigung	
Justin, 8	Urlaub	Intensität Sensibilität	Intensität anderer Konflikt	Braucht körperliche Betätigung Braucht Harmonie	

Name	Potenzielle neuralgische Punkte vorhersagen	Temperamentsmerkmale analysieren	Trigger identifizieren	Strategien entwickeln	Endgültiger Plan für die Familie
Brandon, 5	Urlaub	Extraversion	Langeweile Untätigkeit	Braucht andere Leute und Aktivität	
		Sensibilität	Gerüche Anblicke Geräusche	Möglichkeiten, störende Reize zu reduzieren oder auszuschalten	
Andy, 3	Urlaub	Beharrlichkeit	Nein gesagt bekommen	Wahlmöglichkeiten	
		Hohe Wahrnehmungsfähigkeit	Zu viele ablenkende Reize Zu viele Anweisungen auf einmal	Möglichkeiten, Reize zu reduzieren Einfache, unmissverständliche Anweisungen	

Wenn Sie sich die Tabelle für Dianes Familie anschauen, können Sie sehen, was dieser Plan beinhalten muss:

1. Zeit und Raum für Bob – Dianes Familie wird den Urlaub mehr genießen, wenn sie ihn so planen, dass Wahlmöglichkeiten

und Gelegenheiten bestehen, Dinge gemeinsam zu machen, zu zweit oder alleine. Auf diese Weise kann Bob eine Pause einlegen, wenn er sie braucht, und seinen Energiepegel dadurch hoch halten.
2. Sportliche und verschiedene andere Aktivitäten für Diane und die Jungen.
3. Harmonie für Justin, der wissen muss, dass alle kooperieren.
4. Wahlmöglichkeiten für Andy.
5. Jemanden, der Andy beaufsichtigt. Diane und Bob muss klar sein, dass Andy eine hohe Wahrnehmungsfähigkeit hat, beharrlich und drei Jahre alt ist, das heißt, wenn er in einer Menschenmenge etwas sieht, kann er auf und davon sein. Einer von beiden muss immer für ihn zuständig sein.
6. Es muss vermieden werden, stundenlang und für endlose Besichtigungstouren zusammengepfercht zu sein, ohne jegliche aktive Beteiligung.

Was also könnte Dianes Familie machen? Sie könnten wirklich alles machen – sie müssen nur darin übereinstimmen, dass sie die Bedürfnisse jedes Einzelnen berücksichtigen und Lösungen finden wollen, die allen gerecht werden.

Bei einer Autoreise kann die Familie planen, sich körperlich auszutoben, bevor sie ins Auto steigen und dann häufige Pausen einzulegen, insbesondere in Parks oder auf Spielplätzen. Wer möchte, kann sich dort bewegen und spielen, wer einfach nur dasitzen und den Ort genießen will, kann das ebenfalls tun.

Wenn sie einen Vergnügungspark besuchen wollen, sollten sie ein Hotel in fußläufiger Entfernung wählen, sodass sie mittags eine Pause machen, im Pool schwimmen und später wieder in den Vergnügungspark gehen können. Dieser Plan ermöglicht Aktivität ebenso wie Pausen. Sie können sich auch dafür entscheiden, erst hinzugehen, wenn es nicht mehr so voll ist und sie Andy leichter beaufsichtigen können. Sie können sich tatsächlich auch dafür entscheiden, mit dem Besuch von Disney World zu warten, bis Andy älter ist und versteht, wie wichtig es ist, bei seinen Eltern zu bleiben, selbst wenn er etwas Interessantes sieht.

Sie können sich für einen ruhigen Erholungsort an einem See entscheiden. Eine breite Auswahl an körperlichen und ruhigen Aktivitäten sollte jeden zufriedenstellen, solange Ausflüge, Brettspiele und Lesezeiten für Regentage oder Abende vorausgeplant werden.

Durch das Kooperieren – wobei dafür gesorgt wird, dass es sowohl für Introvertierte als auch Extrovertierte Möglichkeiten gibt, ihre Batterien wiederaufzuladen und Aktivitäten zu planen, die die Bedürfnisse der verschiedenen Temperamentstypen respektieren – kann eine lebhafte Familie einen *großartigen* Urlaub verbringen.

Das ist es. Indem Sie den Erfolg planen, wird Ihnen für Ihre Mühen mehr Erfolg ausbezahlt (PAID) und, was am wichtigsten ist, Sie werden die gegenseitige Gesellschaft mehr genießen.

GENIESSEN SIE IHRE ERFOLGE

Wir kamen zu unserer letzten Viertelstunde. Ich musste jetzt noch die Arbeit von zehn Wochen zusammenfassen und für einen richtigen Abschluss sorgen. Ich wollte, dass beim Hinausgehen jeder erkennen würde, was er gelernt hat. Noch wichtiger jedoch war mir, dass sich jeder als Elternteil wohlfühlte. Ich vermutete, dieser letzte Wunsch könnte etwas schwierig werden.

Für mich erschien es sehr unwahrscheinlich, dass sich die Gruppe damit wohlfühlen würde, sich öffentlich selbst auf die Schulter zu klopfen oder auch nur anzuerkennen, was sie gelernt hatte. Deswegen holte ich meine inzwischen berühmt-berüchtigten Karteikarten heraus und warf sie in die Mitte.

»Hier kommt Ihre Frage«, sagte ich. »Was ist das Wichtigste, was Sie über Ihr Kind und sich selbst gelernt haben? Bitte schreiben Sie es auf.«

Als die Gruppe nach den Karten griff, hörte ich eine Mischung aus Stöhnen und Scherzen. Als sie fertig waren, lasen wir die Antworten laut vor, um an die gemeinsam verbrachte Zeit zu erinnern. Ich weiß nicht, von wem welche Karte stammte. Das können Sie ebenso gut oder schlecht erraten wie ich. Aber hier sind die Antworten.

Ich habe diesen Kurs besucht, um zu lernen, wie ich mit der Intensität meines Kindes umgehen kann. Ich hätte nie erwartet, etwas über meine eigene Intensität zu erfahren.

Ich habe gelernt, dass ich meinem Kind ähnlicher bin, als ich ursprünglich dachte, und dass meine Frau ein völlig anderes Temperament hat als wir – was letztlich erklärt, warum wir so gegensätzlich reagieren.

Ich habe gelernt, dass ich energiegeladen und extrovertiert bin. Ich habe außerdem gelernt, dass auch mein Mann wahrscheinlich ein lebhaftes Temperament hat.

Durchhalten. Es besteht Hoffnung!
Ich lerne meine Kinder allmählich kennen und weiß ihre Unterschiede zu schätzen.

Ich glaube, ich habe eine andere Sichtweise und Hilfsmittel bekommen, mit denen ich arbeiten kann. Ich bin tatsächlich geduldiger und verständnisvoller geworden. Ich versuche, vorauszuplanen und mir zu überlegen, was funktionieren kann und was zu viel ist. Ich habe sogar herausgefunden, wie ich Situationen beruhigen kann, in denen ich vor diesem Kurs hilflos war.

Ich habe festgestellt, dass ich mich Veränderungen nicht leicht anpasse – und in neuerer Zeit hat es eine Menge Veränderungen in meinem Leben gegeben. Ich bin zudem intensiv und sensibel. Das zu erfahren, war für mich ebenso nützlich wie das, was ich über mein Kind gelernt habe.

Das ist das Aufregende an Kindern mit lebhaftem Temperament. Während wir lernen, mit ihnen zu kooperieren, lernen wir auch etwas über uns selbst und über unsere Partner. Es ist ein Prozess, der großartige Tage enthält und auch einige, die völlig danebengehen. Aber selbst an diesen miserablen Tagen gibt es Hinweise auf das Potenzial, lassen sich Möglichkeiten erahnen.

Ich erinnere mich vor allem an einen sehr stressigen Tag. Das Thermometer zeigte 35 Grad Celsius an und es herrschte eine große Luftfeuchtigkeit. Wir waren gerade umgezogen und die Klimaanlage funktionierte nicht, weil Charlie, der Zimmerer, fünf Wände und die Küche einriss. Ich war bedient. Als Joshua anfing, seine Schwester zu ärgern, waren zugegebenermaßen 20 Jahre Training und Erfahrung in der Arbeit mit temperamentvollen Kindern dahin. Ich schrie ihn an: »Joshua, hör auf, dich wie ein *Dummkopf* aufzuführen!« (Jetzt wissen Sie, warum unser Ziel »Fortschritt, nicht Perfektion« lautet!). Dann stapfte ich Richtung Schlafzimmer, einem der wenigen Plätze ohne einen Berg Sägemehl. Hinter mir hörte ich Joshua fröhlich witzeln: »Na, Frau Erziehungsberaterin, in welchem Kapitel beziehen wir uns denn auf unsere Kinder als Dummköpfe?« Mein Frust löste sich in Gelächter auf.

Das war Joshua, ein temperamentvolles Kind, heute schon fast erwachsen. Temperamentvolle Kinder lernen es, mit ihrer eigenen Intensität umzugehen. Sie lernen es, auch die Intensität ihrer Eltern zu zerstreuen. Bis es so weit ist, bringen diese Kinder Sie zum Lachen. Sie bringen Sie zum Weinen. Sie sorgen dafür, dass Sie stärker gefordert werden als andere Eltern. Aber wenn Sie sich die Zeit nehmen, Ihrem Kind zu helfen, sein Temperament zu verstehen und ihm Fertigkeiten beizubringen, damit es erfolgreich wird, geben Sie ihm wesentliche Lebensfertigkeiten mit. Sie helfen einem Kind, das in allem mehr ist, und Sie schaffen eine Familie, in der das lebhafte Temperament gedeihen kann.

Und was ist das Wichtigste, was Sie über Ihr Kind oder sich selbst gelernt haben?

____

____

____

____

Wenn Sie möchten, lassen Sie es mich gerne wissen. Schreiben Sie an:

Mary Sheedy Kurcinka
c/o HarperCollins Publishers
10 East 53rd Street
New York, NY 10022

Danksagung

Dieses Buch gibt es aufgrund der Ermutigung, Unterstützung und der Erkenntnisse vieler Menschen, denen ich sehr dankbar bin. Ihnen allen will ich, wie immer in zufälliger Reihenfolge, Dank sagen:

Allen Eltern, die sich von Berufs wegen mit dem Thema beschäftigten, und allen Kindern, die ihre Geschichten mit mir geteilt haben, schwierige Fragen gestellt, Hinweise gegeben und Strategien getestet haben: vielen, vielen Dank!

Lynn Jessen, Jenna Ruble, Marietta Rice und Kim Cardwell, meinen Freunden und Kollegen, die mich durch jedes Stadium dieses Buches begleitet haben, von Augenblicken der Zweifel bis zur Freude über das fertige Projekt. Ihre Erkenntnisse, Geschichten und ihre Unterstützung waren überaus wertvoll.

Brenda Zirbel, Sandy Moline, Kelly Olson, Judi Marshall, Patricia Lee, Rosann Sowada, Mike LaVallie, Teresa Danielson, ECFE-Lehrern und Lehrassistenten, die mir ihre Bildungsinhalte nahegebracht haben, mich ihre Arbeit haben beobachten lassen und mir geholfen haben, die »Lücken« zu erkennen.

Heide Lange, meiner Agentin, der »Traummacherin«, die dieses Projekt organisiert hat und meine Lieblings-Cheerleaderin ist.

Megan Newman, meiner Herausgeberin, mit der die Zusammenarbeit eine Freude ist und die, was besonders wichtig war, Klarheit und Ordnung in das Manuskript gebracht hat.

Hillary Epstein, Megans Assistentin, die mich immer herzlich begrüßt hat und die Details unter Kontrolle hatte.

Mary Darling (Ph. D.) und Megan Gunnar (Ph. D.) von der University of Minnesota, Jerome Kagan (Ph. D.) und Bob Rosenthal (Ph. D.) von der Harvard University, Elizabeth Murphy, (Ed. D.), Craig Ramey (Ph. D.) von der University of Alabama, Marianne Daniels Garber, Jim Cameron (Ph. D.) von An Ounce of Prevention, Nandy Melvin (Ph. D.) von der Arizona State University, alles überaus beschäftigte Profis, die ich für dieses Buch interviewen durfte.

Patti Labs, Mary Boozell, Lana Hanson, Susan Reppe, Marcia Sosso und Danielle McCluskey, die meine Anrufe bei ECFE mit Herzlichkeit und Freude entgegennahmen.

Pat Francisco, Freundin, Autorin und Lehrerin, die mir dabei geholfen hat, Charaktere zu entwickeln.

Computergenie Sharon Wentzel, die mir geholfen hat, das potenzielle Design des Arbeitsbuches vor mir zu »sehen«.

Autorenkollege Gary Smolik, der bereit war, jedes Kapitel dieses Buches Wort für Wort mit mir durchzugehen.

Joanne Burke, Freundin und kreatives Genie, die mir Gedichtbände gebracht hat.

Dem Team von Paidea, das mich tatkräftig unterstützt hat, Ideen und Geschichten mit mir geteilt hat und mich bei der Arbeit mit Kindern hat zuschauen lassen.

Dem Team von Highland ECFE und dem Jewish Community Center in St. Paul, das mich ebenfalls tatkräftig unterstützt und seine Erkenntnisse mit mir geteilt hat.

Carol Rone vom Jewish Community Center, Ada Alden vom Eden Prairie ECFE, Debbie Eck und Ann Lovrien vom St. Paul ECFE und Peggy Gilbertson von der Southlake Clinic, die mir geholfen haben, in der Gemeinde Gruppen zu organisieren.

Tom, Lindsey und Kellen Fish, den besten Nachbarn und Freunden, die man nur haben kann. Eure Ermutigung hat mir sehr viel bedeutet.

Tim Payne, der meinen Computer funktionsfähig erhalten hat.

Vicki Cronin, Freundin und Kollegin, die mich angespornt hat.

Lydia Peterson, die mir geholfen hat, die Keimzelle dieses Arbeitsbuchs herauszufinden.

Jean Illsley Clarke, Autor, und Joan Comeau, Leiterin von Family Information Services, die ihre beruflichen Erfahrungen und viele Mittagessen mit mir geteilt haben.

Terry Bedard und Linda Buchanan, die mein Haus in Ordnung gehalten und dafür gesorgt haben, dass ich konzentriert blieb.

Joshua und Kristina, meinen Kindern, die mir so viel Freude machen und von mir ständiges Lernen und Wachsen verlangen.

Richard und Beatrice Sheedy, meinen Eltern, die immer an mich geglaubt haben.

Barbara Majerus, Kathy Kurz, Helen Kennedy und Suzanne Nelson, meinen Geschwistern, die eine Menge Bücher für mich gekauft haben.

Joe Kurcinka, meinem Mann, besten Freund und liebsten beseelten Erwachsenen in der ganzen weiten Welt. Danke für deine Intensität, dein Wahrnehmungsvermögen, dein Einfühlungsvermögen, deine Energie und Umsicht. Du machst mein Leben reicher und meine Arbeit besser.

Vielen Dank!

Über die Autorin

Dr. Mary Sheedy Kurcinka ist spezialisierte Therapeutin im Bereich Erziehung und Familienberatung und Leiterin von ParentChildHelp. Die mehrfach preisgekrönte Dozentin bietet auf nationaler sowie internationaler Ebene Kurse und Workshops für Eltern und Angestellte in Erziehungsberufen an, die helfen, den Umgang mit temperamentvollen und oft schwierigen Kindern zu lernen. Die Autorin schaffte es mehrfach auf die Bestsellerliste, darunter ist auch ihr Werk »Wie anstrengende Kinder zu großartigen Erwachsenen werden«.